Interview with
Julia Bryan-Wilson

Essays by
Maria Lind
Risa Puleo
Gabi Scardi

Designed by
Project Projects

Edited by
Herr Doktor Wolfgang Hauptman II

Galleria Riccardo Crespi

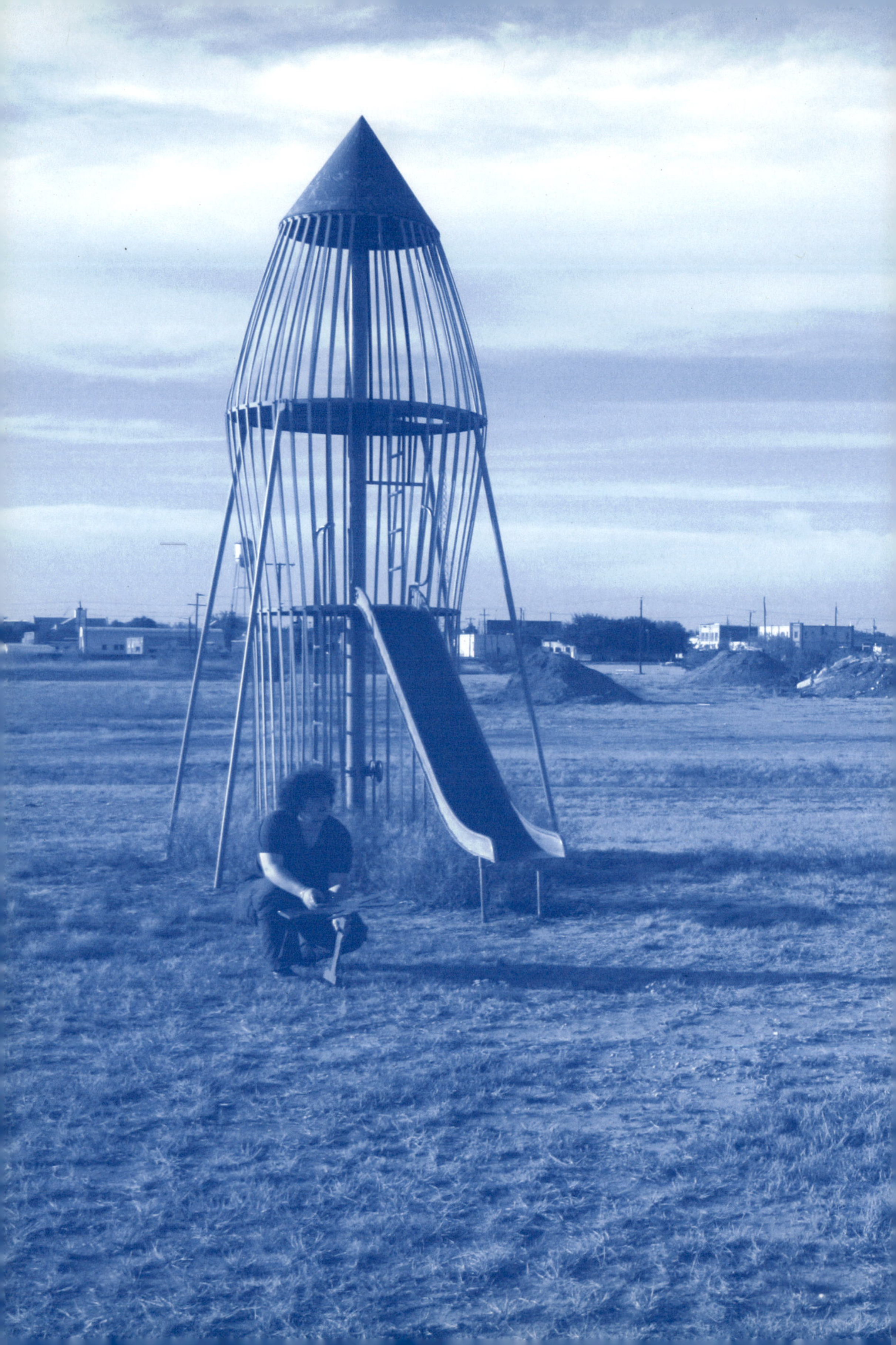

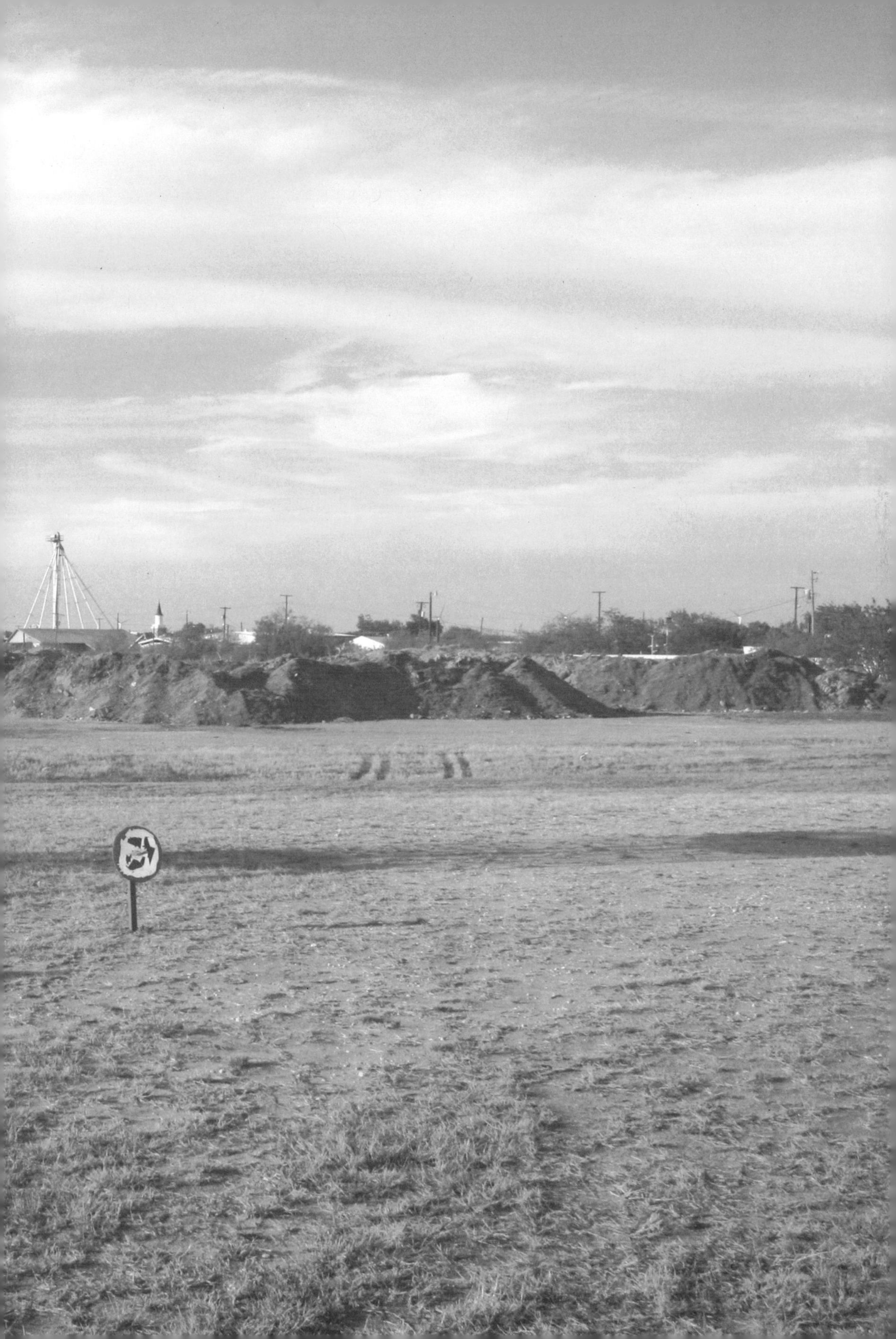

JULIA BRYAN-WILSON Mi interessa sapere se le circostanze personali, sia generazionali (sei cresciuta nell'era di Reagan) sia territoriali (hai trascorso l'infanzia vicino a una base militare in Florida) hanno influenzato il tuo metodo artistico. In che modo la tua storia ha alimentato il tuo lavoro?

LISI RASKIN Sarei negligente se non menzionassi, oltre alle questioni locali e generazionali, il fatto di essere cresciuta in periferia nella Florida meridionale durante la Guerra Fredda, fattore che concorre certamente allo scenario. Sono stata incredibilmente influenzata da un tipo di gioco iniziato da mia zia Robin. Fondamentalmente, portava me e mio fratello a fare avventure. Spesso queste avventure comportavano violazioni di domicilio. Per esempio, un Natale abbiamo esplorato i bunker di addestramento della Seconda Guerra Mondiale nel Jonathan Dickinson State Park, perché molte delle guardie di sicurezza erano a casa con le loro famiglie. Trascorrevamo il tragitto in auto verso la nostra destinazione costruendo la storia del perché ci andavamo – per indagare sul luogo di un atterraggio alieno, per esempio – e inventandoci una copertura. Quindi, anche nelle sue primissime incarnazioni, il mio desiderio di esplorare paesaggi e inventare scenari è cresciuto da un'attività famigliare doppia, che prevedeva violare territori "pericolosi" o insidiosi e inventare storie, in modo che potessimo avere sia avventure fantastiche sia un alibi coerente da fornire ai poliziotti nel caso ci scoprissero.

Poi c'era l'altro aspetto, del mio gioco privato, in cui facevo cose come stare sdraiata sul tettuccio dell'auto di mia madre anticipando lo sgancio della bomba sul mio quartiere suburbano. Per qualche ragione, all'età di otto o nove anni

JULIA BRYAN-WILSON I am interested in how your process could be seen as informed in part by personal circumstances both generational (you grew up in the Reagan era) and regional (your childhood was spent near a Florida military base). How has your specific biography fed your practice?

LISI RASKIN Well, I would be remiss if I did not mention that in addition to the generational and local concerns of growing up in suburban South Florida during the Cold War, which certainly factor in as a backdrop, I was incredibly influenced by a type of play initiated by my Aunt Robin. Basically, she would take my brother and me on adventures. Often these adventures would involve trespassing. For example, on Christmas we would explore World War II training bunkers at Jonathan Dickinson State Park, because most of the security guards were at home with their families. We would spend the car ride out to wherever we were going constructing the narrative of why we were going there—to investigate an alien landing site, for example—and concocting our cover story. So even in its earliest incarnation, my desire to explore landscapes and invent scenarios grew out of a two-fold family activity that involved trespassing into "dangerous" or loaded territories and making up stories, so we could have both fantastical adventures and a cohesive alibi to tell the cops in case we were caught.

Then there was this other aspect, of my own private play, where I would do things like lie on the hood of my mother's car and anticipate the dropping of a bomb on my suburban neighborhood. For some reason, at the age of 8 or 9, I was incredibly tapped into Cold War propaganda. When the educational outreach person from Turkey Point Nuclear Power

attingevo moltissimo alla propaganda sulla Guerra Fredda.
Se il rappresentante del programma educativo dell'impianto
nucleare di Turkey Point veniva alla mia scuola elementare
per parlare della radioattività, o se guardavamo lo space shuttle Challenger esplodere in televisione, queste informazioni
fornivano idee che avrei direttamente trasposto nel mio gioco.

JBW Certo, le tue ansie sono molto familiari e sotto vari
punti di vista abbastanza locali. Ma sono anche interessata
al modo in cui i tuoi interessi si collegano con la tua generazione – che, in effetti, è anche la mia generazione. Sei nata
nel 1974, e quindi hai trascorso un'infanzia all'ombra della
paranoia continua a pervasiva della Guerra Fredda. Non
penso che sia solo "per qualche strano motivo" che tu e io
eravamo così coscienti di quella propaganda a quella tenera
età. Ne eravamo saturate; inondava la nostre vite, ma in
modo diverso rispetto ai nostri genitori, che hanno vissuto
gli anni Cinquanta e hanno dovuto partecipare alle esercita-
zioni antiatomiche scolastiche "tutti sotto i banchi". Il loro
contesto nell'immediato dopoguerra significava preparazione
attiva all'interno di campagne organizzate di protezione civile.

    Per contro, all'inizio degli anni Ottanta le paure nucleari
aleggianti erano intrecciate al tessuto della cultura popolare – così invece di costruire rifugi antiatomici, noi avevamo
una relazione più ambientale e mass-mediatica con lo spettro
dell'annientamento nucleare, formatosi tramite l'ascolto di
99 Luftballons alla radio e la visione di The Day After
alla televisione (entrambi, a proposito, uscirono nel 1983,
quando avevi nove anni).[1]

LR Hai assolutamente ragione. Siamo state inondate. Penso
di essermi sempre sorpresa che persone cresciute in quello
stesso periodo non abbiano attinto quanto me da questa
etica della Guerra Fredda. Ma mi ricordo vividamente il
video musicale di 99 Luftballon di Nena e i film Red Dawn
(1984) e The Day After, le centrali nucleari di Three Mile
Island e Chernobyl, le minacce di Ronald Reagan, e la Star
Wars Initiative [programma di seudo stellare] – e quella sensazione contemporaneamente vaga e vivida riguardo all'URSS.

Plant came to my elementary school to talk about radioactivity, or when we watched the Space Shuttle Challenger explode on television, this information would lead directly to ideas that I would bring into playtime.

JBW But I'm also curious to hear how such fixations might be linked to your generation—actually, it's my generation, too. You were born in 1974 and thus had a childhood shadowed by ongoing and pervasive Cold War paranoia. I don't think it's just "for some reason" that you and I were so aware of such propaganda at a young age. We were saturated with it; it inundated our lives, but in a different way than it did for our parents, who lived through the 1950s and had to take part in "duck and cover" atomic bomb drills in school. Their immediate post-war context meant active preparation for attack within organized civil defense campaigns.

By contrast, in the early 1980s, lingering nuclear fears were woven into the fabric of popular culture—so instead of building bomb shelters, we had a more ambient, mass-media relationship to the specter of nuclear annihilation, formed by hearing 99 Luftballons on the radio or watching The Day After on television (both of which, by the way, appeared in 1983, when you were nine).[1]

LR Well, you're absolutely right about that. We were inundated. I guess I am always surprised that there were people growing up at the same time who were not tapped into this Cold War ethos as much as I was. But I vividly remember the music video for Nena's 99 Luftballons, the movies Red Dawn (1984) and The Day After, Three Mile Island, Chernobyl, the threats that Ronald Reagan would make, the Strategic Defense Initiative (SDI) (popularly referred to as the Star Wars initiative), and that simultaneously vague and vivid feeling about the USSR. Why was it just one big, grey clump on the map? I listened to Sting's song Russians (1985) (which repeated the phrase "I hope the Russians love their children, too") as well as post-punk, new wave music like the Alphaville album Forever Young (1984). Cyberpunk was full of visions of a post-atomic future, like Mad Max (1979)

Perché era solo una macchia grigia sulla mappa? Ascoltavo la canzone Russians (1985) di Sting (che ripeteva "I hope the Russians love their children too" ["Spero che anche i russi amino i loro figli"]) così come la musica post punk e new wave come l'album Forever Young (1984) degli Alphaville. Il cyber-punk era pieno di visioni di un futuro post-atomico, come in Mad Max (1979) o anche Bladerunner (1982). Gli anni Ottanta sono stati pieni di riferimenti della cultura pop alla guerra nucleare, e attraverso il mio lavoro ho abbracciato quelle cose.

Ma in aggiunta c'era l'assurdità del fatto che in quanto bambini si supponeva stessimo pianificando il futuro. Questo paradosso mi ha portato una buona dose di ansia esistenziale, che ovviamente si è riflessa nella mia fantasia infantile. Inoltre, dovrei citare il fatto che se scavate due metri sotto il suolo di Miami, trovate acqua, quindi non c'era speranza di scavare una buca e costruire un bunker sotterraneo.

JBW Sotto certi aspetti, i problemi con cui ti confronti riguardo al potere militare, al segreto di stato e alla sicurezza pervadono le nostre vite qui, ma tu viaggi molto – dall'Occidente nuclearizzato fino al Circolo Artico – cercando località storicamente e geograficamente specifiche di questo potere. Questa veste di investigatrice e viaggiatrice, o di archivista itinerante, come influenza i tuoi progetti?

LR Quando intravedo la possibilità di visitare uno di questi spazi significativi, spesso cerco di immaginare il ruolo che dovrò rivestire per ottenervi legittimo accesso. Da quel pensiero emerge un ruolo o un personaggio pubblico. A volte è importante per un progetto che questo ruolo diventi parte dell'opera, altre volte il ruolo non è altro che una storia di copertura incredibilmente efficace. Così quando mio fratello e io andammo all'impianto nucleare di Ignalina, per esempio, il ruolo più efficace che potessimo pensare fu quello di fotografi di paesaggio, mentre per il viaggio scoprii che invece il ruolo di turista funzionava meglio.

In un certo senso, questi ruoli sono liberatori perché per loro natura implicano un certo tipo di attività o di interazione. Credo anche che le risposte che otterrei dalle

The 1980s were lousy with pop culture references to
nuclear war, and through my work I have embraced that stuff.

But there was the added absurdity of the fact that as
children we were supposed to be planning for the future.
This paradox contributed to a fair amount of existential
anxiety on my part, which of course was reflected in my
childhood fantasy life. Also, I should mention that if you dig
six feet in Miami, you hit water, so there was never any hope
of digging a hole and constructing an underground bunker.

JBW In certain respects, the issues you deal with regarding
military power, state secrecy, and security pervade our local
lives, yet you travel widely—from the nuclear West to the
Arctic Circle—seeking out historically and geographically
specific locations of such power. How does the pose
of traveling investigator, or itinerant archivist, structure
your projects?

LR When I envision the possibility of visiting one of
these charged spaces, often I try to imagine the role I would
need to perform in order to gain legitimate access. From that
thought, a public role or character emerges. Sometimes it is
important for a project that this role becomes part of the art
work, and other times the role is no more than an incredibly
effective cover story. So when my brother and I went to the
Ignalina Nuclear Power Plant, for example, the most effective
role we could play was that of landscape photographer,
and for the road trip I found that the role of the tourist was
most effective.

In a sense these roles are liberating, because by their
very nature they imply an activity or interaction. I also believe
that the responses I would get from directors of museums
and directors of nuclear power plants alike would vary
dramatically if I were to approach these institutions in a less
"knowable" form. So the equation is such that I enter the
frame of a dangerous zone as an established individual with
an established identity. Because I already know the public
answer to the question, "What are you doing here?," I am
free to play. This aids and abets my desire to furtively nest

direzioni di musei così come dai direttori di impianti nucleari
sarebbe clamorosamente diversa se dovessi avvicinare
queste istituzioni con un ruolo meno "riconoscibile". Quindi
il risultato è che mi inoltro in una zona pericolosa come un
individuo identificato stabile dall'identità stabile. Conoscendo
già la risposta ufficiale alla domanda: "Cosa fa lei qui?", sono
libera di recitare. Questo aiuta e favorisce il mio desiderio
di annidarmi furtivamente all'interno di luoghi con presunte
funzioni, significati storici e politici.

JBW Sì, e spesso riconfiguri il materiale documentaristico
in scenari fantastici o assoggetti l'informazione fattuale alle
lenti distorte del ricordo. Quanto è importante nel tuo lavoro
la tensione tra fatti e finzione, o l'interazione tra il letterale
e l'immaginario? Si potrebbe forse ricollegarla con quelli
che chiami "spazi di memoria".

LR È in questa interazione tra il letterale e l'immaginario
che creo il lavoro. Coltivo una relazione ossessiva verso la
mia materia di studio, e questa relazione crea una piattaforma
dalla quale posso realizzare il lavoro o saltare in uno spazio
di memoria. In The Poetics of Space, Gaston Bachelard scom-
mette sulla descrizione del fenomeno della lettura sospesa,
durante la quale lo scrittore seduce gli occhi del lettore al di
fuori dalla pagina. Quindi questo è un momento onirico, uno
stato sognante durante il quale avviene una certa triangolazione. Per me, il fatto esiste in diretta corrispondenza con una
memoria o con un desiderio e quindi dà luogo a uno spazio
terzo dove avviene la creazione del lavoro.

JBW Per esempio, in Command and Control utilizzi massi-
cciamente, come fonte, materiali quali foto turistiche ma
ti appropri di questa prova documentaria utilizzandola come
molla per forti speculazioni e reinterpretazioni immaginative.
Sembri suggerire che l'unico modo per processare questa
indigestione di informazioni – tutti questi fatti, foto e doc-
menti – sia il ricrearle. Un livello di simulazione o un gesto
di precisione è vitale per questa elaborazione e in parte, è la
ripetizione compulsiva freudiana a spingere questo processo.

inside places with assumed functions, historical significance,
and politics.

JBW Yes, and you often reconfigure documentary source
material into fantastical scenarios or subject factual information to the distorted lens of recollection. How important
is the tension between fact and fiction, or the interplay
between the literal and the imaginative, in your work? This
might connect to what you have called "memory spaces."

LR This interaction between the literal and the imaginative
is where the work gets made. I cultivate an obsessive relationship to my subject matter, and this relationship creates a
platform from which to make the work or jump into a memory
space. In The Poetics of Space, Gaston Bachelard puts it best
when he describes the phenomenon of suspended reading,
during which the writer seduces the reader's eyes off the
page. So this is an oneiric moment, a dreamlike state during
which a certain triangulation occurs. For me, fact exists in
direct correspondence with a memory or desire and then
yields a third space where the making of the work takes place.

JBW For example, in Command and Control (2008), you
extensively utilize source material from tourist photos but
achieve ownership of this documentary evidence by using
it as a springboard for powerful speculation and imaginative
re-interpretation. You seem to suggest that one way to
process this surfeit of information—all these facts, photos,
and documents—is to remake it. A level of simulation or some
gesture towards accuracy is key to this working-through;
in part, Freudian repetition compulsion motors this process.
What roles do re-enactment and resemblance play for you?

LR I am definitely interested in resemblance and
using this format to insert my own interpretations and
text. In the control panel for Command and Control, I
couldn't get the phrase, "Fail, Safe, Failure," out of my head.

Quali ruoli svolgono la ricostruzione e la verosimiglianza
per te?

LR   Sono assolutamente interessata alla verosimiglianza
e all'impiego di questo format per inserire le mie interpreta-
zioni e il mio testo. Nel pannello di controllo di <u>Command
and Control</u>, non mi usciva di mente la sequenza "Fail,
Safe, Failure" [Fallo, Sicuro, Fallimento]. Così ho sostituito
il testo originale che indicava quello che gli schermi
misuravano con una mini-poesia sulla teoria dei giochi.
Tratto così la maggior parte degli oggetti, nel senso
che come costruttrice sono nella posizione di alterare quello
che voglio, o di applicare parti nuove su un design datato
per assecondare i miei scopi. Con questa installazione, in
particolare, l'oggetto che stavo ricreando mi ha tenuto in una
costante situazione di orrore. Realizzare questi pannelli di
controllo richiede un lavoro abbastanza intenso, così la
mia mente può spaziare nella contemplazione di ogni tipo di
assurdità e alcune di queste si sono concretizzate nell'oggetto.

JBW   Voglio allargare un po' l'idea della ri-creazione immaginativa, perché mi fa pensare a David Wojnarowicz che nel
1989 dichiarò che "una delle ultime frontiere dell'atto radicale
è l'immaginazione". Il 1989 è stato un anno significativo
in termini geo-politici, naturalmente, considerata la caduta
del Muro di Berlino, ma Wojnarowicz scriveva anche durante
un'epoca di proteste intensamente immaginative da parte
di ACT-UP.

LR   La ri-creazione o re-immaginazione è basilare nel processo realizzativo, in senso prettamente politico. Con questo
voglio ridurre la distanza tra me e l'ultima persona che
ha pensato a cosa significasse portare in vita questo oggetto.
Non potrò mai sapere cosa passava per la testa di un ingegnere di Westinghouse intorno al 1976 ma, se c'è qualcuno
in grado di afferrare le ramificazioni di questo meccanismo,
era probabilmente lui. Dopo la fase dell'immaginazione

HIGH RESOLUTION
ORGANIZED BY CCS BARD
PARK AVENUE ARMORY
NEW YORK, NY USA
FEBRUARY 21-25, 2008

COMMAND AND CONTROL

HIGH RESOLUTION
ORGANIZED BY CCS BARD
PARK AVENUE ARMORY
NEW YORK, NY USA
FEBRUARY 21-25, 2008

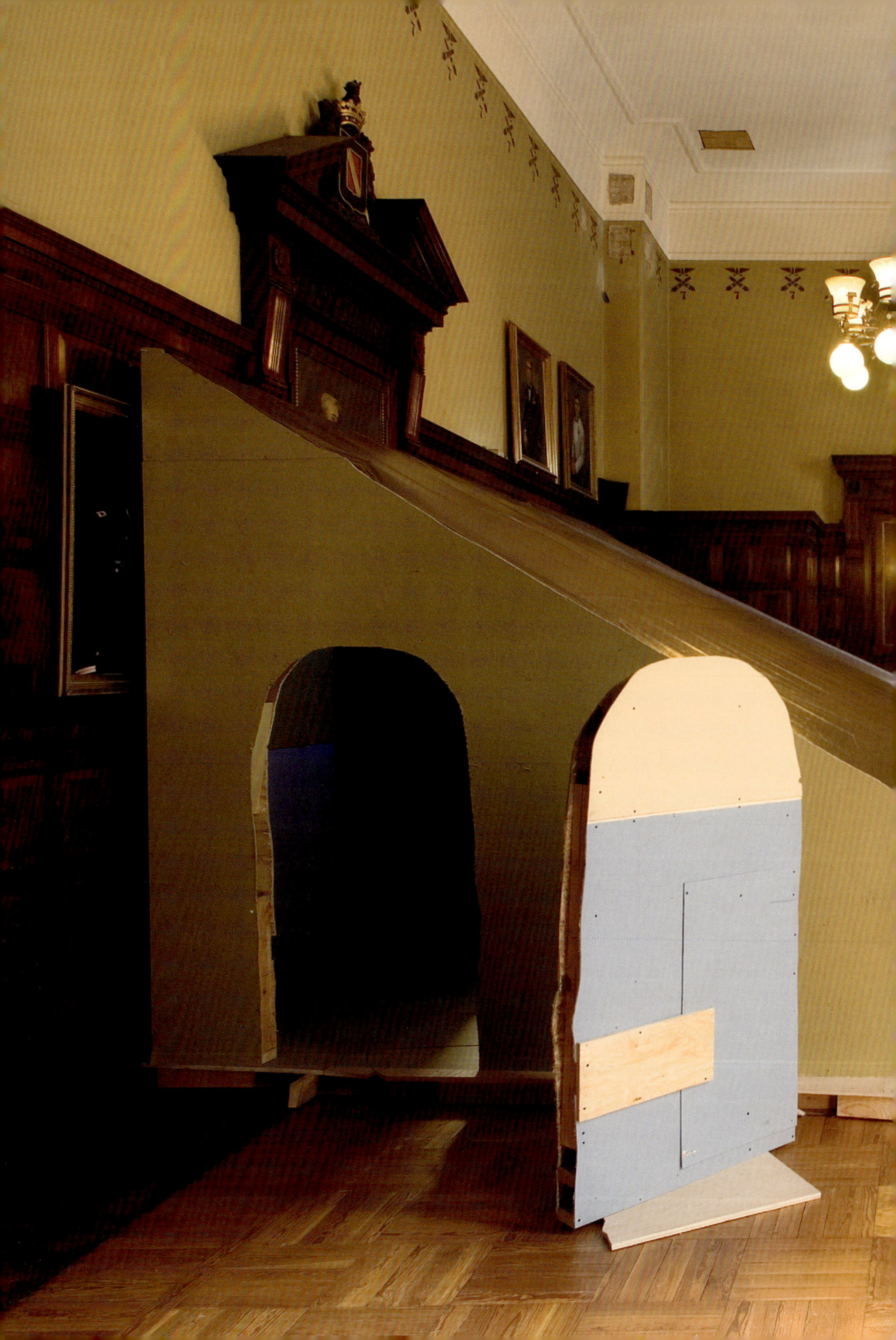

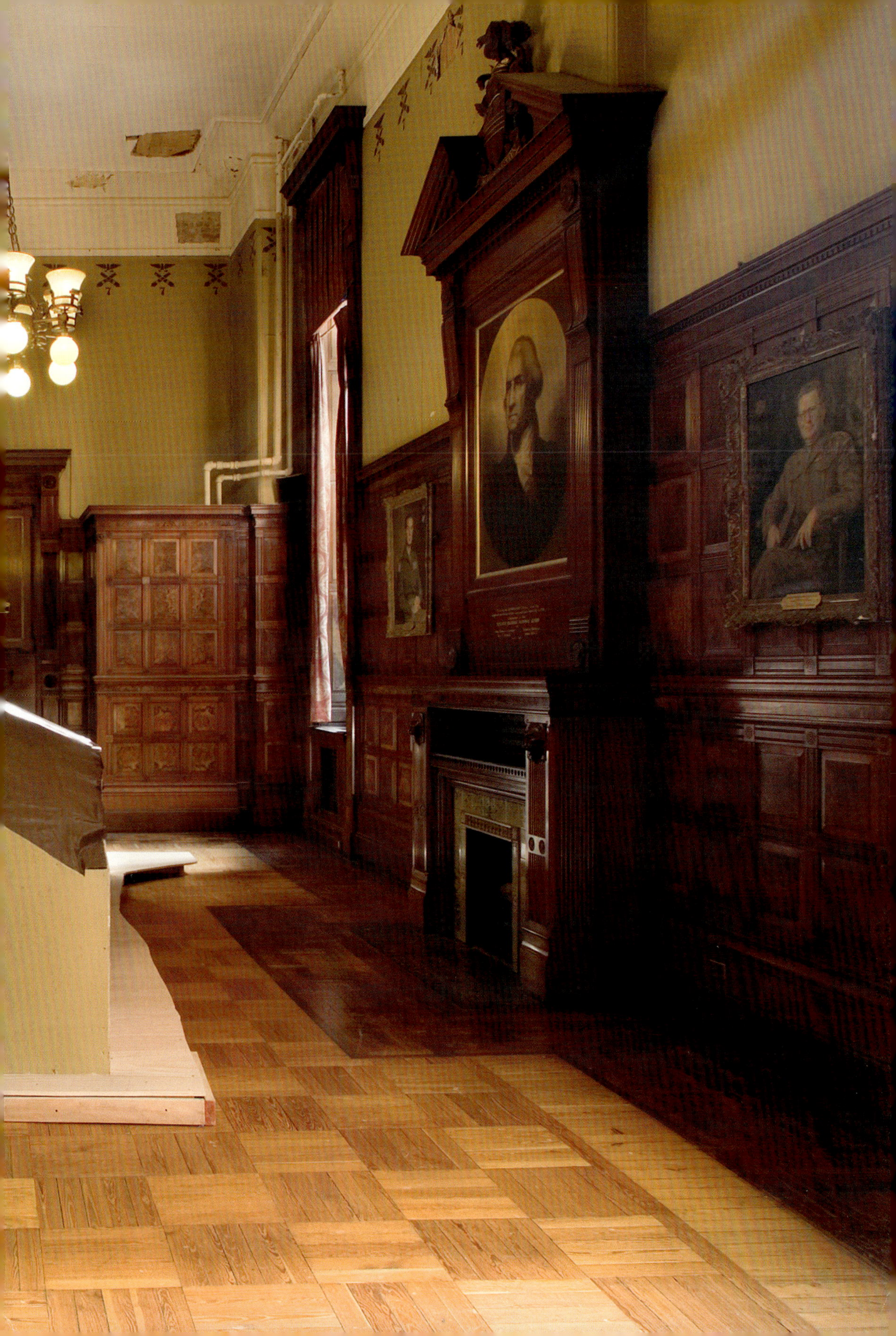

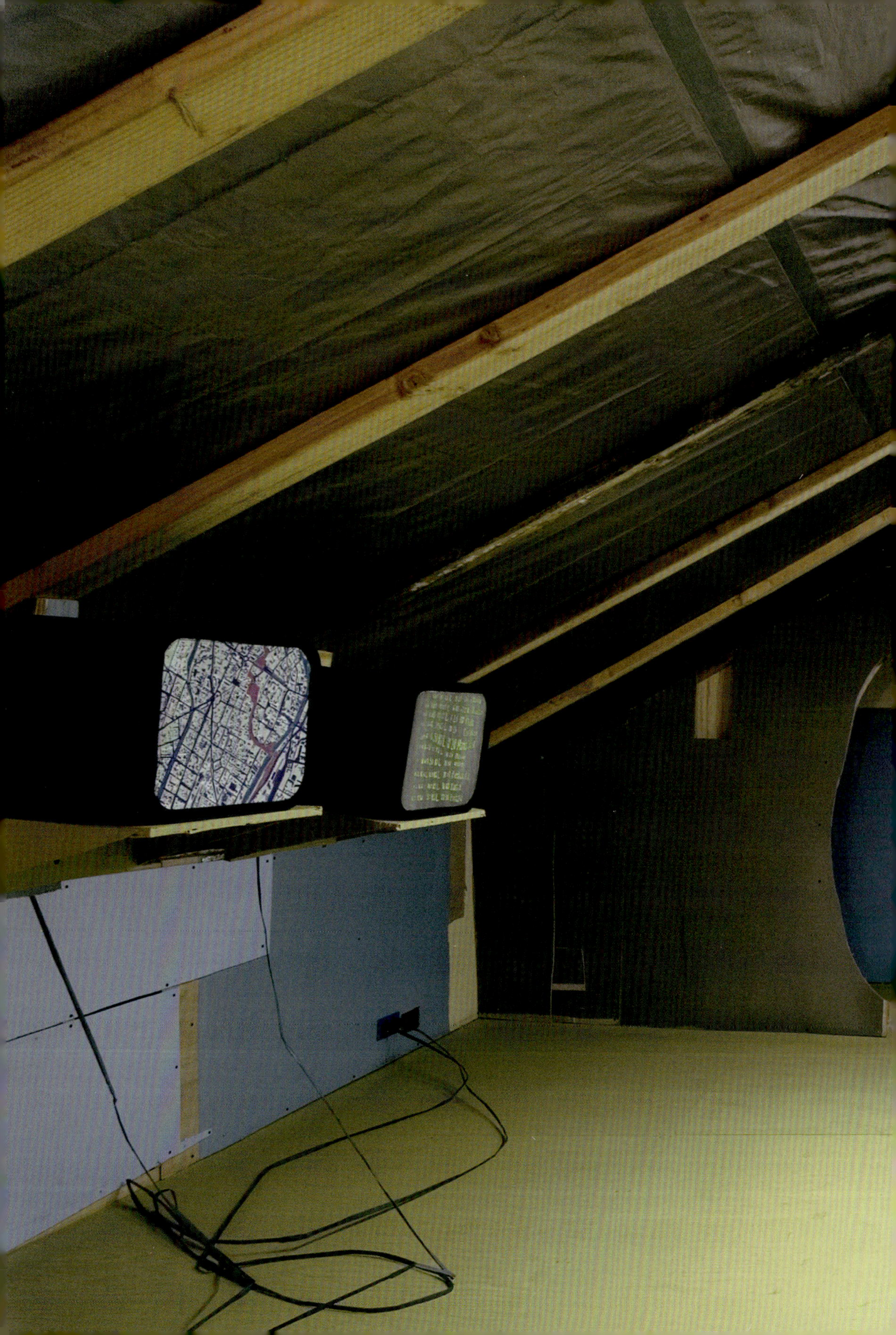

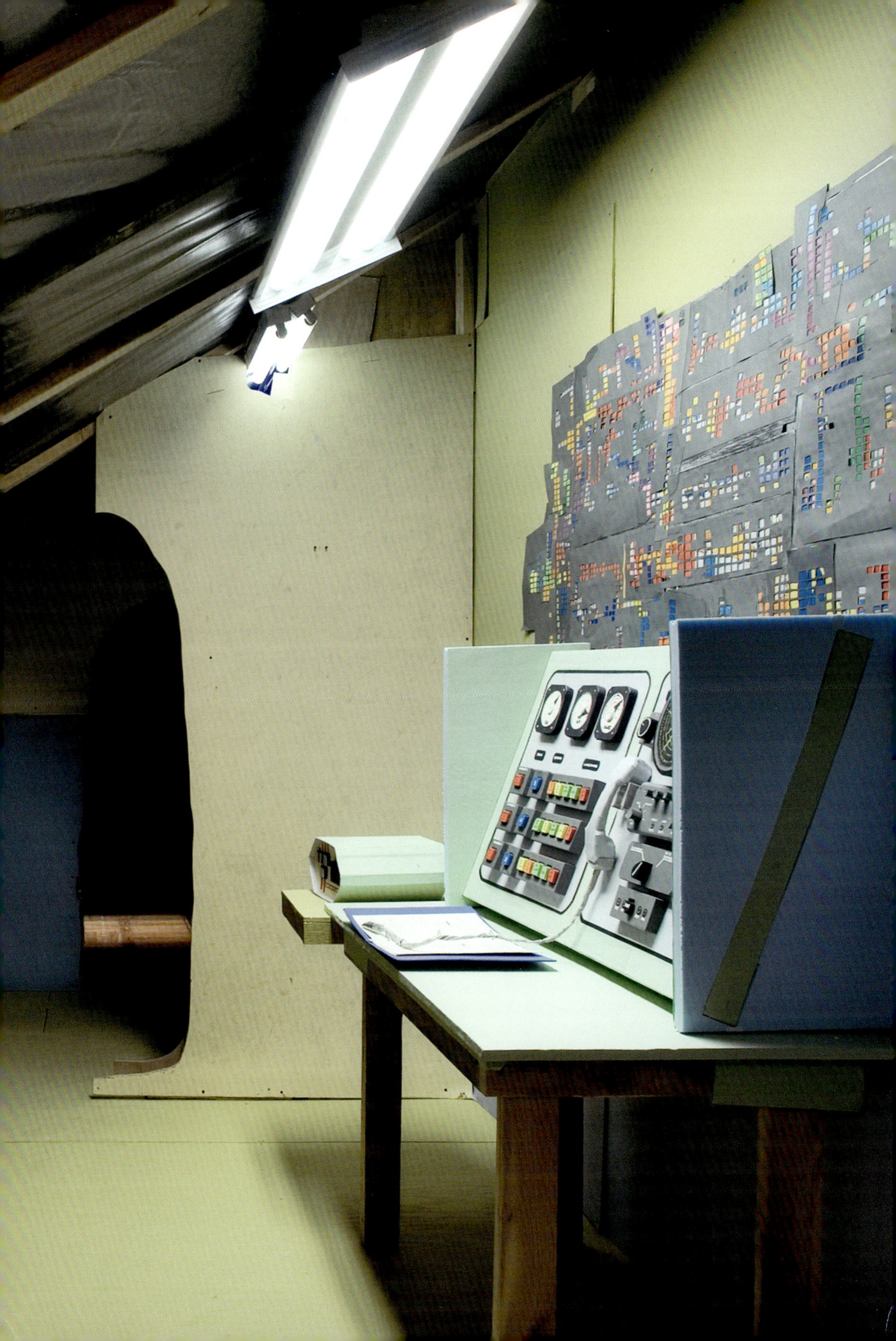

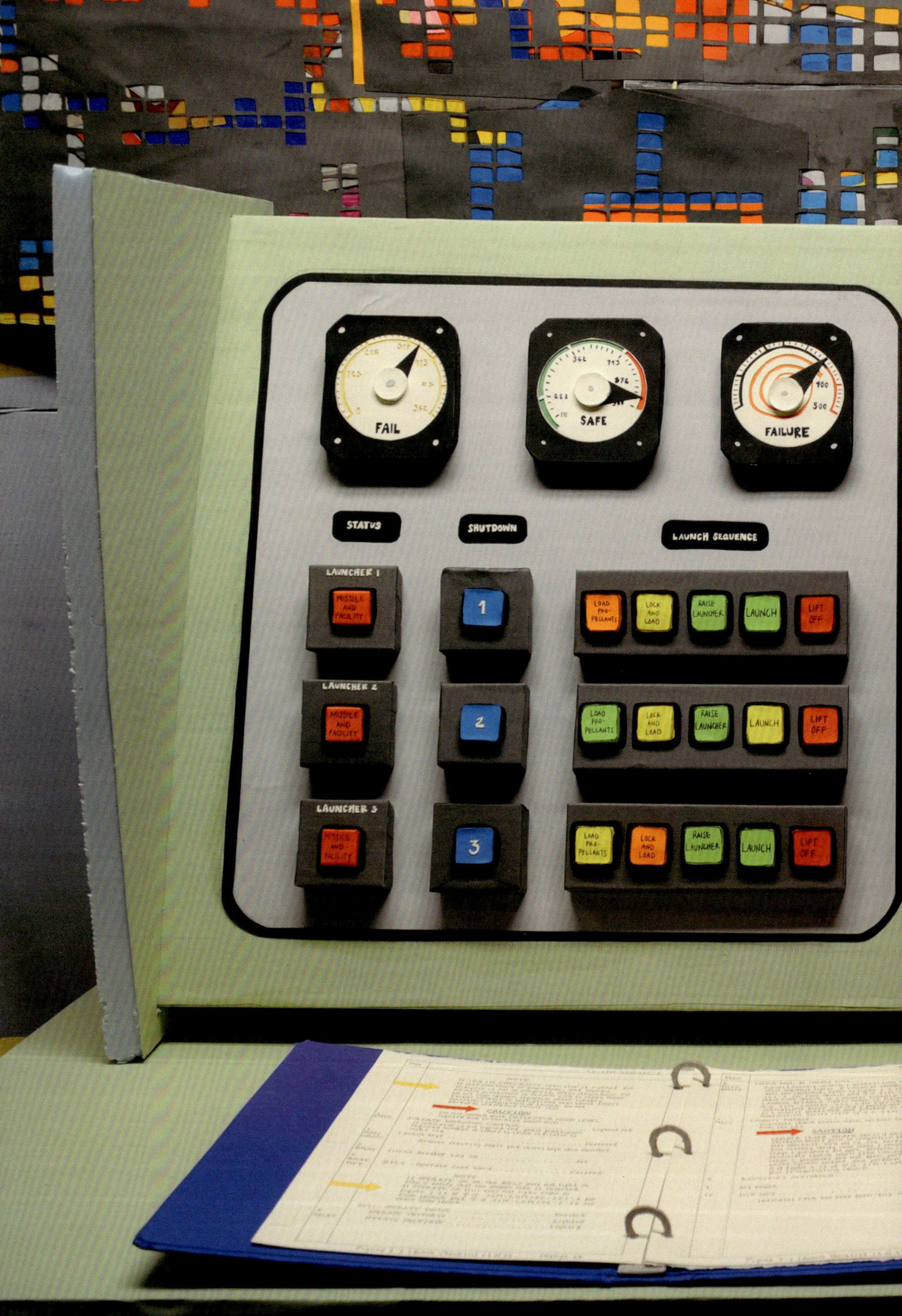

FAIL
SAFE
FAILURE
STATUS
SHUTDOWN
LAUNCH SEQUENCE
LAUNCHER 1
MISSILE AND FACILITY
LAUNCHER 2
MISSILE AND FACILITY
LAUNCHER 3
MISSILE AND FACILITY
1
2
3
LOAD PRO-PELLANTS
LOCK AND LOAD
RAISE LAUNCHER
LAUNCH
LIFT OFF
LOAD PRO-PELLANTS
LOCK AND LOAD
RAISE LAUNCHER
LAUNCH
LIFT OFF
LOAD PRO-PELLANTS
LOCK AND LOAD
RAISE LAUNCHER
LAUNCH
LIFT OFF

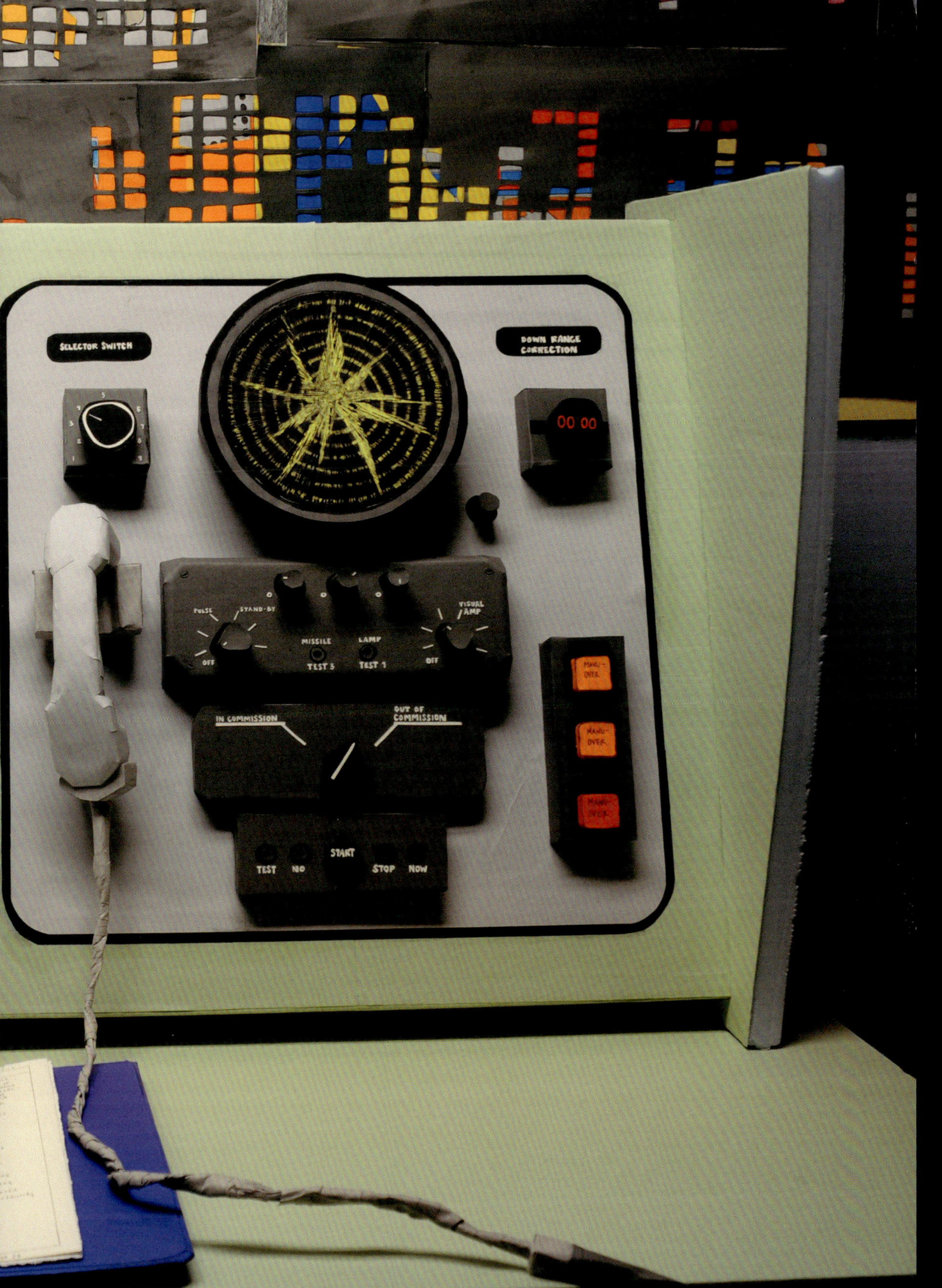

SELECTOR SWITCH
DOWN RANGE CORRECTION
00 00
PULSE
STAND-BY
VISUAL AMP
OFF
MISSILE TEST 5
LAMP TEST 1
OFF
IN COMMISSION
OUT OF COMMISSION
MANU-OVER
MANU-OVER
MANU-OVER
START
TEST
NO
STOP
NOW

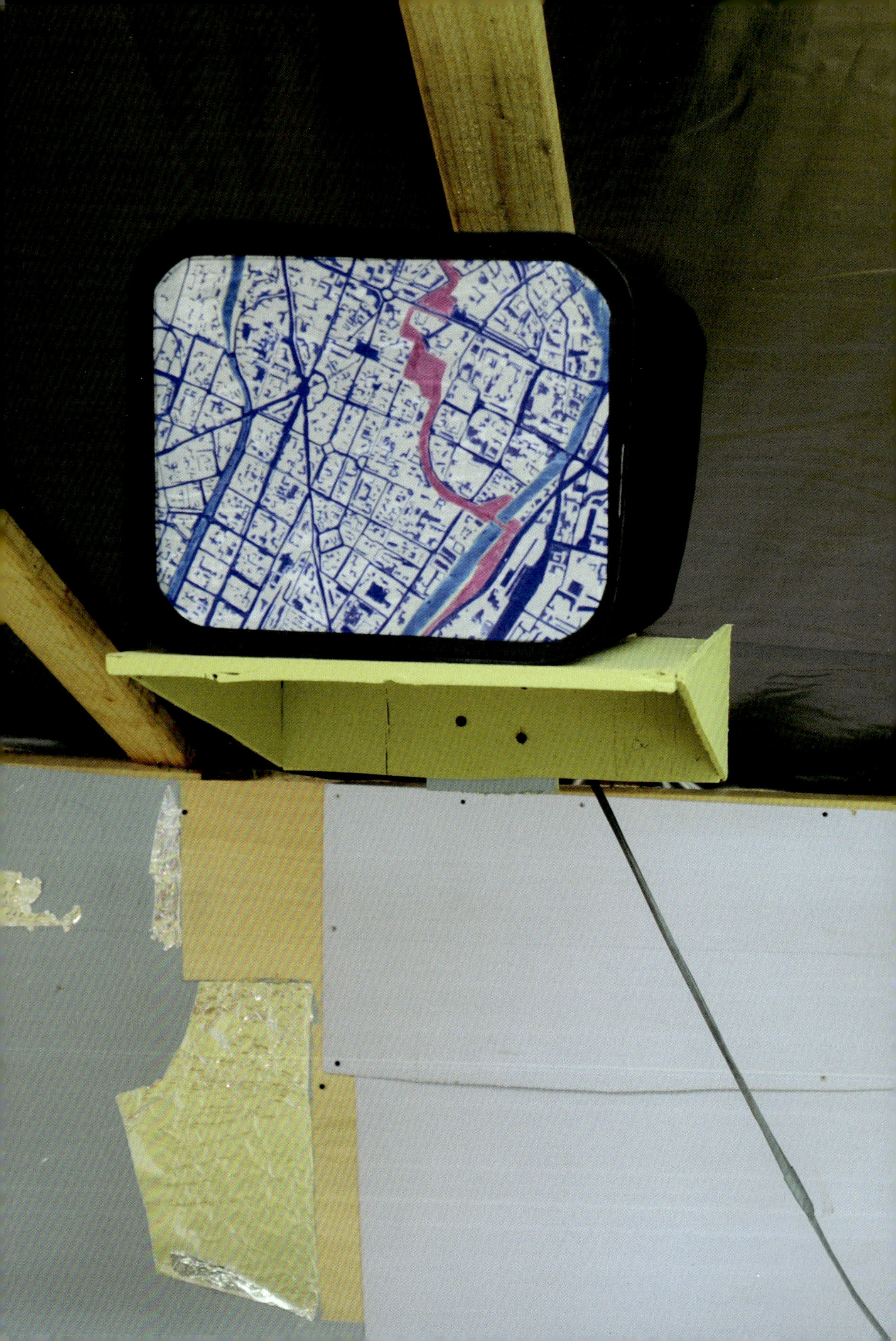

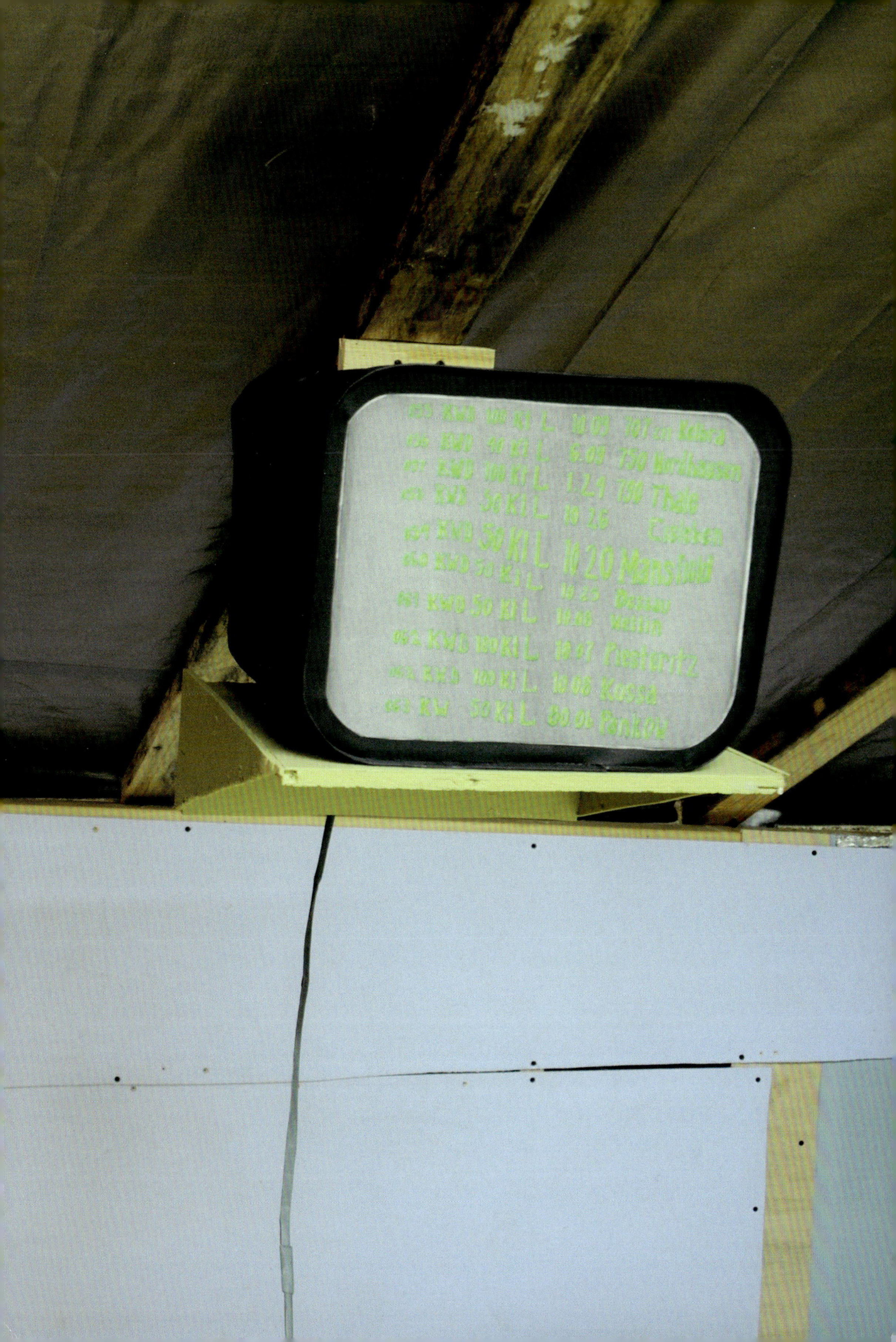
10 20 Mansfeld

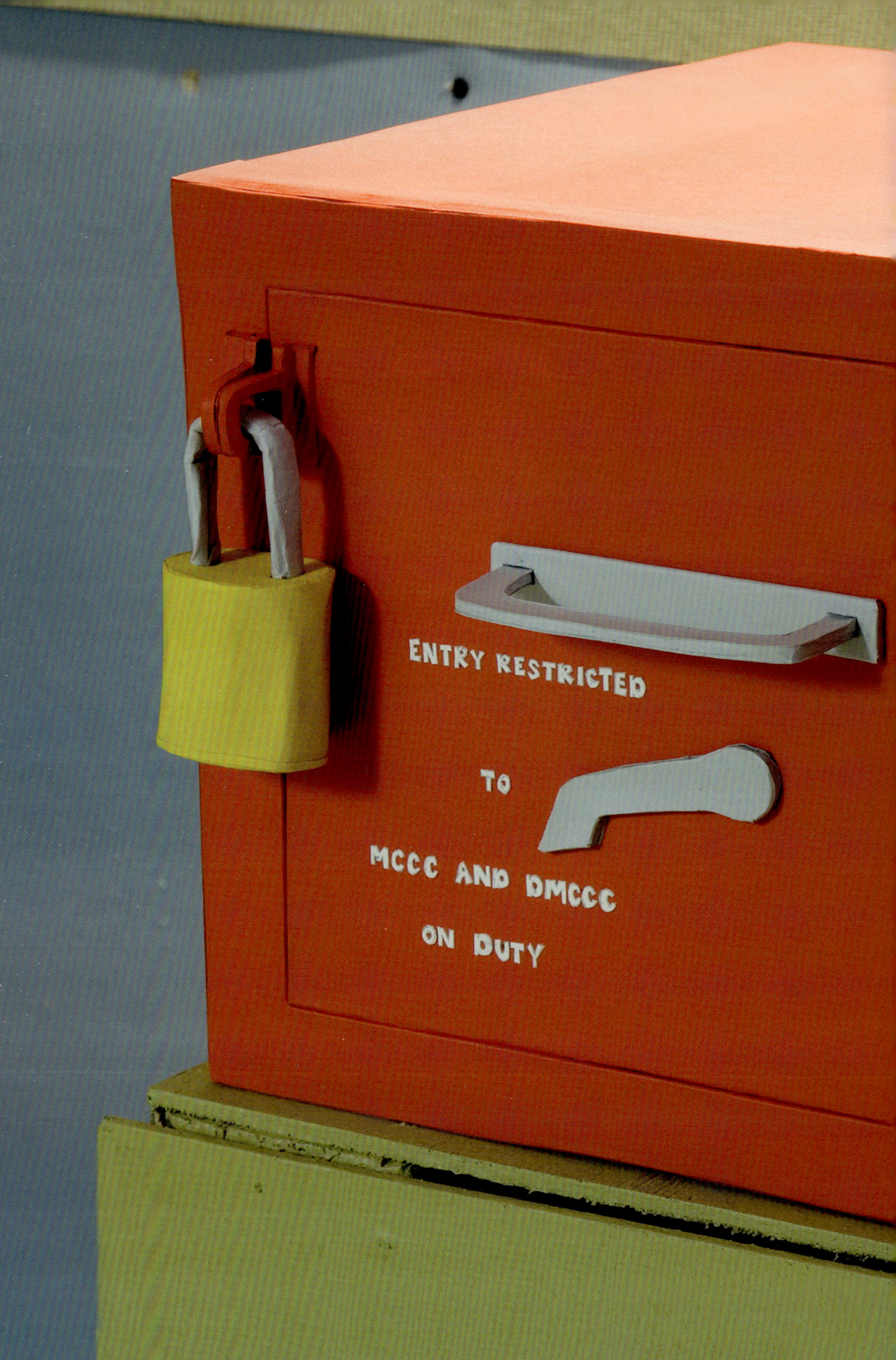
ENTRY RESTRICTED
TO
MCCC AND DMCCC
ON DUTY

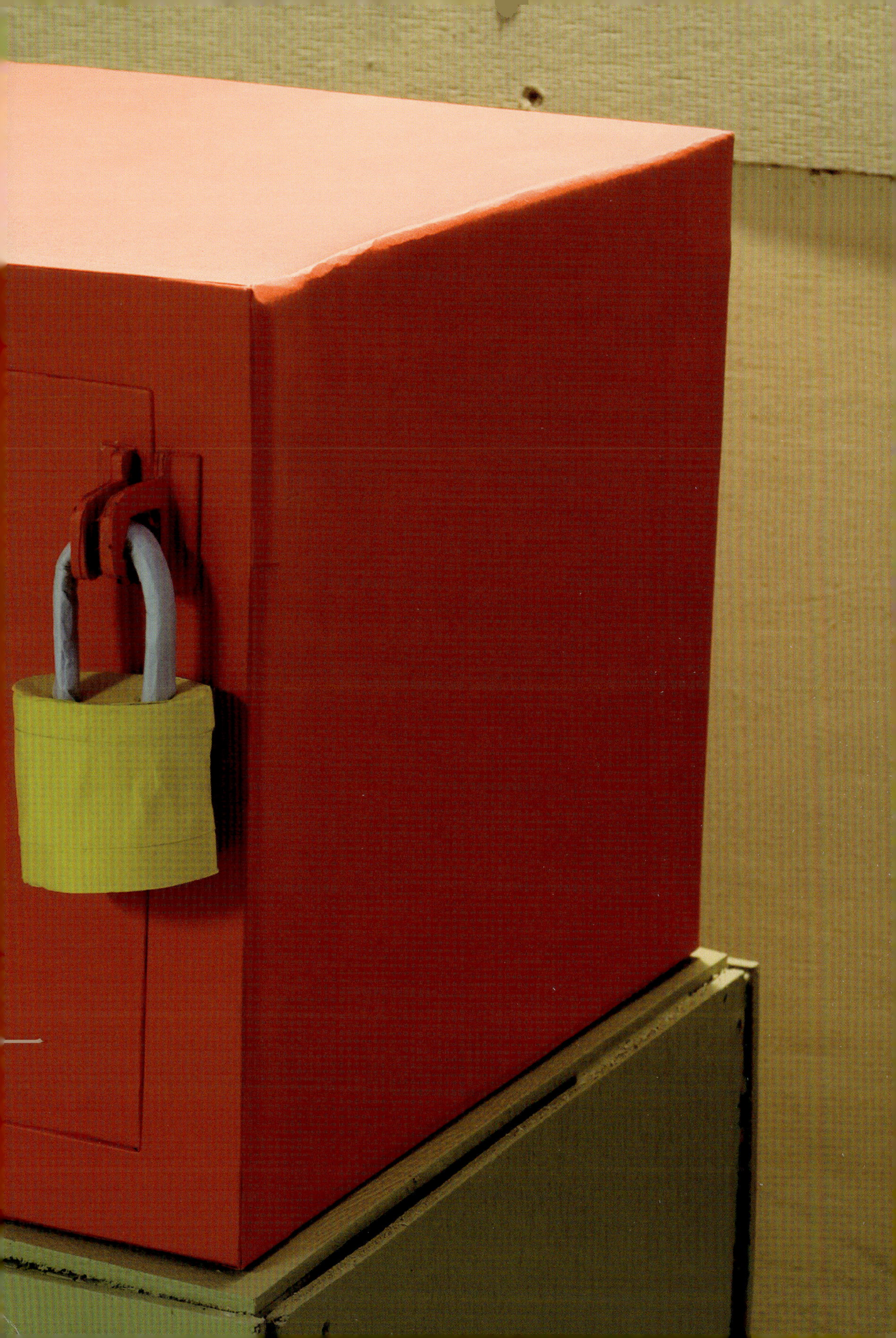

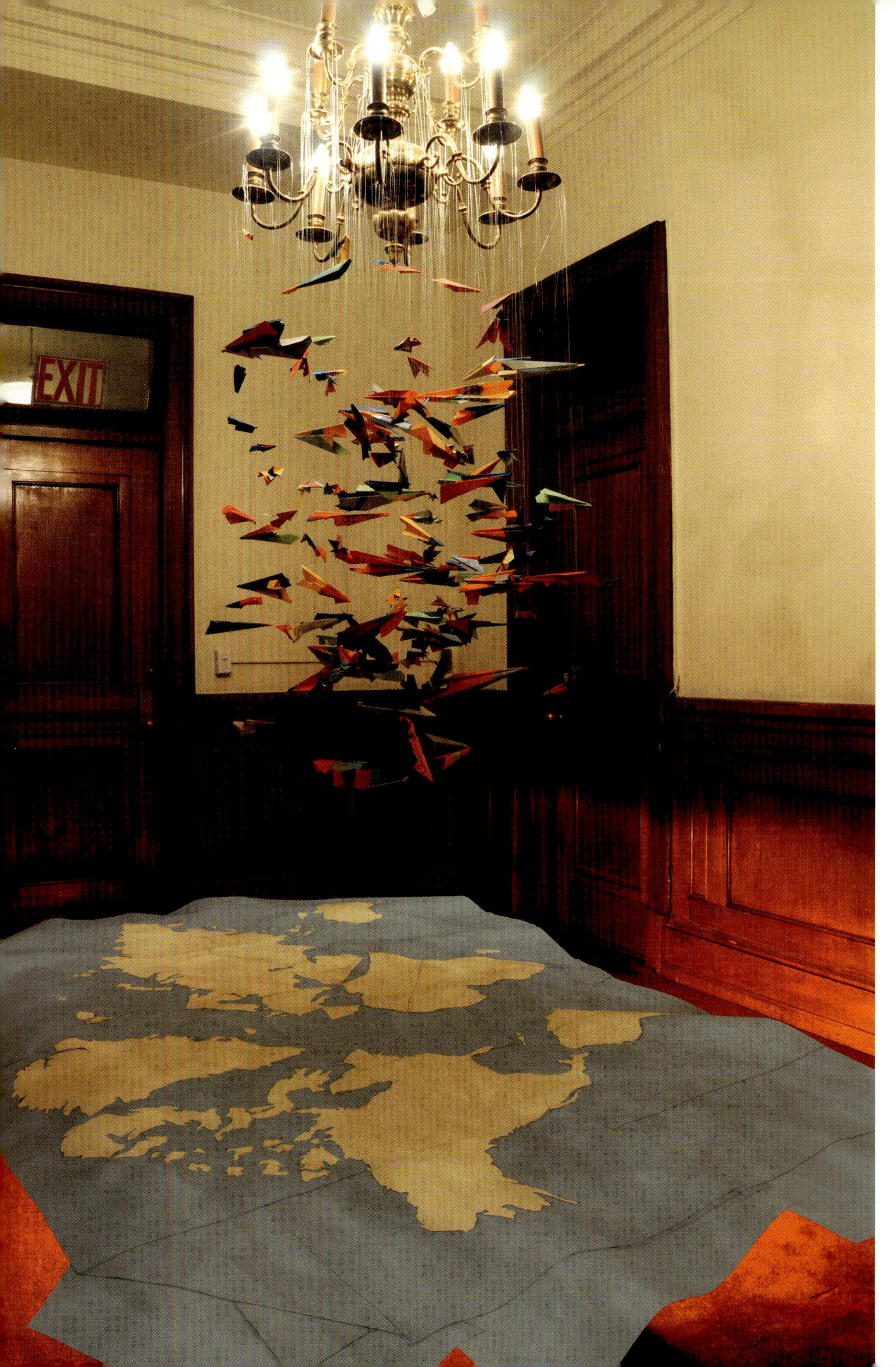

EXIT

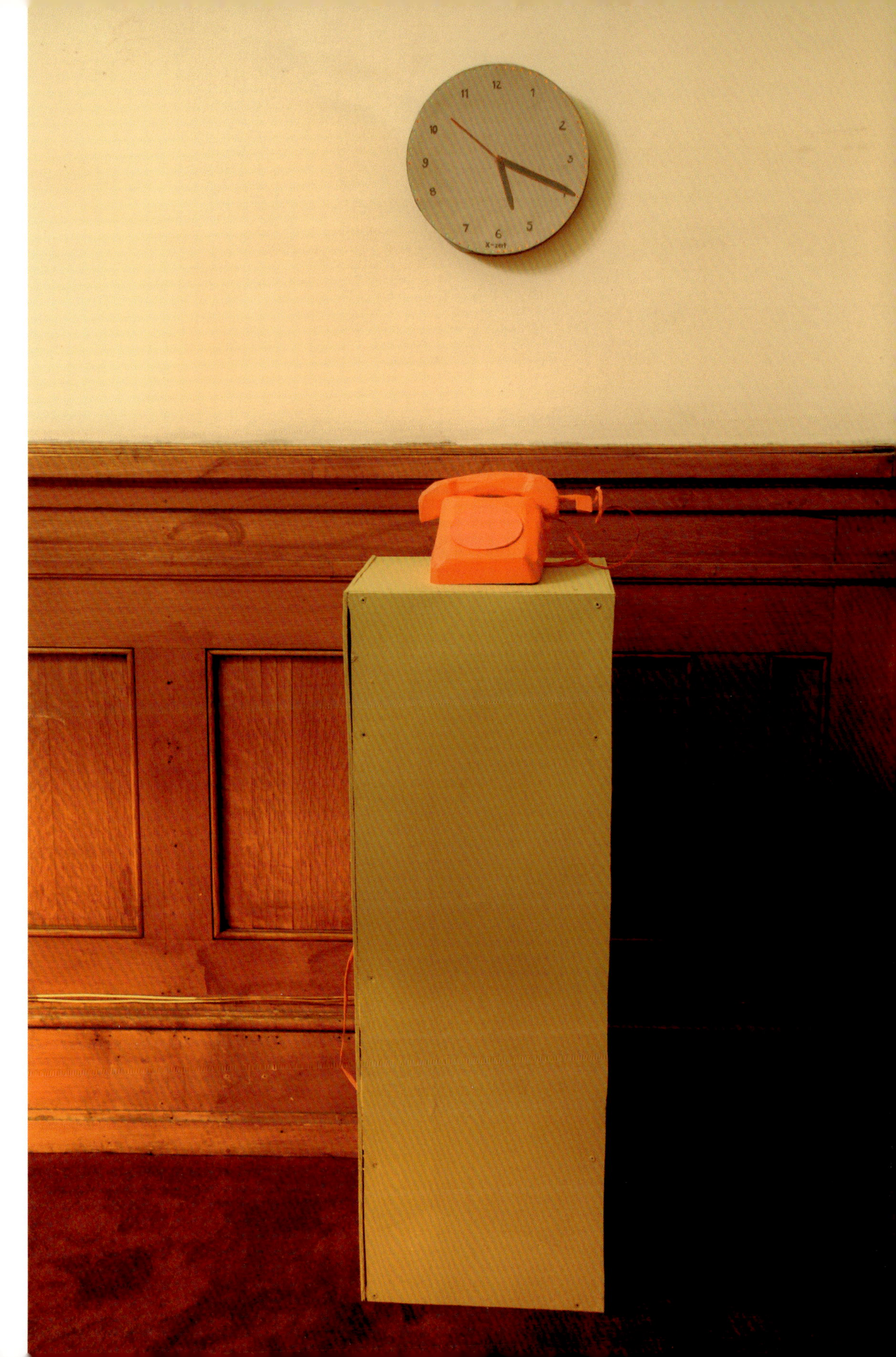

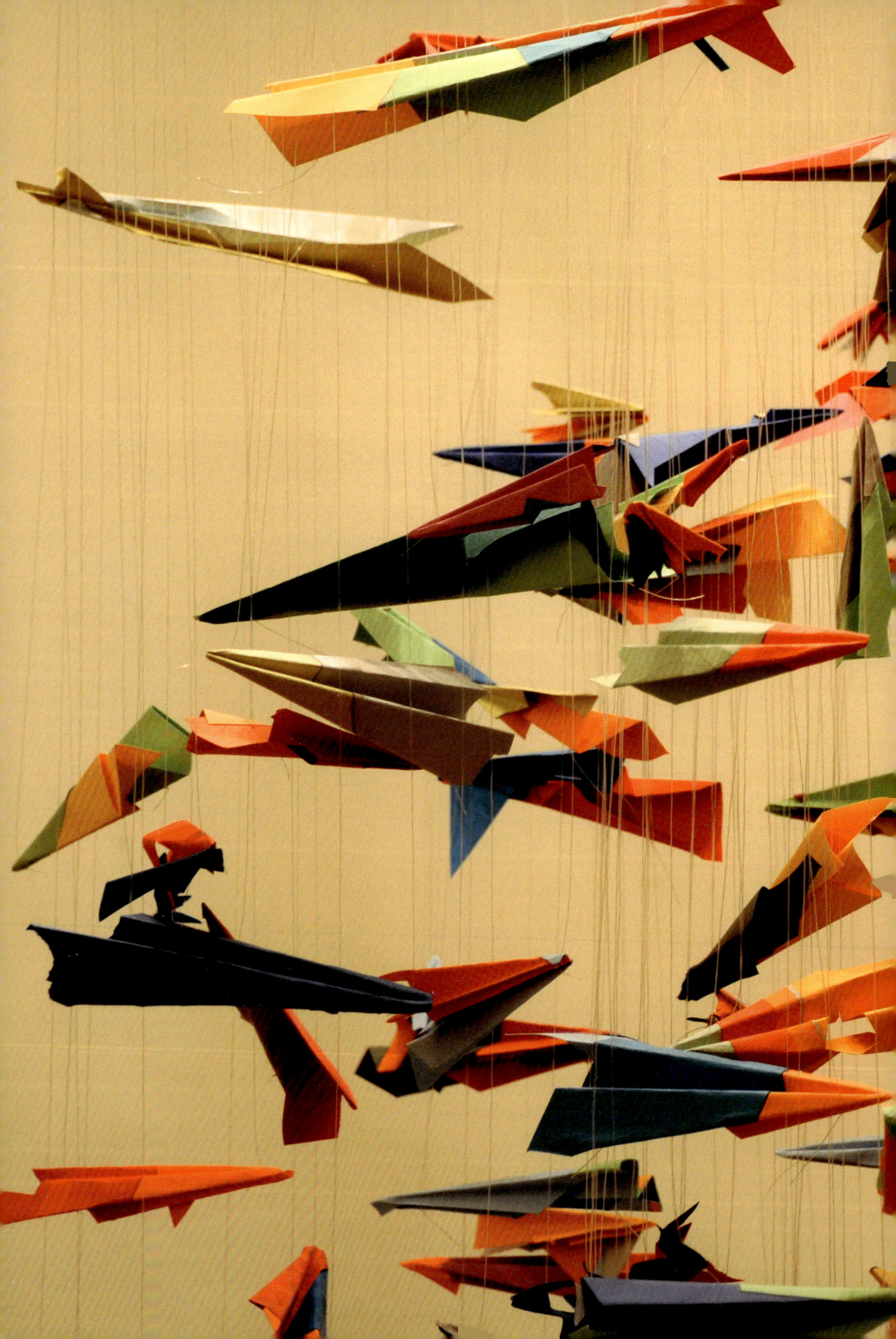

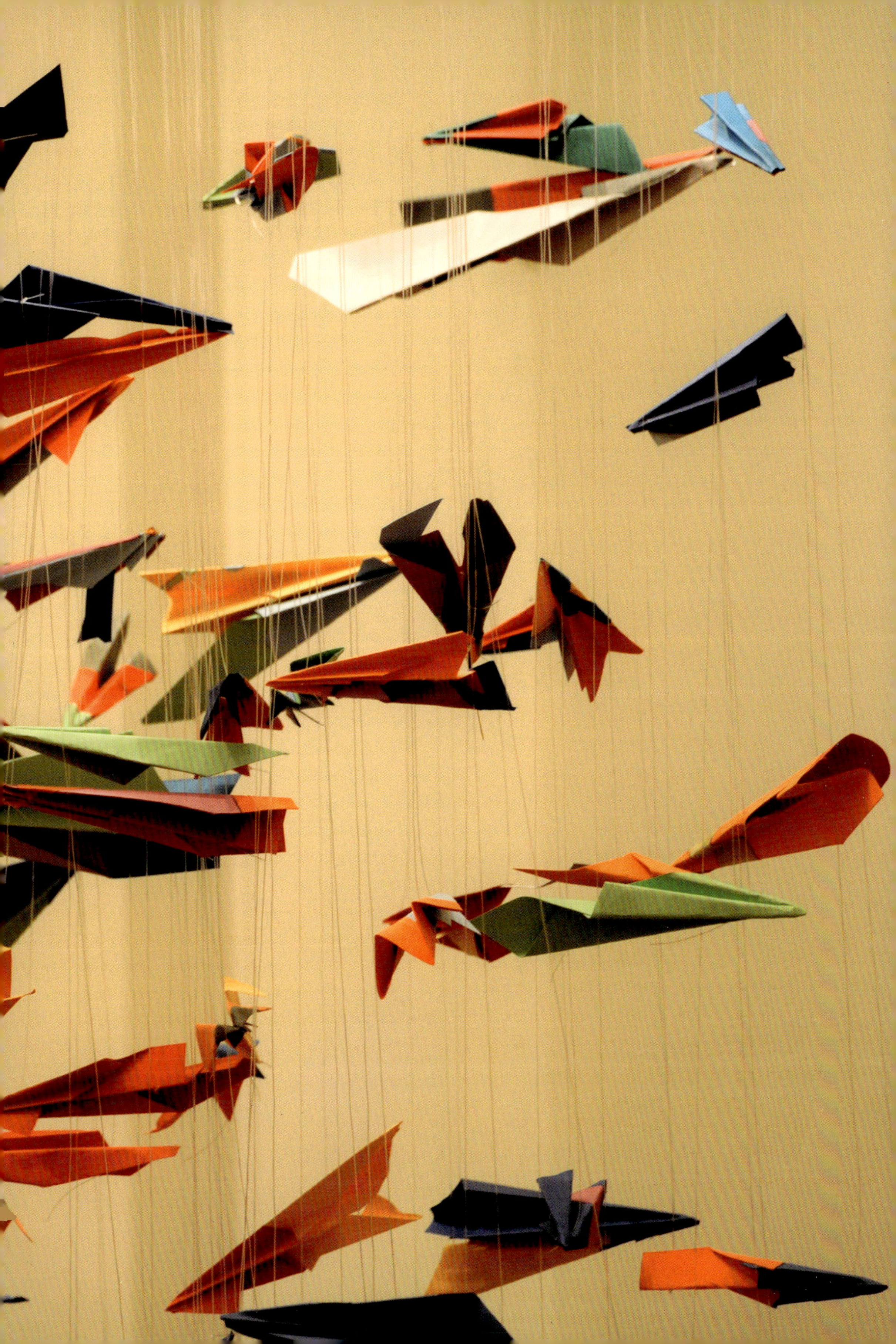

18–19
Command and Control, 2008. Wood,
tarpaulin, OSB. Exterior view of
two-room, site-specific installation,
Colonel's Room, Park Avenue
Armory, New York, NY.

20–21
Command and Control, 2008. Pictured:
Surveillance Monitors; Control
Panel with Button Collage; Countdown
to Launch; Instructional Binder.

22–23
Command and Control, 2008.
Control Panel with Instructional
Binder (detail). Paper, chip board,
PVA glue, Styrofoam.
Control Console: 24½"H × 45¼"W ×
13½"D
Folder: 1"H × 21¾"W × 11¾"D (open)

24–25
Command and Control, 2008.
Surveillance Monitors. Paper, chip
board, PVA glue, plywood.
Each monitor: 10½"H × 12¾"W ×
11¾"D
Installed: 55⅛"H × 111"W × 55"D
2 cables: 22'L

26–27
Command and Control, 2008. Lock Box.
Paper, Styrofoam, PVA glue, plywood.
134"H × 2"W × 13"D

28
Command and Control, 2008.
Sunday Punch. Paper, PVA glue,
saw horses, monofilament, fluorescent
lights, gels. Dimensions variable

29
Command and Control, 2008.
X-Zeit/Kruchev Direct. Wood, paper,
Styrofoam, PVA glue, chip board.
67"H × 13"W × 13"D

30–31
Command and Control, 2008.
Sunday Punch (detail). Paper, PVA
glue, monofilament, plywood, saw
horses, fluorescent lights, theater gels,
brass chandelier. Dimensions variable

So I changed the original text that would have distinguished what the dials were gauging into a mini-poem about game theory. I treat most of the objects this way, in the sense that as the maker I am in the position to alter what I like or retrofit the design to suit my purposes. With this installation in particular, I was constantly struck by the horror of the objects that I was re-creating. Making these control panels is fairly labor-intensive, so my mind would wander into contemplation of all kinds of absurdities, and some of these found their way into the actual object.

JBW I want to expand on the idea of fictional re-creation a bit, because it makes me think about David Wojnarowicz's assertion from 1989 that one of the last frontiers left for radical gesture is the imagination. 1989 was a significant year in geo-political terms, of course, given the fall of the Berlin Wall, but Wojnarowicz was also writing during the time of fiercely imaginative ACT-UP protests.

LR Re-creation or re-imagination in the process of making is key, exactly in a political sense. By this I mean to narrow the gap between myself and the last person who thought about what it would mean to bring this object into the world. I can never be sure what the thinking of an engineer at Westinghouse circa 1976 might have been, but if there is anyone who could grasp the ramifications of this mechanism, it was probably this person. But after the presence of the imagination of the engineer or scientist who invented the thing, the object comes into the world via factory assembly lines. Unfortunately, the miracle of automation that would allow for the making of these things by the hundreds or thousands doesn't lead to any sort of deep thought about the object's meaning. But re-making each element by hand, looking at what every original dial says, deciding if you want to react to what that text prompts in your brain—this is where I have some ability to engage with the meaning of the object. Really, I re-made a non-functioning control panel originally designed to send a nine-megaton nuclear weapon

dell'ingegnere o dello scienziato che l'ha inventato, l'oggetto viene alla luce tramite catene di montaggio industriali. Sfortunatamente, il miracolo dell'automazione che permetterebbe la realizzazione di queste cose in centinaia o migliaia di esemplari non porta ad alcun pensiero profondo sul significato dell'oggetto stesso. Ma nel ri-fare ogni elemento a mano, osservando quello che ogni indicatore segnala, decidendo se voglio reagire al messaggio che il testo provoca nel cervello, è proprio qui che sono capace di attrarre il significato dell'oggetto. Davvero, ho ri-fatto un pannello di controllo fuori uso, progettato in origine per inviare un'arma nucleare da nove megaton verso un bersaglio nemico clandestino. La mera violenza implicita in questo oggetto e, per estensione nella sua replica, è degna di una certa meditazione.

JBW Nella maggior parte del tuo lavoro fai riferimento esplicitamente a metodi manuali, persino i modi di fare sono naïf (usando matite, carta colorata, cartoncino ecc.). Che tipo di investimento hai fatto su questi mezzi?

LR Penso ai materiali naïf come a macchine del tempo o a trasportatori verso uno spazio di immaginazione pre-adolescenziale. Sono interessata all'aspetto facilmente riconoscibile di questi materiali. Sono anche interessata a sovvertirli utilizzandoli per realizzare oggetti e disegni sulla guerra. Spero che il loro aspetto e la loro accessibilità attirino i visitatori in uno spazio in cui possano contemplare il lavoro.

La scelta di questi materiali è anche una scelta in contrapposizione con le idee di spettacolo, la nozione di maestria e il mito dell'artista come genio. In effetti, non è presente alcun atto di maestria. Invece, i materiali parlano di un ambiente condiviso, di esperienza condivisa del nostro tempo, del nostro paesaggio ecc. La mia speranza è che l'uso di questi materiali renda l'argomento accessibile al visitatore.

JBW Affronti un argomento dei più difficili e letali con questa estetica quasi regressiva – come se, attraverso le lenti

to a clandestine enemy target. The sheer violence implicit
in this object, and by extension in its replica, is worthy
of some contemplation.

JBW In much of your work, you turn explicitly to handmade,
even naïve modes of making (using crayons, colored paper,
cardboard, etc.). What kinds of investments do you have
in these mediums?

LR I think of the more naïve materials as time machines
or transporters back to a space of pre-adolescent imagination.
I am interested in how easily recognizable these materials
are. I am also interested in subverting the materials by using
them to make objects and drawings about war. I hope that
their appearance and accessibility lures viewers into a space
where they can contemplate the work.

My choice of these materials is also a choice in opposition to ideas of the spectacle, notions of mastery, and the
myth of the artist as genius. In fact, there is no act of mastery
present. Instead, the materials speak of a shared environment,
the shared experience of our time, our landscape, etc. My
hope is that my use of materials opens up the subject matter
for the viewer.

JBW You're approaching the most deadly and difficult
matter with this almost regressive aesthetic — as if, through
the distinctive lens of a childlike vision, you can defuse the
inconceivable power there or make it accessible. This is
a renunciation of mastery, as you say, but there's also a willful
decision on your part to approach this subject with a touch
of the absurd or naïve. The entire premise of "deterrence"
is of course wildly, absurdly, dreadfully naïve — so I consider
your naïve stance both pointed and political.

LR Right, I think you are onto something here. I am trying
to open up a new space in relationship to this subject matter,
and I find that naïvety and absurdity are two mechanisms that
keep the objects from being too sure of their own purpose.
They are so strangely crafted that they are precarious; maybe

particolari di una visione infantile potessi disinnescare
quel potere inconcepibile o renderlo accessibile. Questa è
una rinuncia alla maestria, come hai detto, ma c'è anche
una tua decisione volontaria di affrontare questo argomento
con un accenno di assurdo o naïf. L'intera premessa della
"deterrenza" è di certo follemente, assurdamente, spaventosa-
mente naïf – quindi considero il tuo atteggiamento naïf
incisivo ma anche politico.

LR   Vero. Penso che tu abbia toccato un punto importante.
Sto cercando di aprire un nuovo spazio in relazione a questo
argomento, e trovo che i meccanismi della naïveté e dell'assurdo evitino che gli oggetti abbiano uno scopo troppo
identificato. Essi sono costruiti in modo così strano da essere
precari; forse generano persino empatia nello spettatore. Se un
oggetto di distruzione può provocare una risposta empatica,
c'è la possibilità che amiamo e perdoniamo i nostri nemici?

JBW   Molto di quello che crei dipende dalla congiunzione tra
scultura, installazione interattiva e performance. Importante
notare che in buona parte è presente una componente "live."
Come funziona il tuo lavoro in relazione al tempo? Qual
è il ruolo del corpo nel tuo lavoro, sia il tuo corpo sia quello
del visitatore?

LR   Immagino l'interazione del corpo in relazione al mio
lavoro come un altro modo di generare narrativa. Per quanto
concerne il mio corpo, la sua narrativa ha a che fare con la
realizzazione del lavoro, e include nel suo ambito tutti i modi
in cui la mia presenza, la mia immaginazione e il desiderio
possono essere utilizzati per formare l'ambiente. Cerco di
mantenere l'interazione quanto più giocosa e divertente possibile. Sono interessata alle mie incapacità e ai miei insuccessi,
ma anche a un tipo di gioco fisico che impone la costruzione
di una rampa semplicemente perché io ci possa correre su
e giù. Il mio corpo è, nella narrativa della costruzione del lavoro, simultaneamente l'ingegnere pazzo, il fornitore svogliato
e il bambino che gioca nel cantiere edile: le attività dei primi
due operano di concerto con i desideri del terzo.

they even elicit empathy from the viewer. If an object of
destruction can provoke an empathetic response, are
we closer to being able to love and forgive our enemies?

JBW Much of what you make hinges on a conjunction
between sculpture, interactive installation, and performance.
Importantly, much of it has a live component. How does
time-based work function for you? What is the role of the
body—either your body or the viewer's body—in your work?

LR I imagine the interaction of the live body in relationship to my work as another way to generate narrative. Where
my body is concerned, this narrative relates to the making
of the work and includes in its purview any ways that my
presence, my imagination, and desire can be used to form
the environment. I try to keep this interaction as playful and
humorous as possible. I am interested in my own inabilities
and failures but then also a type of physical play that
dictates the building of a ramp simply so that I can run up
and down it. My body in the narrative of the making of
the work is simultaneously the crazy engineer, the derelict
contractor, and the child playing on the construction
site: the activities of the first two operate in concert with
the desires of the third.

JBW And the viewer's body?

LR I hope that the audience, too, will be able to suspend
disbelief and have an experience. The installations are
places that are generative and experiential, informative and
engaging. I often use the architectural structures to create
a space where the rules differ from the rules of architecture,
so that viewers can engage their own bodies and desires
as opposed to floating through the space without thinking.
I hope that within the narrative of the experience of my work
viewers are somehow able to transcend or transgress their
scripted identity. But I have no way of knowing to what extent
this really functions; it would depend on each individual
viewer's relationship to space and play.

JBW E il corpo dello spettatore?

LR Spero che anche il pubblico sia in grado di sospendere l'incredulità e vivere un'esperienza. Le installazioni sono luoghi generativi ed esperienziali, informativi e coinvolgenti. Uso spesso le strutture architettoniche per creare uno spazio in cui le regole siano diverse da quelle dell'architettura, in modo che i visitatori possano impegnare i loro corpi e desideri piuttosto che galleggiare attraverso lo spazio senza pensare. Spero che all'interno della narrazione dell'esperienza del mio lavoro il visitatore sia in qualche modo in grado di trascendere o trasgredire la sua identità programmata. Ma non ho modo di sapere fino a che punto questo realmente avvenga – dipende dalla relazione di ciascun visitatore con lo spazio e il gioco.

JBW Esiste un circuito ben sviluppato di "turismo nucleare" all'interno del quale patiti di storia militare della Guerra Fredda organizzano visite in posti come il Trinity Test Site vicino ad Alamagordo, nel New Mexico. Il tuo lavoro, con i viaggi e le visite agli impianti, è chiaramente in dialogo con questo tipo di spettacolarizzazione del nostro comune panorama atomico. Puoi dirmi di più sulla funzione del "turismo" e del "viaggio turistico" per te?

LR Direi che il turismo fornisce un costrutto o una storia di copertura e anche una narrativa culturalmente specifica. Il turista è solo un altro personaggio nel paesaggio americano, e la traiettoria del turista si interseca con la militarizzazione del paesaggio in una miriade di equazioni di base. Per esempio, mentre avvenivano i test nucleari nel Nevada e nel Nuovo Mexico, alcune famiglie in una Roulotte Airstream attraversavano il sistema autostradale Eisenhower diretti verso il campeggio oppure qualche poeta beat in sella a una moto aveva mangiato del peyote. Il turista è un personaggio svincolato nel paesaggio militarizzato, così come l'intellettuale.

Poiché la natura dell'epoca nucleare è cambiata e certi miti di vittoria nella Guerra Fredda persistono, anche la

JBW There is a well-developed "nuclear tourist" circuit
in which Cold War military history buffs organize tours
to such places as the Trinity Test Site near Alamagordo,
New Mexico. Your work, with its road trips and site visits,
clearly is in dialogue with this kind of spectacularization
of our shared atomic landscape. Can you say more about
the function of "tourism" and "touring" for you?

LR I would say that tourism provides a construct or cover
story and also a culturally specific narrative. The tourist
is just another character in the American landscape, and the
trajectory of the tourist intersects with the militarization of
the landscape in a myriad of basic equations. For example,
as the open-air nuclear tests were happening in Nevada
and New Mexico, some family in an Airstream trailer was
traversing the Eisenhower interstate system on their way
to the RV park, or some beat poet on a motorcycle had
eaten peyote. The tourist is a free-floating character in the
militarized landscape, as is the intellectual.

As the nature of the nuclear age has changed and certain
myths about winning the Cold War persist, the function of
formerly top-secret sites has also changed. There is an active
desire on the part of the military establishment to create
and maintain its own place in history. This is what makes it
possible for a tourist to enter the White Sands Missile Range
to visit the museum and missile park. The museum is nested
within the military base. As a tourist, one can walk around
and be a part of an environment that was formerly a restricted
area. As a tourist, one can buy souvenirs of missile tests!
But because I have filled my head with so much information
about the time period, when I come across a display that
connects the Saudi Royal Family with Raytheon, I am able
to read and contextualize this information in a way that
a tourist might not.

JBW To build on this subject, describe how you formu-
lated your road trip project and developed your itinerary.

funzione degli ex siti top-secret è cambiata. C'è un forte
desiderio da parte dell'establishment militare di creare
e mantenere il suo posto nella storia. Questo è ciò
che rende possibile per un turista entrare alla base missi-
listica di White Sands per visitare il museo e il parco
missilistico. Il museo è annidato all'interno della base
militare. Come turista, è possibile passeggiare e immergersi
nell'ambiente che in precedenza era interdetto al pubblico.
Come turista, è possibile acquistare souvenir di test
missilistici! Ma essendomi riempita la testa di così tante
informazioni su quel periodo, quando mi imbatto in una
esposizione che collega la famiglia reale saudita con
la Raytheon, sono in grado di leggere e contestualizzare
questa informazione in un modo che a un turista
sarebbe impossibile.

JBW Per elaborare questo argomento, descrivi come hai
formulato il tuo progetto di viaggio e sviluppato il tuo
itinerario. Hai invitato altri a unirsi a te in vari punti del
percorso, era cruciale che fosse in qualche misura un
viaggio collettivo, che non fosse un'esperienza individuale.
Parlami dei tuoi stimoli iniziali per il viaggio e di come
si sono sviluppati.

LR La formulazione del viaggio è stata in effetti bella
e serendipica. Ero in vacanza in Francia, e una mattina
davanti al caffè e al giornale mi sono semplicemente chiesta
quale sarebbe stato il mio prossimo progetto importante.
Immediatamente sono stata in grado di sviluppare una
fantasia elaborata che prevedeva di prendere un furgone
da trasformare in studio mobile. Con questo furgone avrei
visitato siti storici della Guerra Fredda specificamente
connotati. Potevo dormire, leggere, pensare e guardare
il paesaggio dispiegarsi lungo il meraviglioso schermo
cinematografico del parabrezza. Mi piace lo spazio di
fantasia, memoria e sogno che trovo spesso mentre copro
grandi distanze guidando.

AUDREY AND SYDNEY IRMAS
ATRIUM, CENTER FOR CURATORIAL
STUDIES, BARD COLLEGE
ANNANDALE-ON-HUDSON, NY USA
APRIL 13-SEPTEMBER 7, 2008

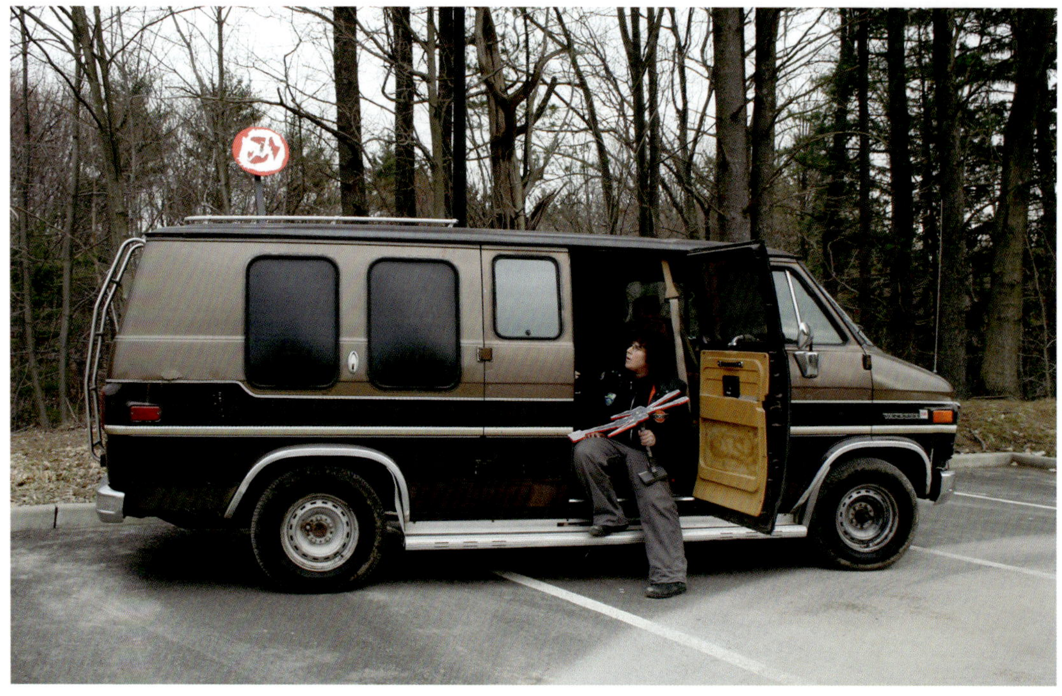

4-9-2008, 1328HRS.

RASKIN WITH 1986 GMC VANDURA THAT
WAS THE MOBILE, ROVING STUDIO,
PARKING LOT BEHIND AVERY FILM CENTER,
BARD COLLEGE, ANNANDALE-ON-HUDSON, NY.

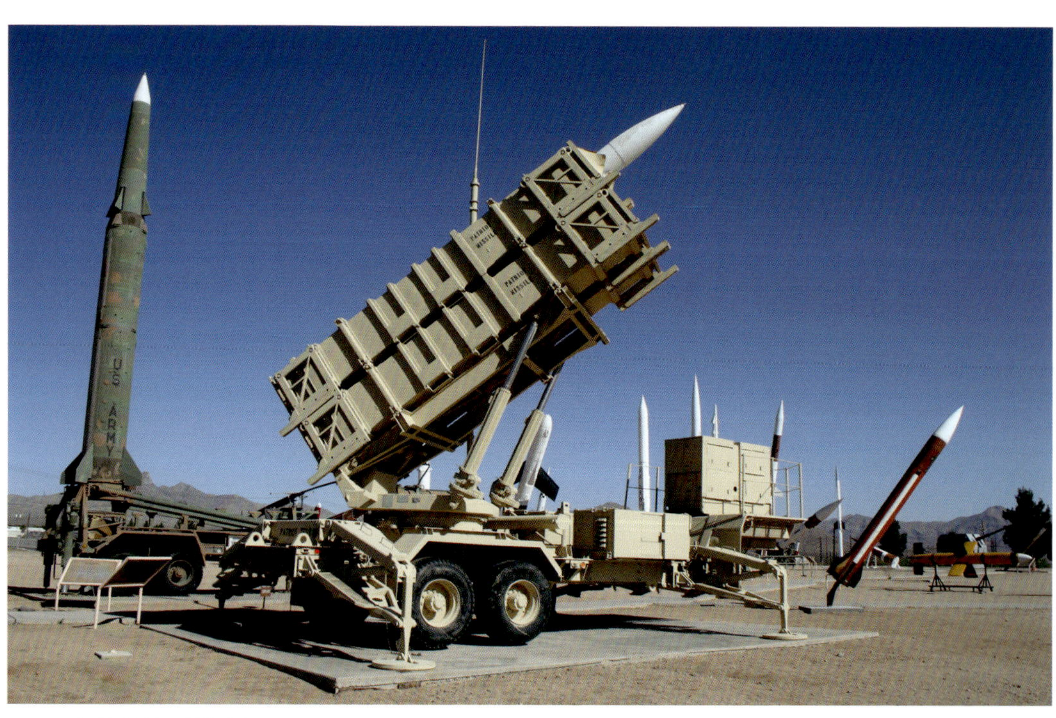

4-21-2008, 1509HRS.

FULL-SCALE MODEL OF PATRIOT AND PERSHING II
MISSILES ON DISPLAY AT THE MISSILE MUSEUM,
WHITE SANDS MISSILE RANGE, NM.

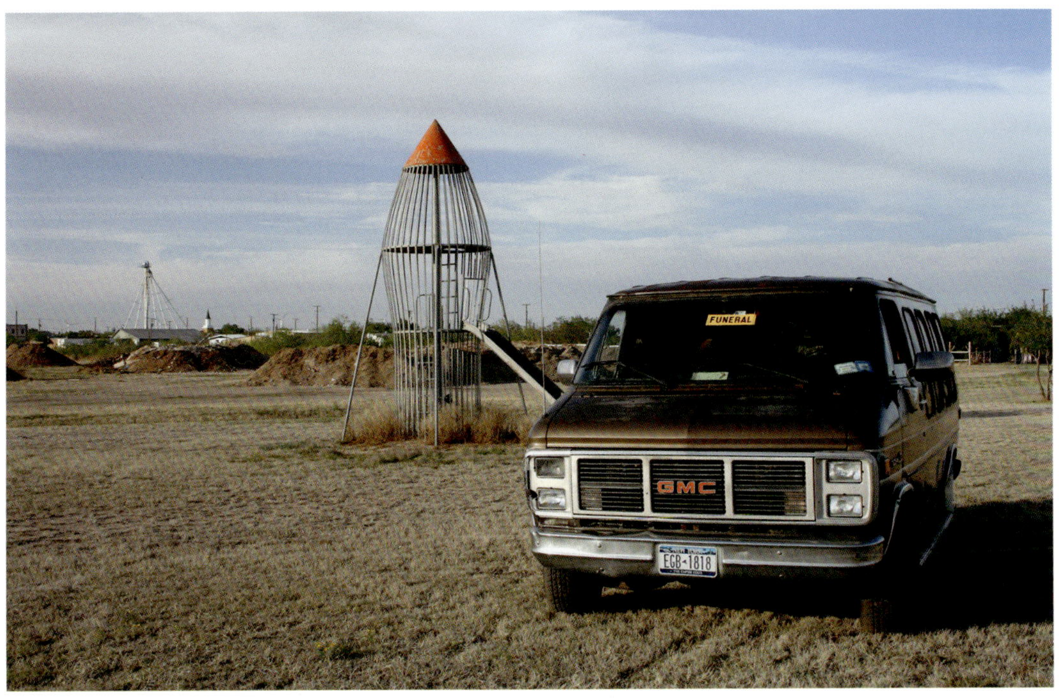

4-19-2008, 1741HRS.

VAN WITH ROCKET SLIDE ON A PLAYGROUND,
STANTON, TX.

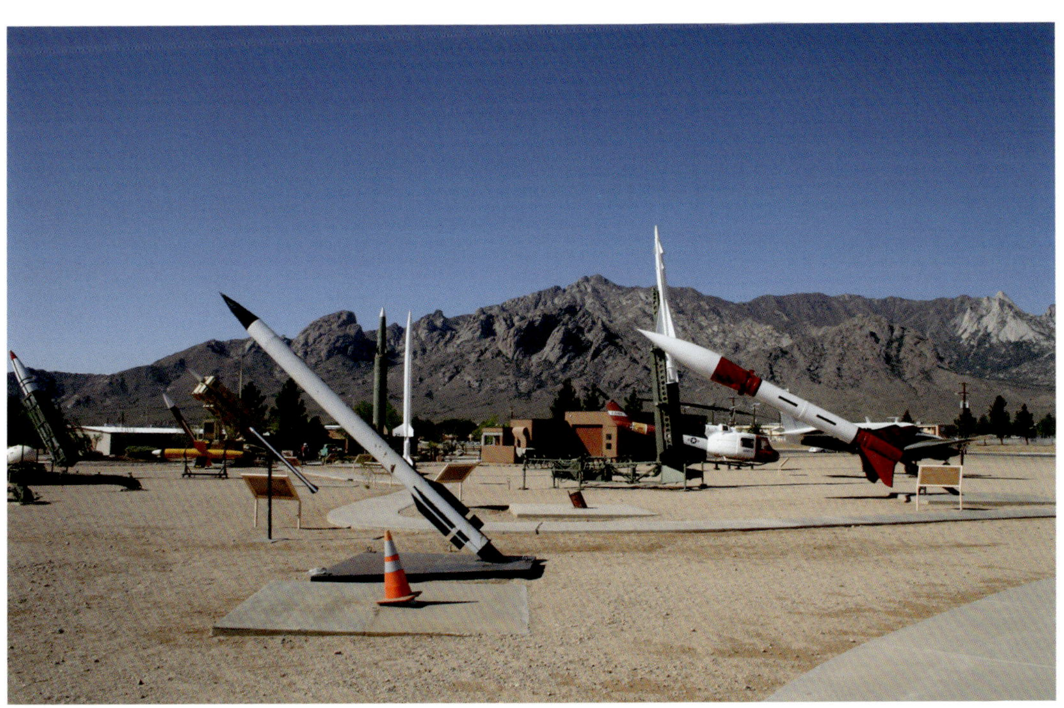

4-21-2008, 1515HRS.

VARIOUS MISSILES THAT HAVE BEEN TESTED,
INCLUDING THE NIKE/AJAX MISSILE, WHITE SANDS
MISSILE RANGE, NM.

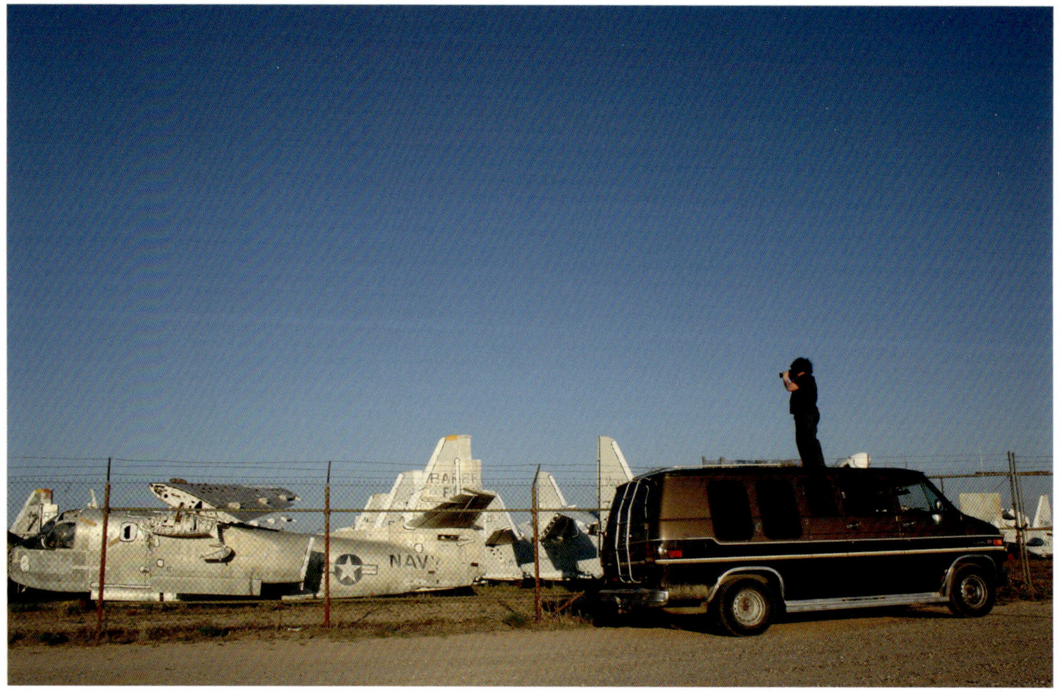

4-22-2008, 1844HRS.

LISI RASKIN ON TOP OF HER VAN
PHOTOGRAPHING AT THE AEROSPACE MAINTENANCE
AND REGENERATION GROUP (AMARG), AKA "THE
BONEYARD," AT DAVIS-MONTHAN AIR FORCE BASE,
TUCSON, AZ.

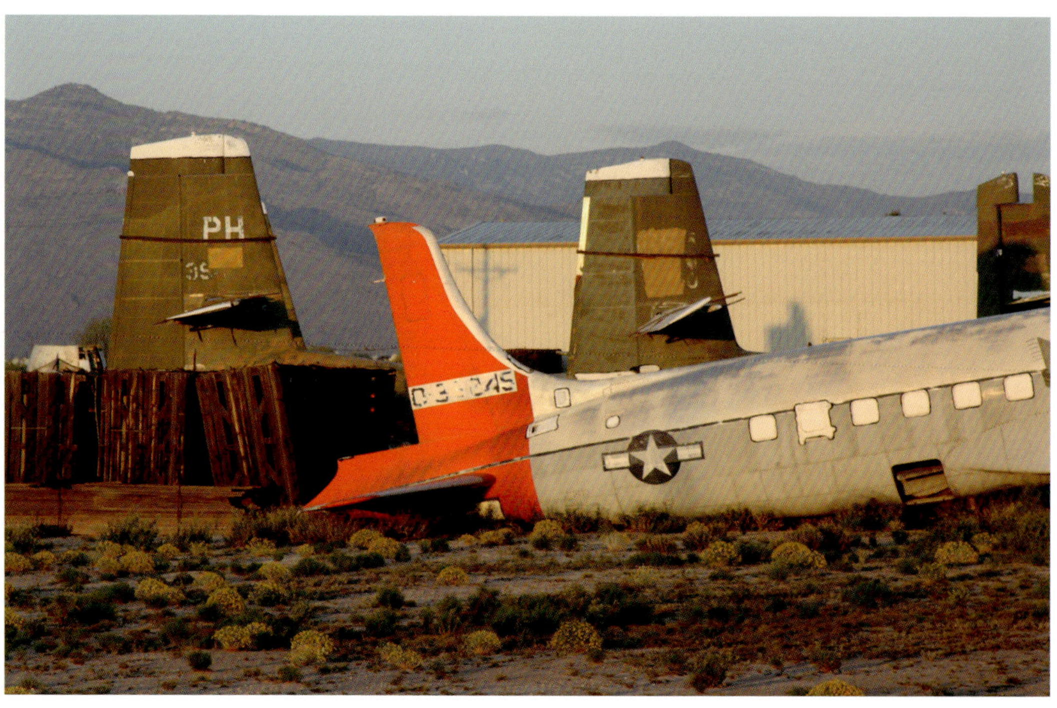

4-22-2008, 1822HRS.

DISUSED PLANES AT THE AEROSPACE MAINTENANCE
AND REGENERATION GROUP (AMARG), AKA "THE
BONEYARD," AT DAVIS-MONTHAN AIR FORCE BASE,
TUCSON, AZ.

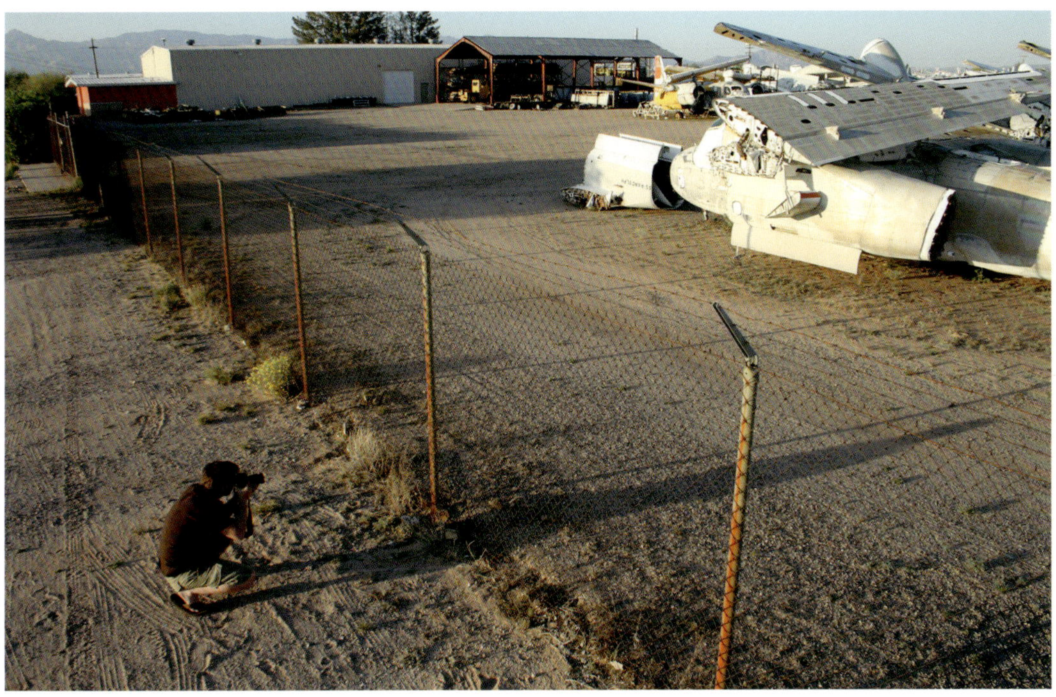

4-22-2008, 1900HRS.

KENNY RASKIN PHOTOGRAPHING ON-SITE AT THE
AEROSPACE MAINTENANCE AND REGENERATION
GROUP (AMARG), AKA "THE BONEYARD," AT
DAVIS-MONTHAN AIR FORCE BASE,
TUCSON, AZ.

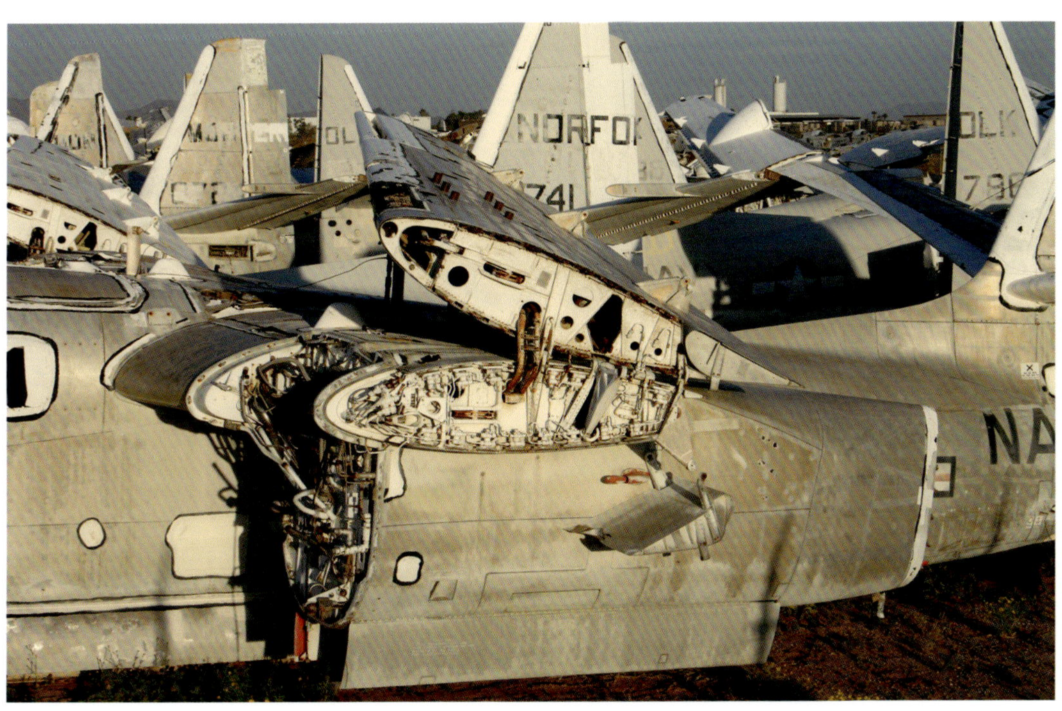

4-22-2008, 1806HRS.

RETRACTABLE WINGS ON NAVY PLANES AT THE
AEROSPACE MAINTENANCE AND REGENERATION
GROUP (AMARG), AKA "THE BONEYARD," AT
DAVIS-MONTHAN AIR FORCE BASE,
TUCSON, AZ.

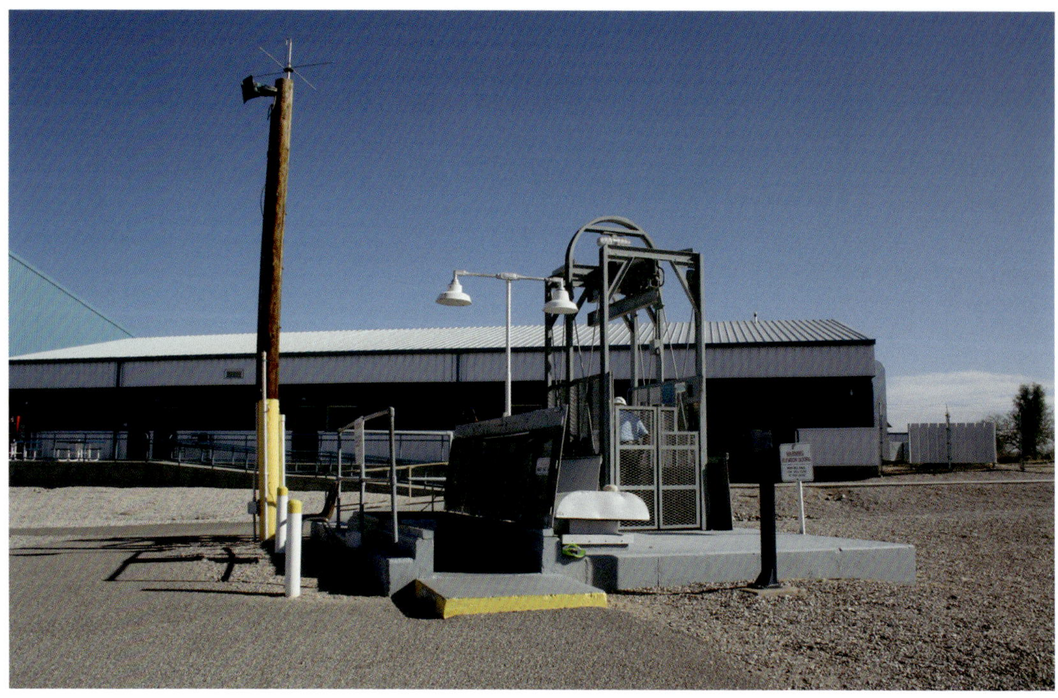

4-22-2008, 1003HRS.

ELEVATOR AND STAIRWAY DOWN TO TITAN
MISSILE COMMAND CENTER/MISSILE
SILO AT THE TITAN MISSILE MUSEUM,
GREEN VALLEY, AZ.

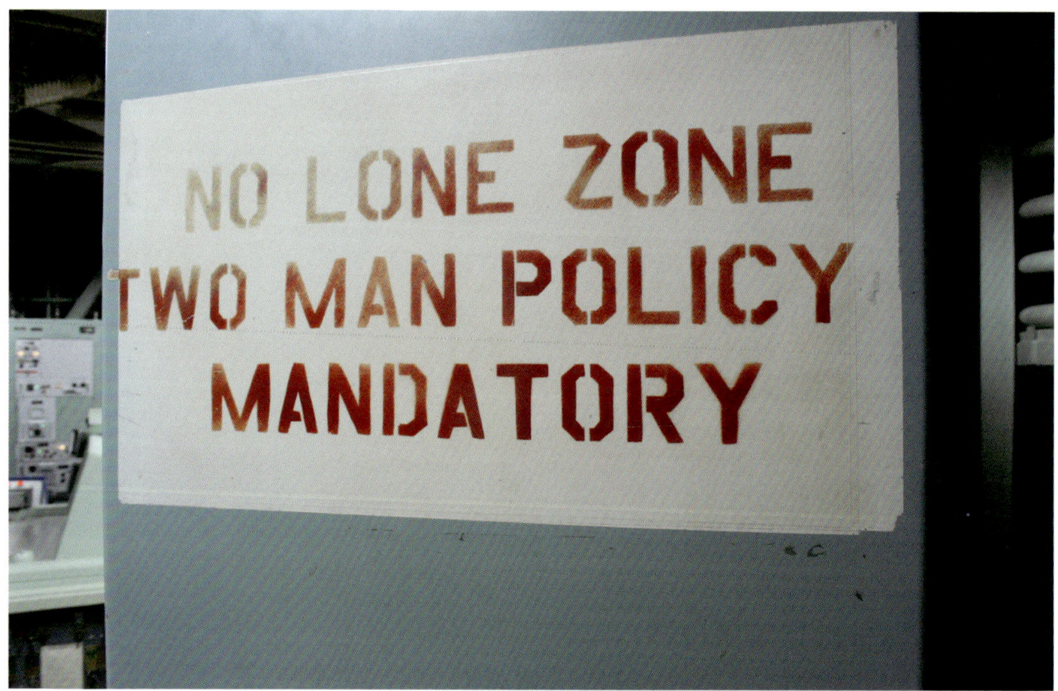

4-22-2008, 1017HRS.

"NO LONE ZONE," STENCIL ON THE SIDE
OF A COMPUTER BANK IN THE COMMAND
CENTER OF THE TITAN MISSILE MUSEUM,
GREEN VALLEY, AZ.

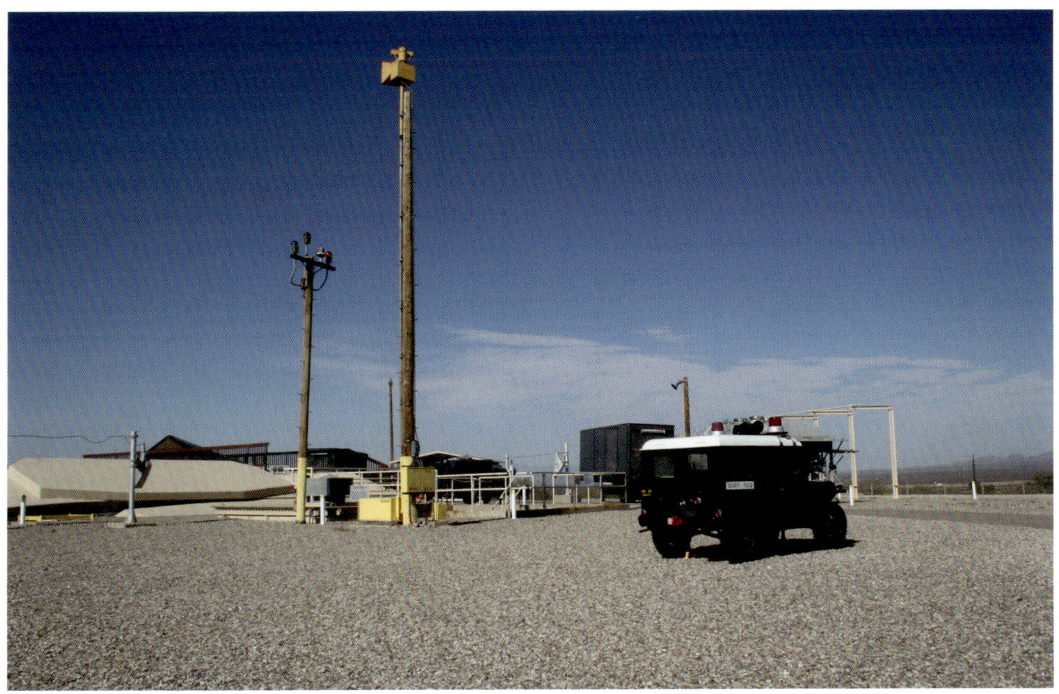

4-22-2008, 0924HRS.

CONCRETE VIEWING PLATFORM AND SILO
HATCH DOOR NOW PERMANENTLY OPEN,
SIGNALING TO THE RUSSIANS THAT THIS
IS A NON-FUNCTIONING NUCLEAR WEAPON
AND ALLOWING TOUR GROUPS A BIRD'S-EYE
VIEW OF THE MISSILE IN ITS SILO,
GREEN VALLEY, AZ.

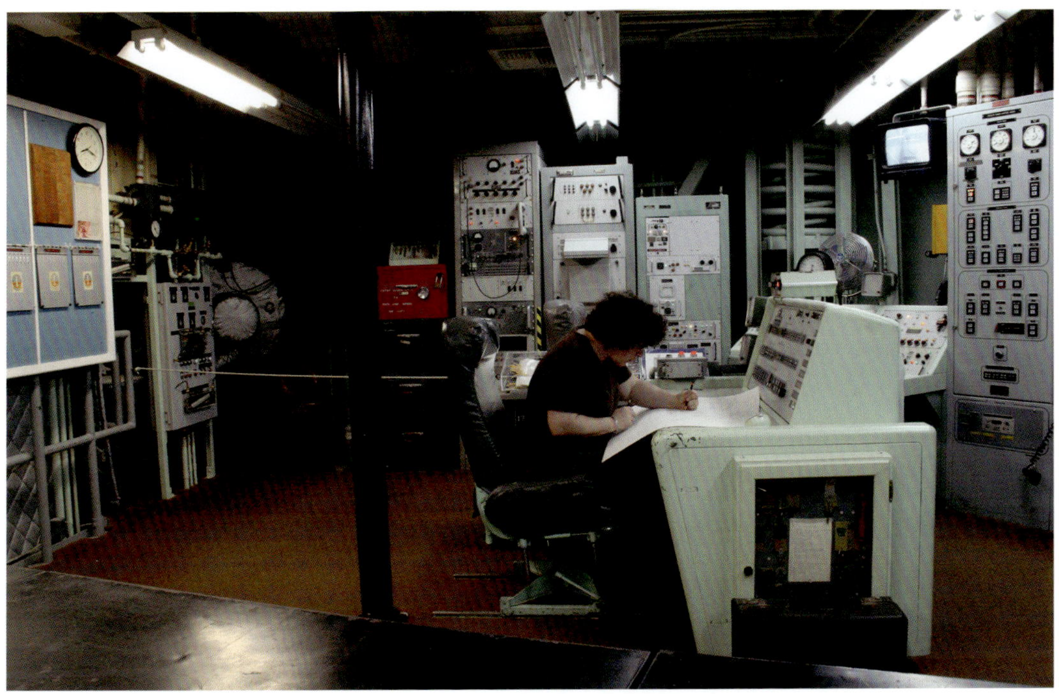

5-1-2008, 0613HRS.

LISI RASKIN DRAWING WHILE SITTING AT
THE COMMANDER'S DESK IN THE COMMAND CENTER,
GREEN VALLEY, AZ.

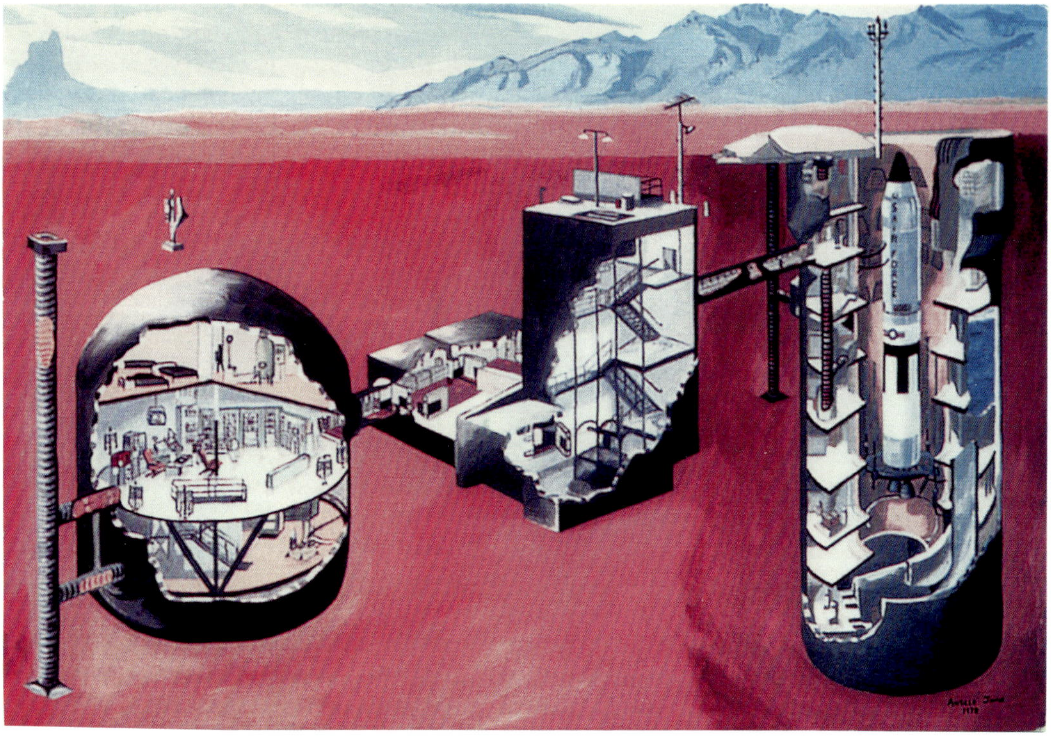

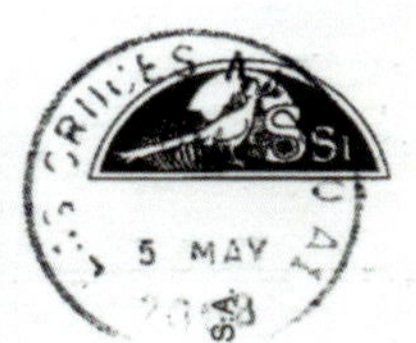
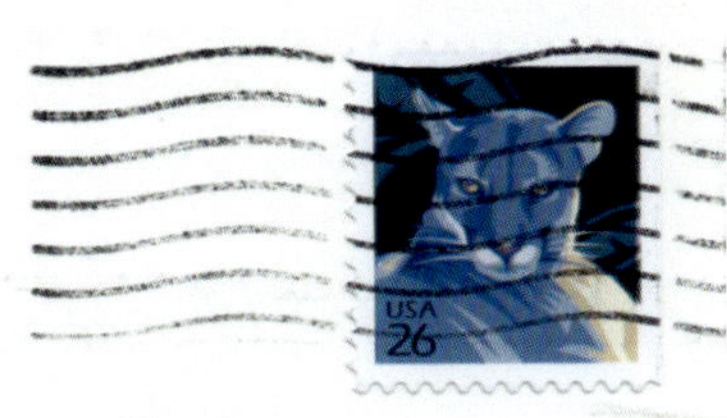

TITAN MISSILE MUSEUM
The only intercontinental Ballistic Missile Museum in the world. It stands today as it stood on alert for nearly 20 years accurate in every detail except for the missile in the silo is devoid of fuel and the war head has been removed from the re-entry vehicle.

TWO FEMALE OFFICERS REPORTED
TITAN NO, INFACT THEY DID
NOT NOTICE THAT THE WORLD
LOOKED ANYMORE BEAUTIFUL
OR VIVID WHEN COMING "TOPSIDE"
AFTER A 24 HOUR ALERT OR
AT LEAST NO MORE SO THAN
WHEN LEAVING ANY JOB WHERE
YOU'VE SPENT ALL DAY INSIDE.

6/10

ALL STARS
CCS BARD / HESSEL MUSEUM
BARD COLLEGE
PO BOX 5000
ANNANDALE-IN-HUDSON, NY
12504-5000

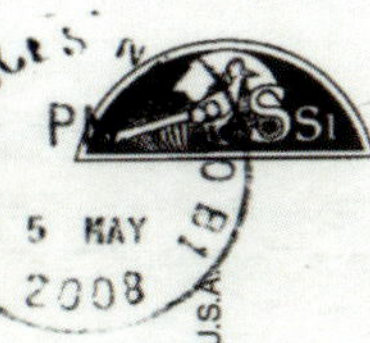

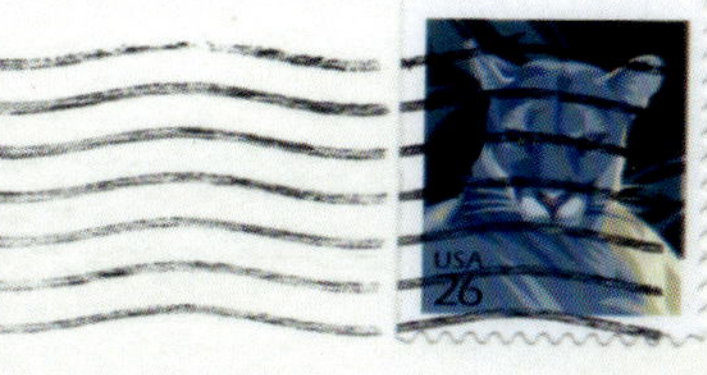

THE WOMEN COMMANDERS
SAW THEMSELVES AS
TRAIL BLAZERS AND WERE
HELL BENT ON PROVING
THAT THEY COULD DO THEIR
JOBS AS GOOD OR BETTER
THAN ANY MAN.

3/10

ALL STARS
CCS BARD / HESSEL MUSEUM
BARD COLLEGE
PO BOX 5000
ANNANDALE-ON-HUDSON, NY
12504-5000

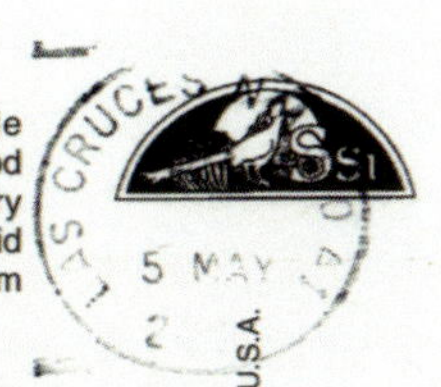

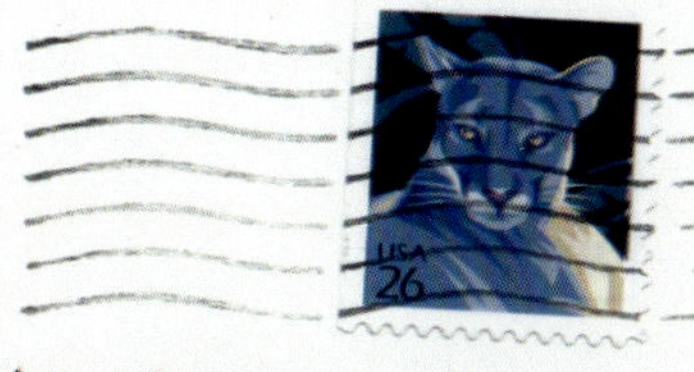

EVEN THOUGH ONE COULD LAY
DOWN FOR A NAP IN THE
CREW QUARTERS, THE
NOISE AND THE PRESSURE
DURING THE ALERT
WAS SO INTENSE THAT IT
WAS IMPOSSIBLE TO
ACHIEVE REM SLEEP AND 9/10
THEREFORE IMPOSSIBLE TO DREAM WHILE DOWN BELOW.

ALL STARS
CCS BARD / HESSEL MUSEUM
BARD COLLEGE
PO BOX 5000
ANNANDALE-ON-HUDSON, NY
12504-5000

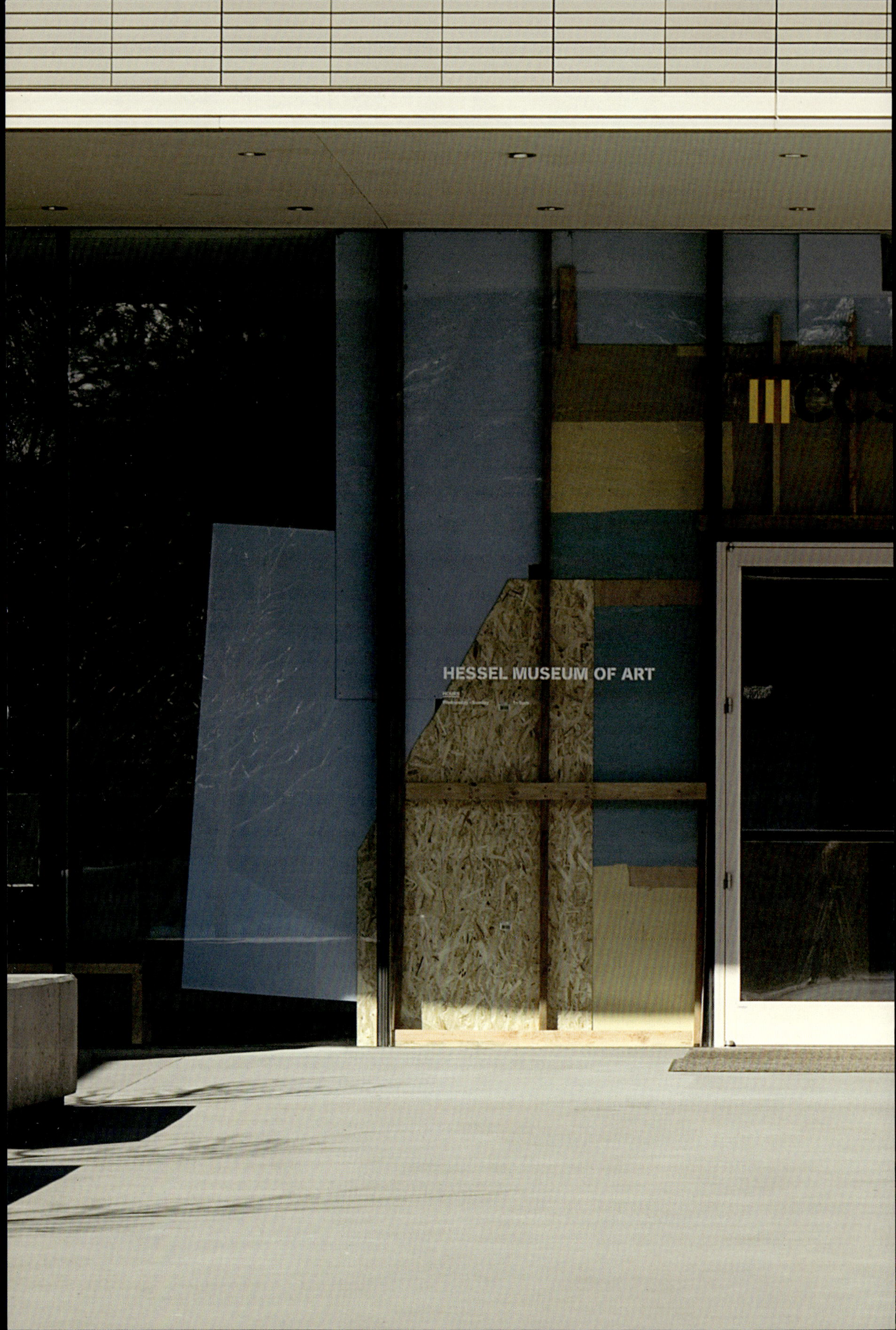

HESSEL MUSEUM OF ART

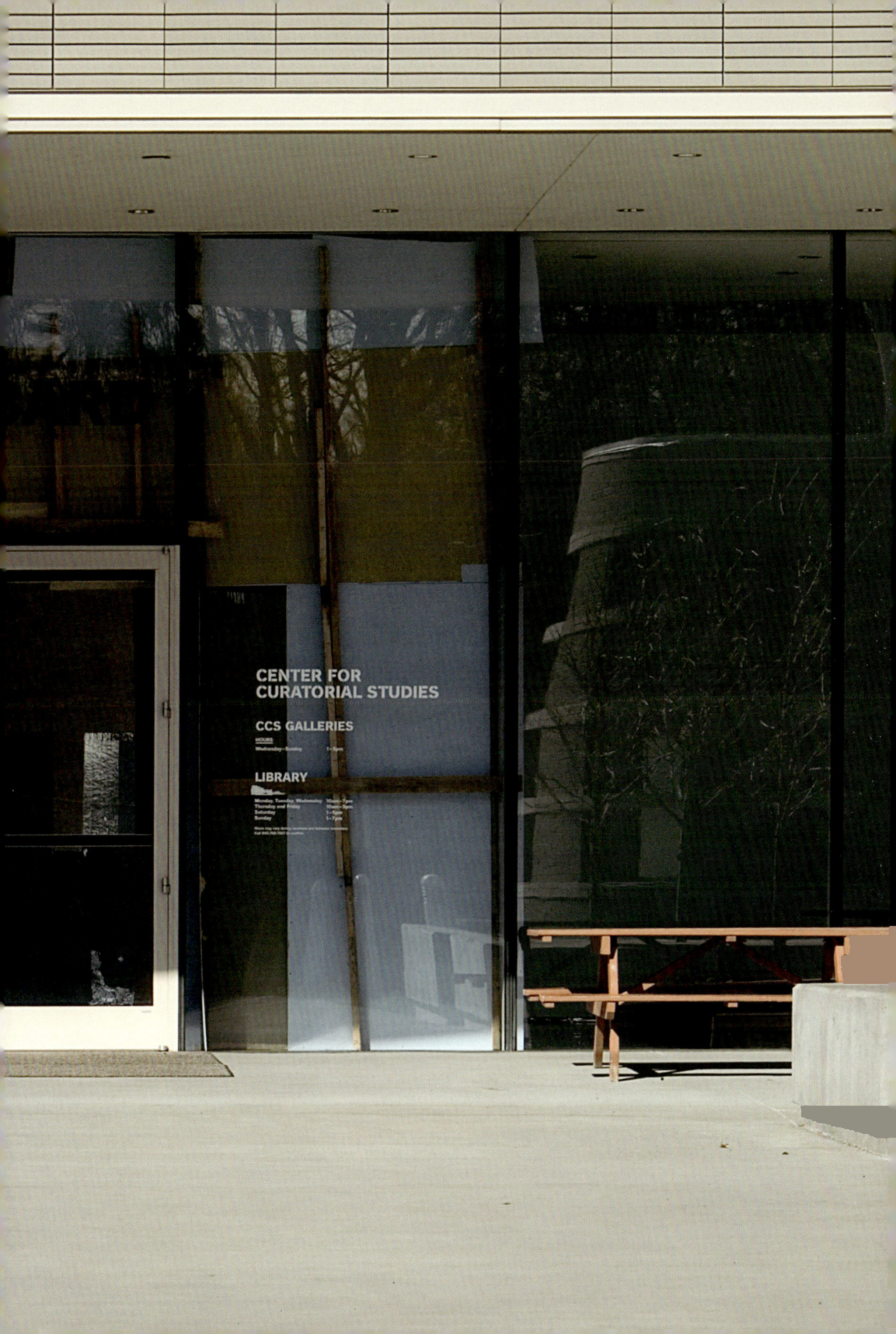
CENTER FOR
CURATORIAL STUDIES
CCS GALLERIES
HOURS
Wednesday–Sunday
LIBRARY
Monday, Tuesday, Wednesday
Thursday and Friday
Saturday
Sunday

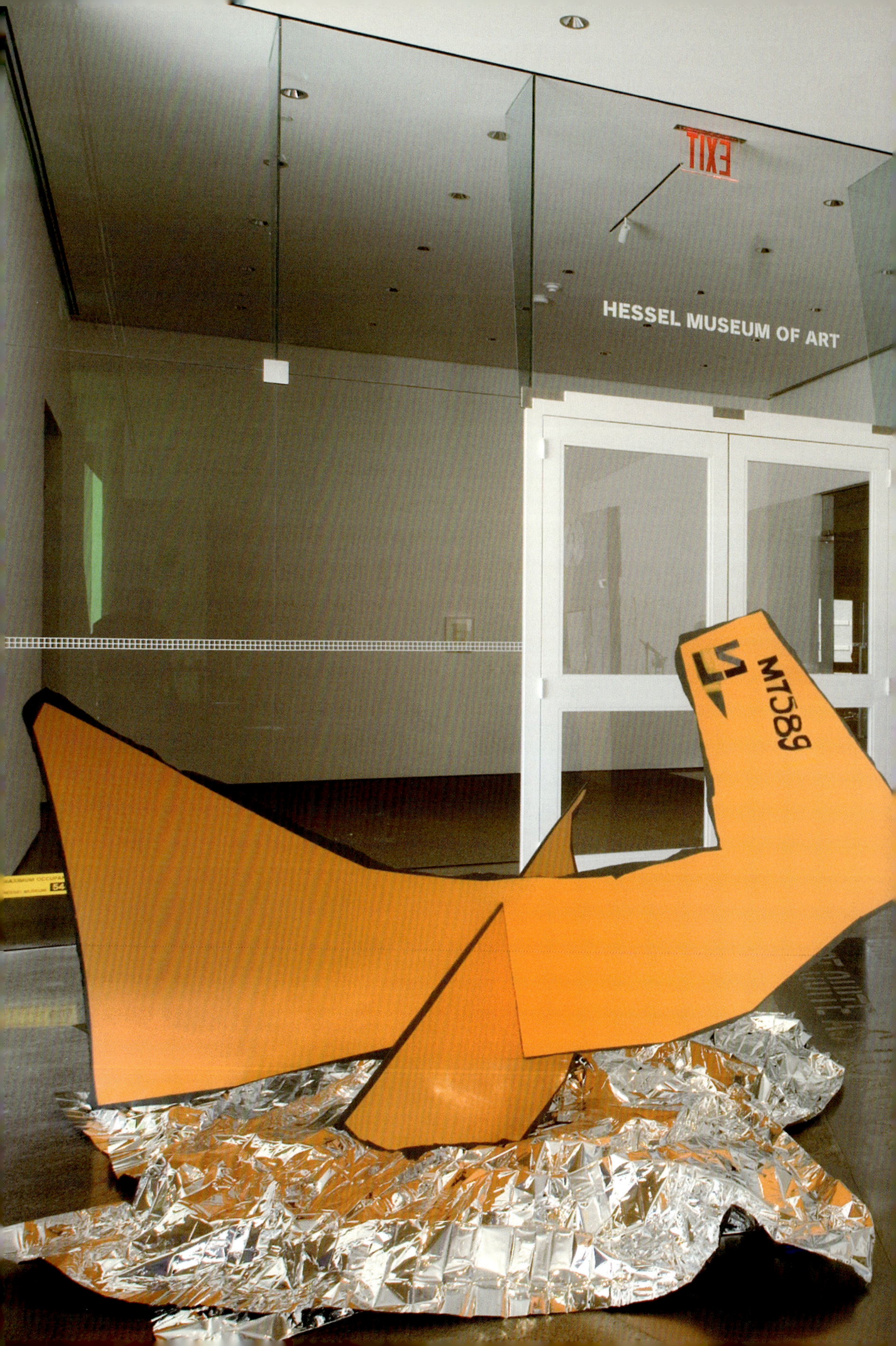

EXIT
HESSEL MUSEUM OF ART
MT589

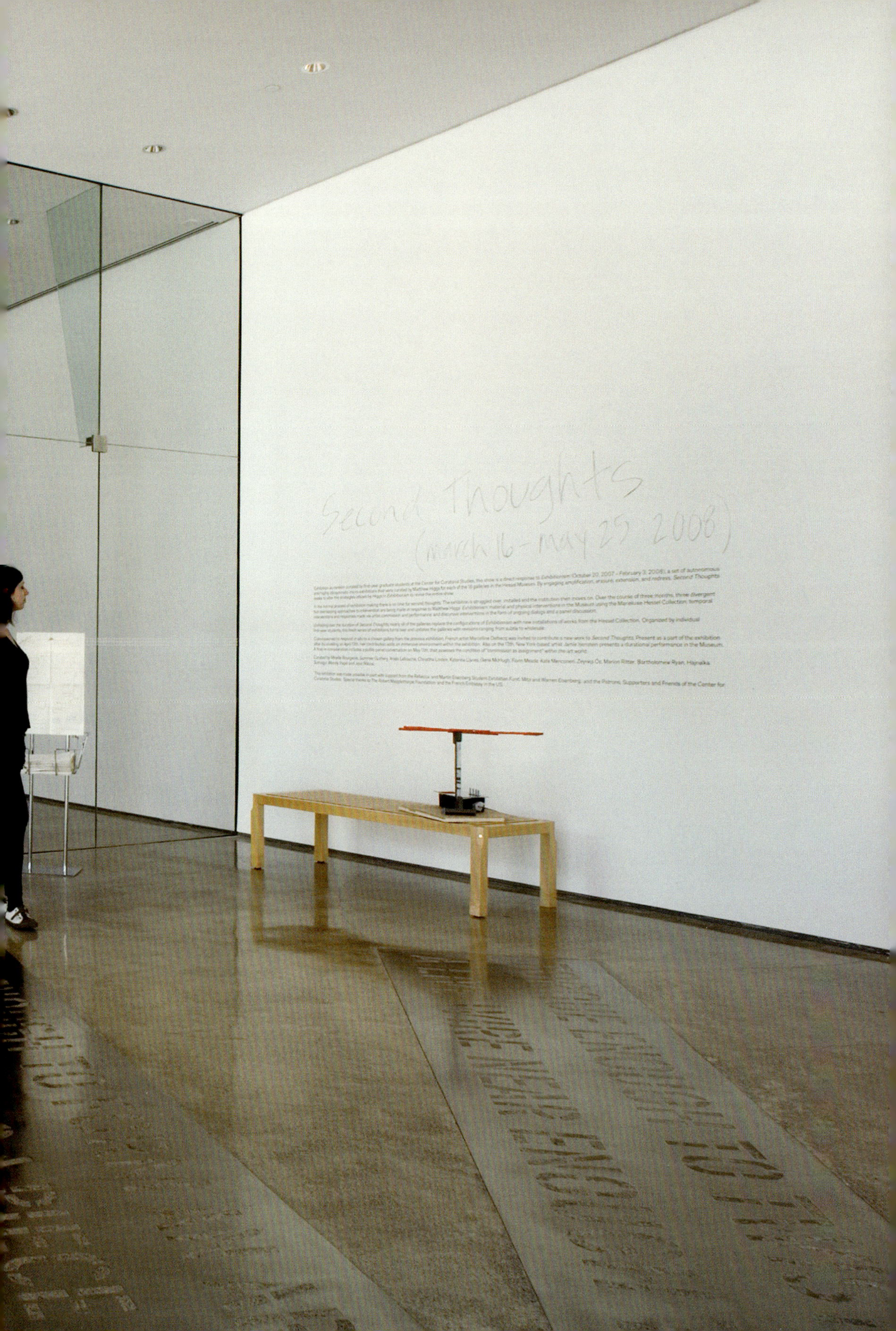

Second Thoughts
(march 16 - may 25 2008)

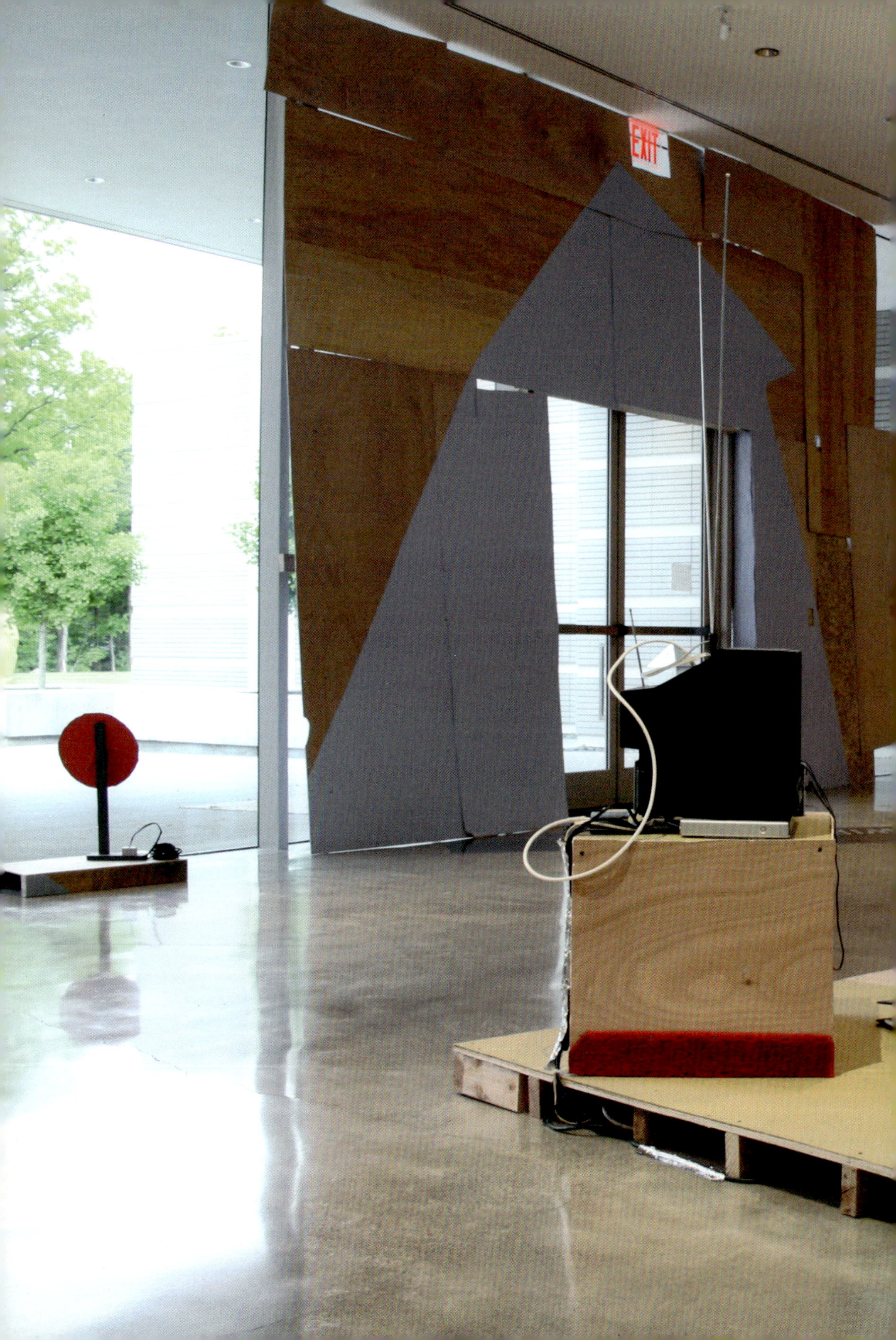

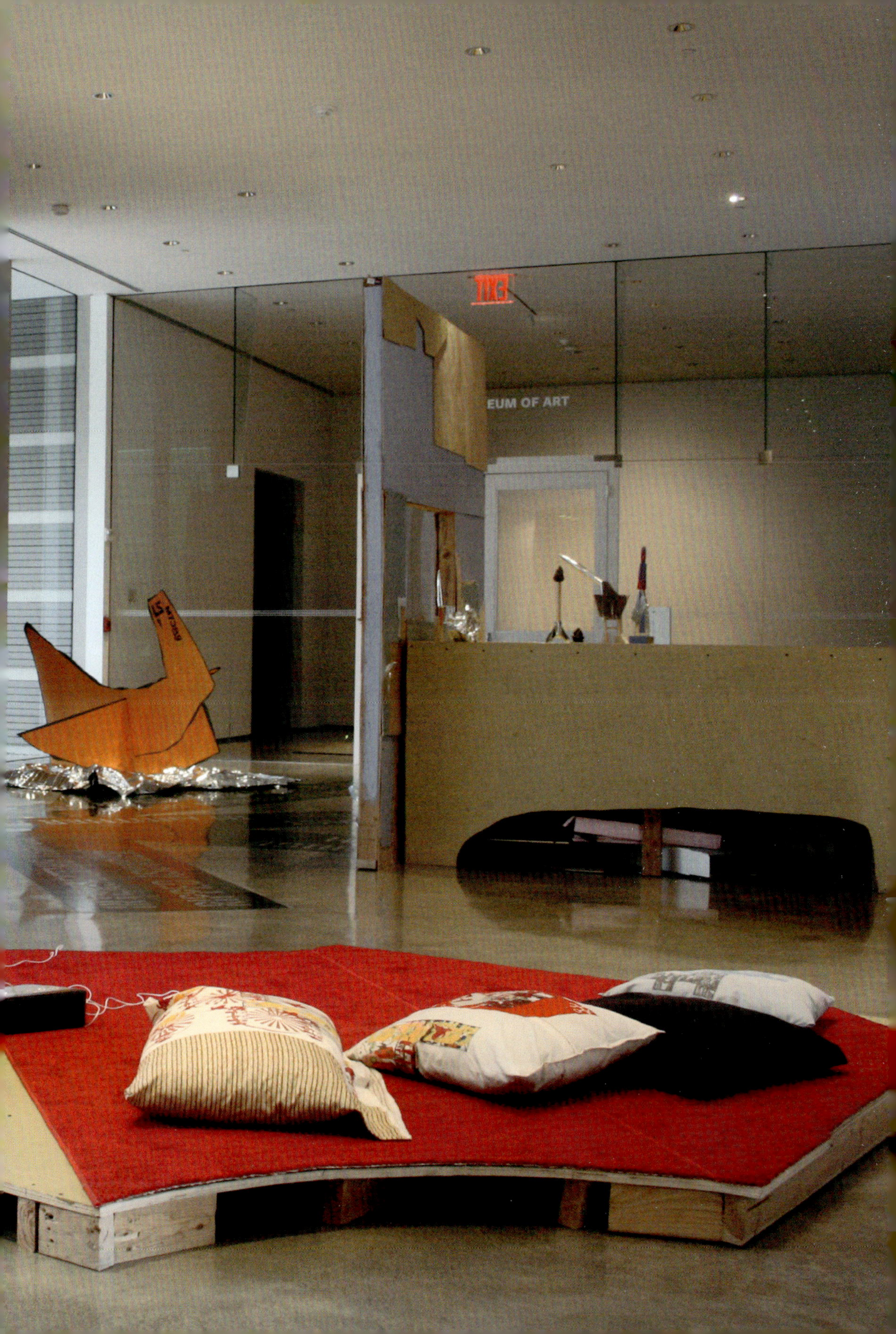
EXIT
EUM OF ART

Mobil Observation (Transmitting & Receiving) Station

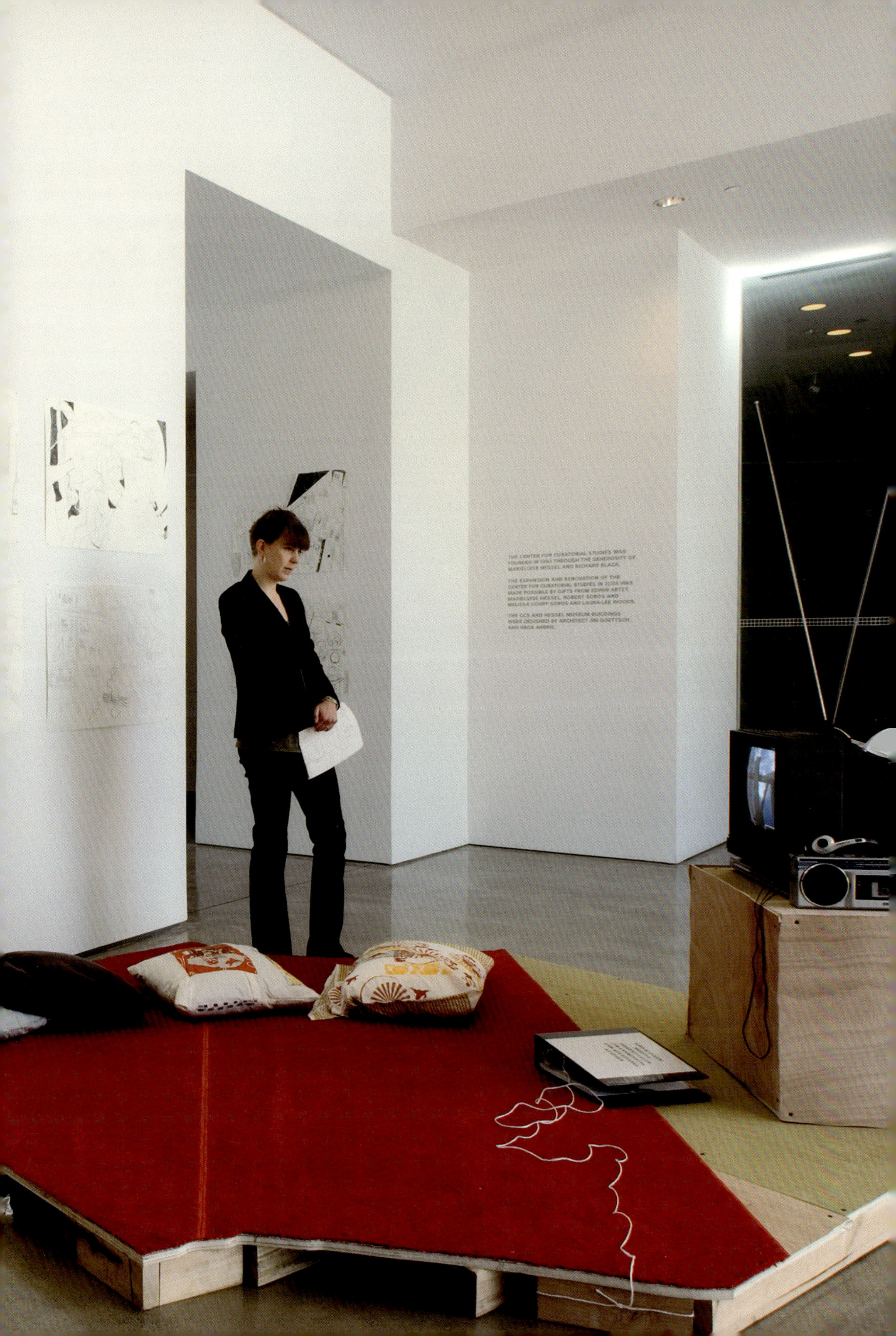

THE CENTER FOR CURATORIAL STUDIES WAS
FOUNDED IN 1990 THROUGH THE GENEROSITY OF
MARIELUISE HESSEL AND RICHARD BLACK.

THE EXPANSION AND RENOVATION OF THE
CENTER FOR CURATORIAL STUDIES IN 2006 WAS
MADE POSSIBLE BY GIFTS FROM EDWIN ARTZT,
MARIELUISE HESSEL, ROBERT SOROS AND
MELISSA SCHIFF SOROS AND LAURA-LEE WOODS.

THE CCS AND HESSEL MUSEUM BUILDINGS
WERE DESIGNED BY ARCHITECT JIM GOETTSCH,
AND HADA ANDRIC.

Mobil Observation Station

Mobil Observation Station is a commissioned
studies first artist-in-residence,
artist working with subjective respo[...]
legacy stemming from the Cold War. T[...]
of fear.

The American West has long been ass[...]
the desert and boundless expansion[...]
new articulation of land use enter[...]
atom bomb. Atomic testing in sites[...]
Wendover, Utah; to Los Alamos, New[...]
government in an unpresidented[...]

The ever-present paranoia of Cold Wa[...]
led Raskin to a fascination with th[...]
For her residency project, she will[...]
sites and sites of nuclear developm[...]
she will make *plein air* outdoor sc[...]
drawings inspired by and built from[...]
Station art works and ephemera a[...]
Center for Curatorial Studies wher[...]
graduate students.

Raskin's practice involves a sublim[...]
nuclear apocalypse into a slightly tw[...]
production and playfully dark fanta[...]
satellite dish has been configured[...]
diary station, which will be updated[...]

ransmitting & Receiving)

ct by the Center for Curatorial
Raskin. Raskin is a Brooklyn based
o the contemporary climate of fear and its
ject continues her investigations into spaces

ed with a list of familiar tropes: the cowboy,
he mid-20th century, however, an entirely
e vocabulary of the West- that of the
the outskirts of Las Vegas, Nevada; to
co have been conducted by the U.S.
of manifest destiny.

toric in Reagan-era American politics has
n of land usage in the American West.
custom van through a tour of historic nuclear
n this month-long trip (April 15th - May 13th)
es, installations, transmissions and
tes she visits. From the Mobile Observation
led back to this headquarters at the
will be processed and displayed by CCS Bard

of childhood fears of and adult desires for
and highly physical reaction involving makeshift
s bunker cum post office, replete with
artwork receiving station and an audio/video
intermittent transmissions from the field.

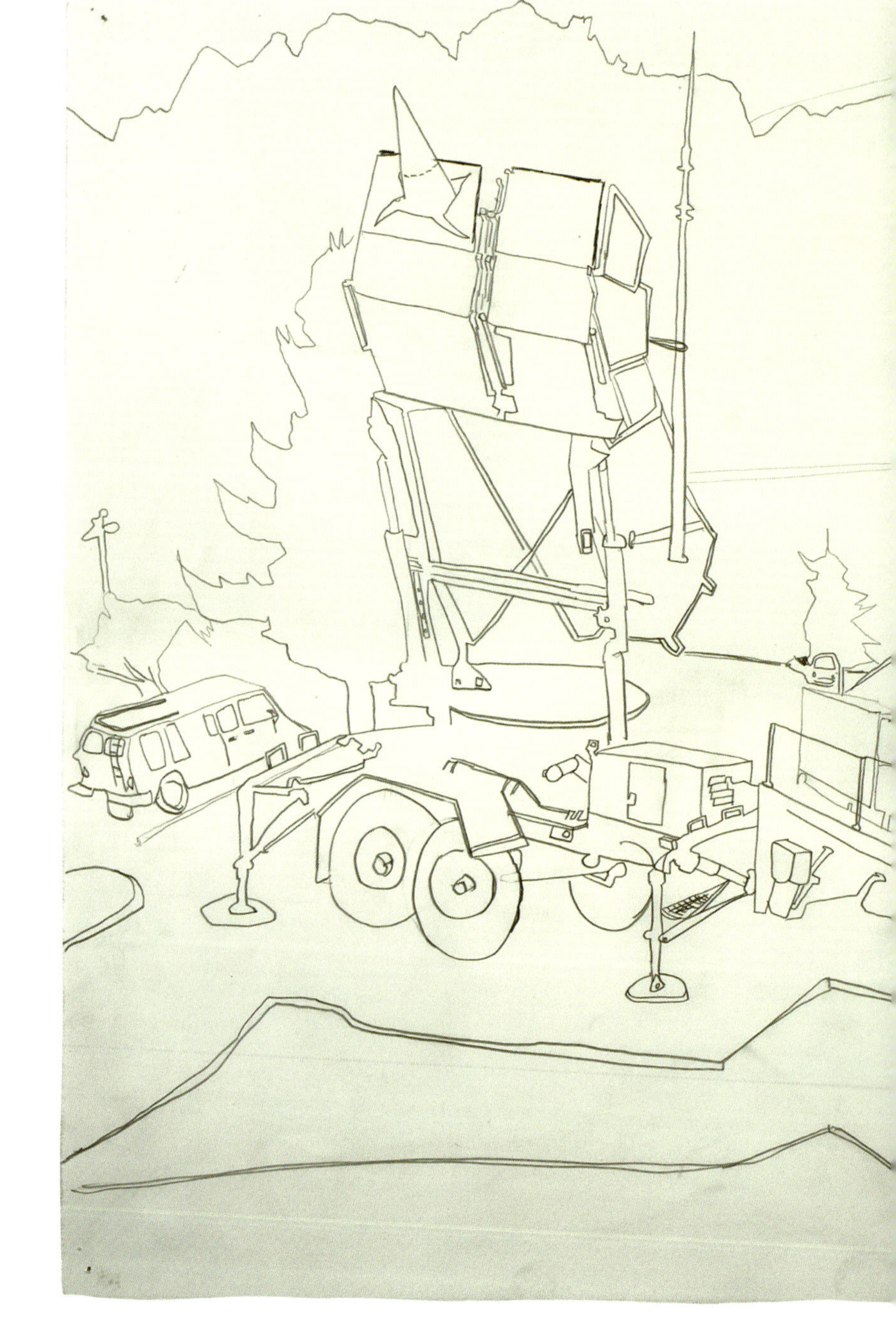

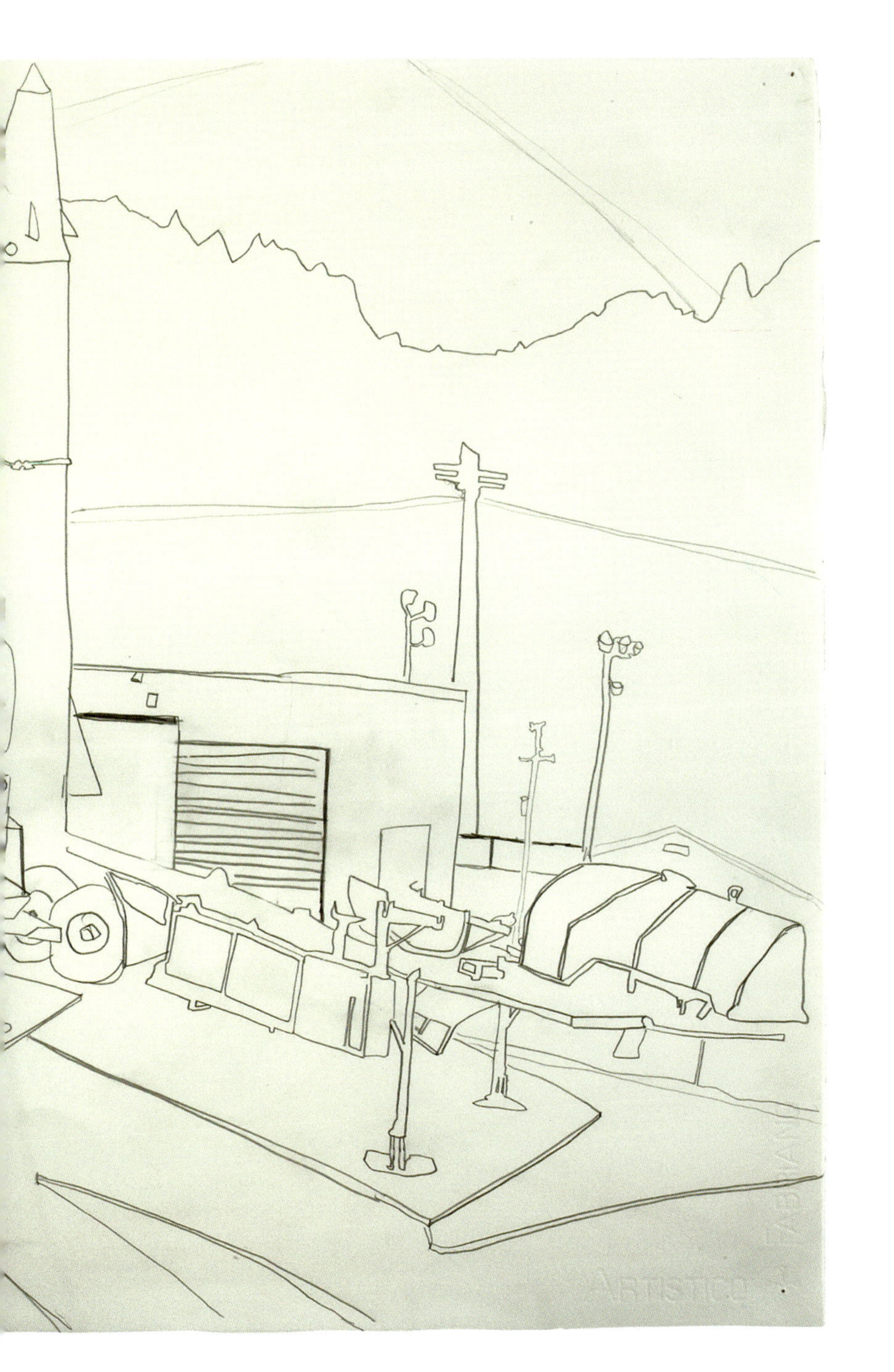

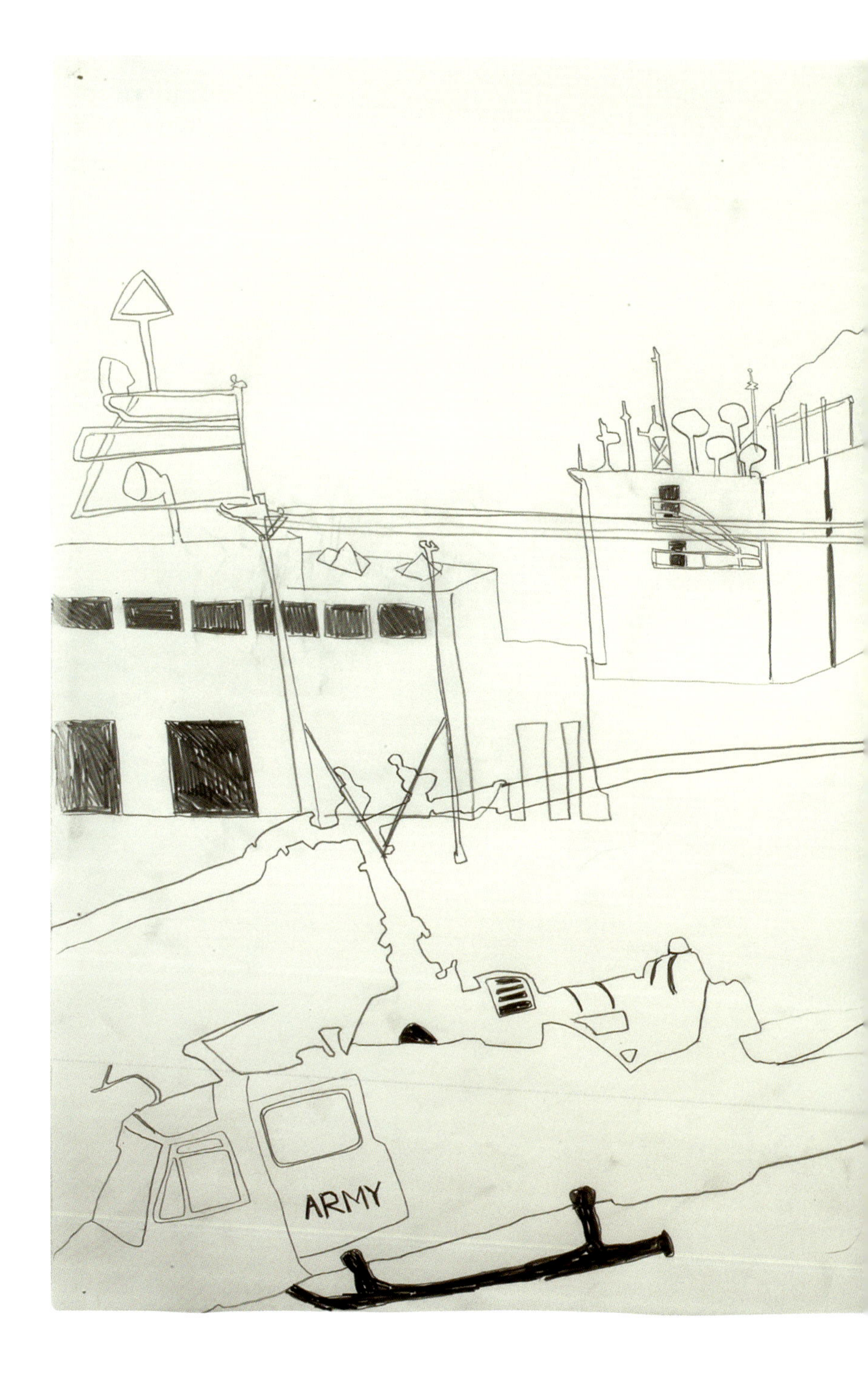
ARMY

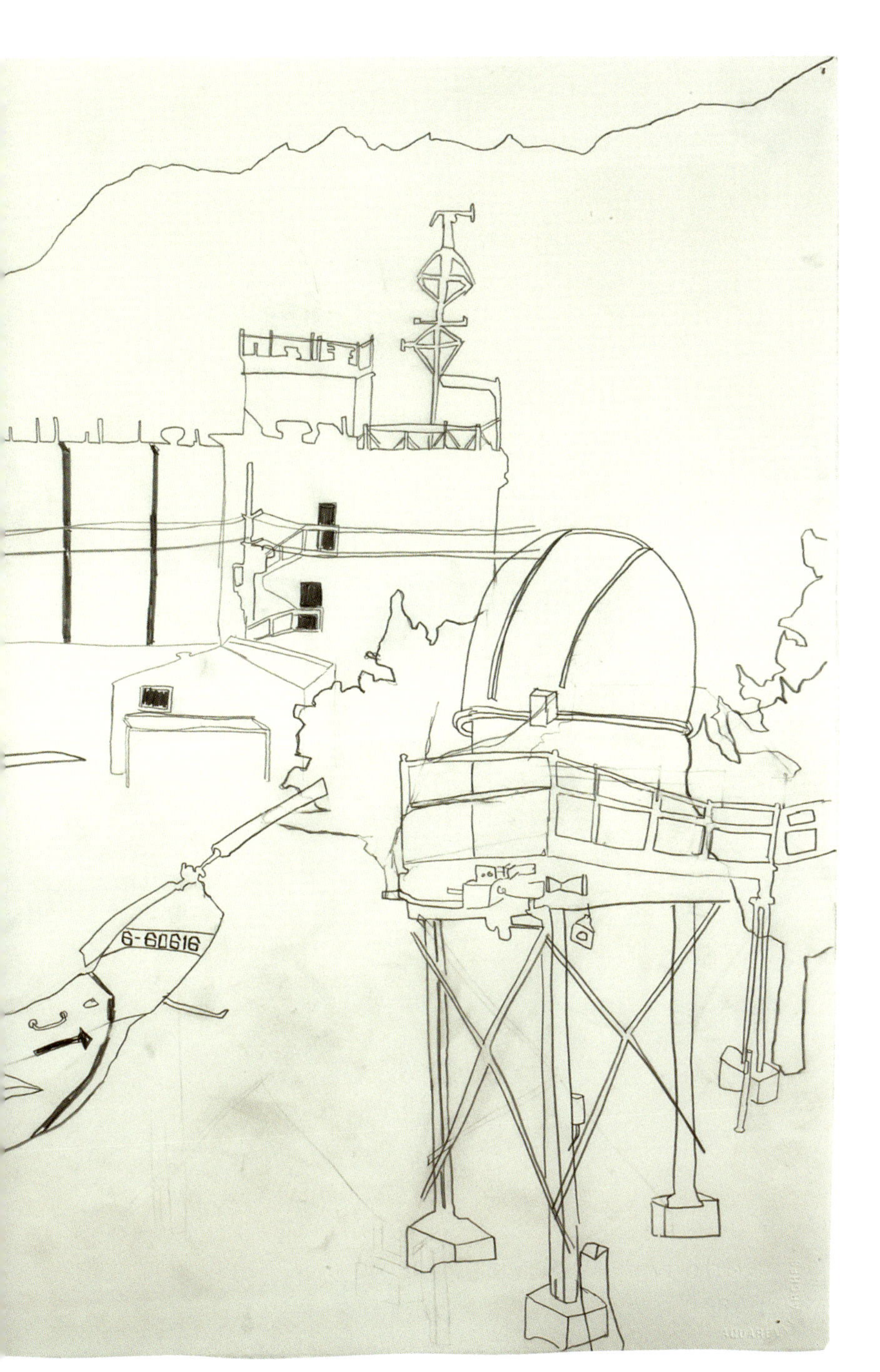
6-60616

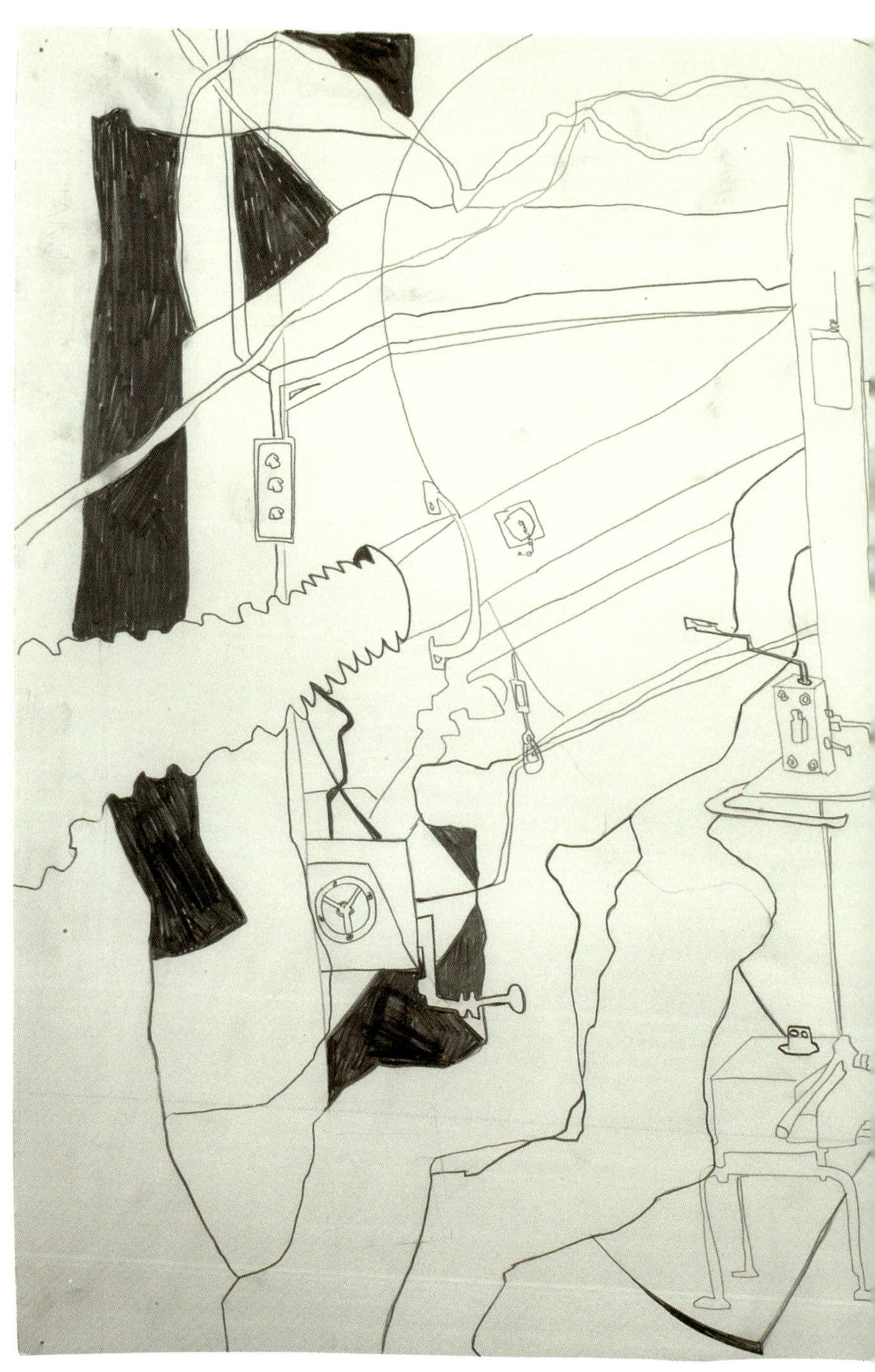

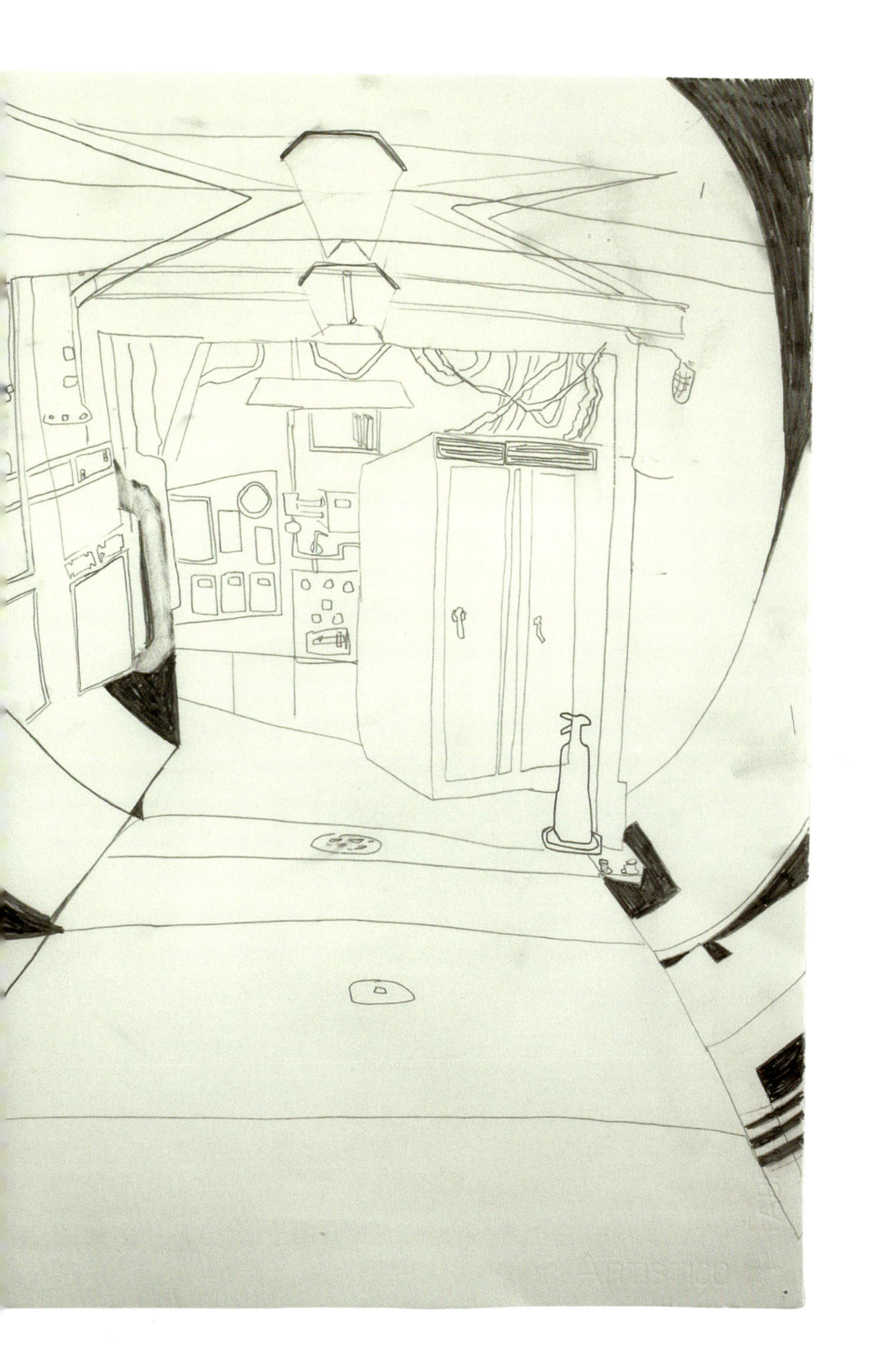

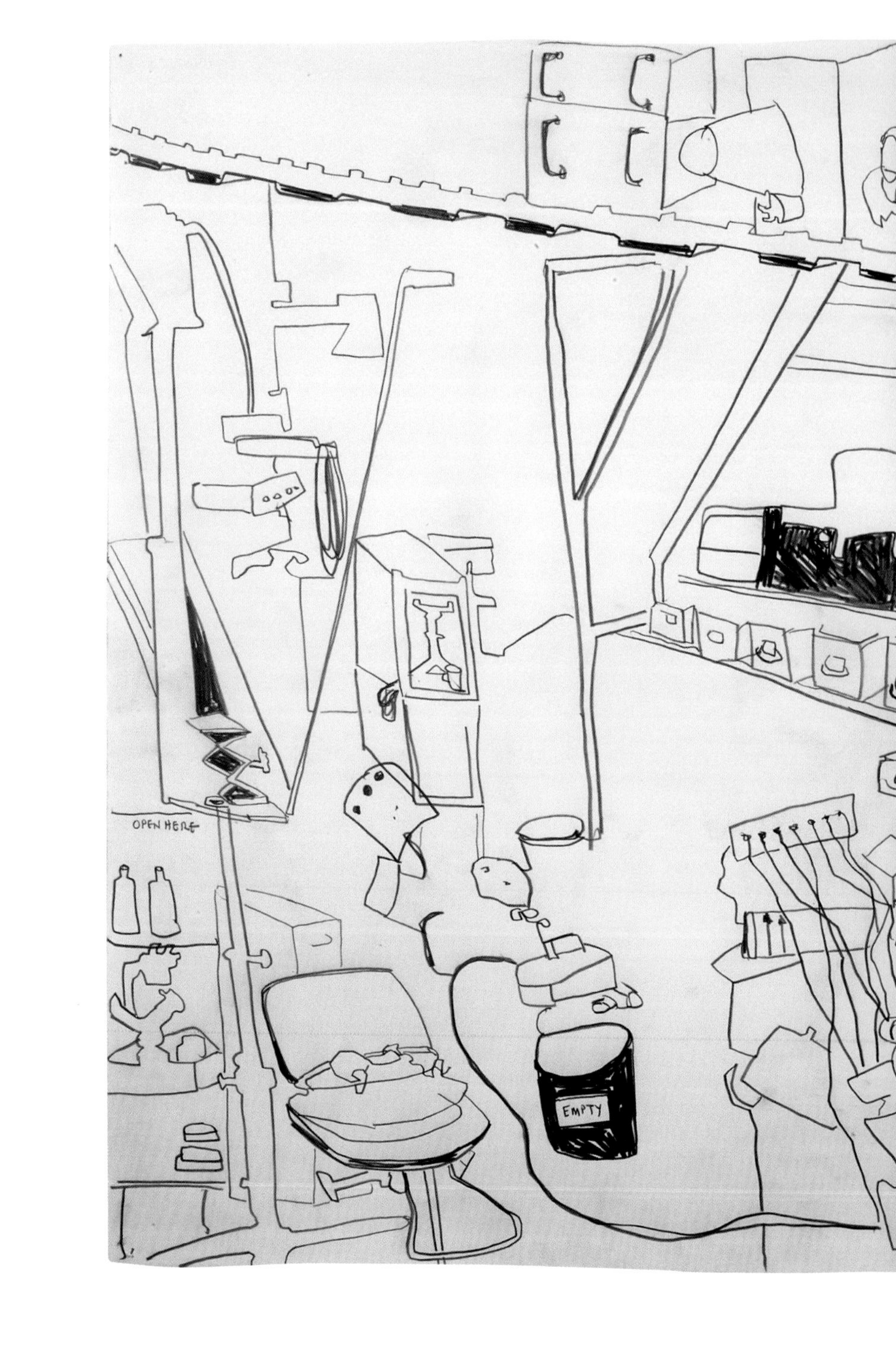

OPEN HERE
EMPTY

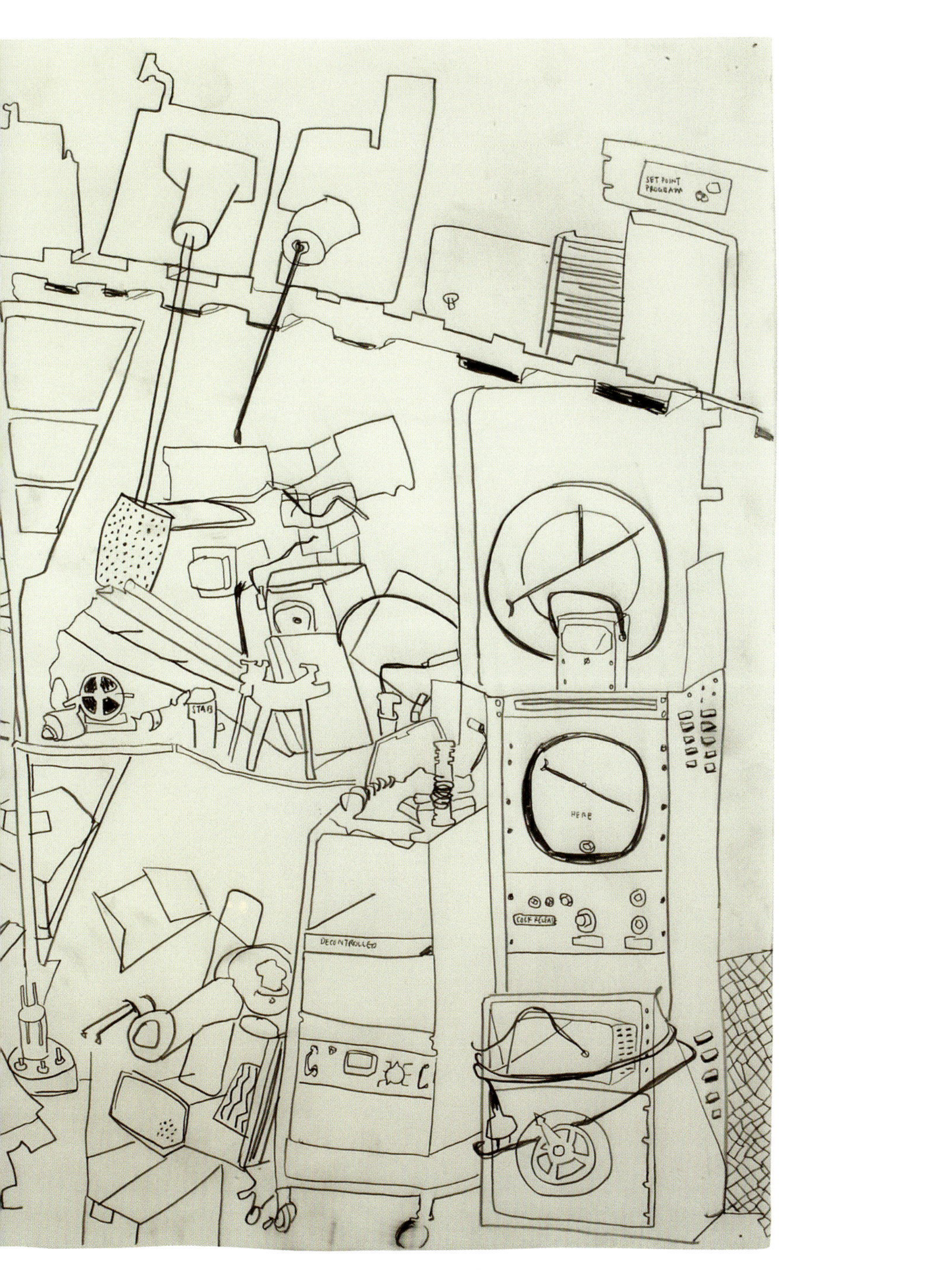
SET POINT
PROGRAM
STAB
DECONTROLLED
HERE
GOLF RELAY

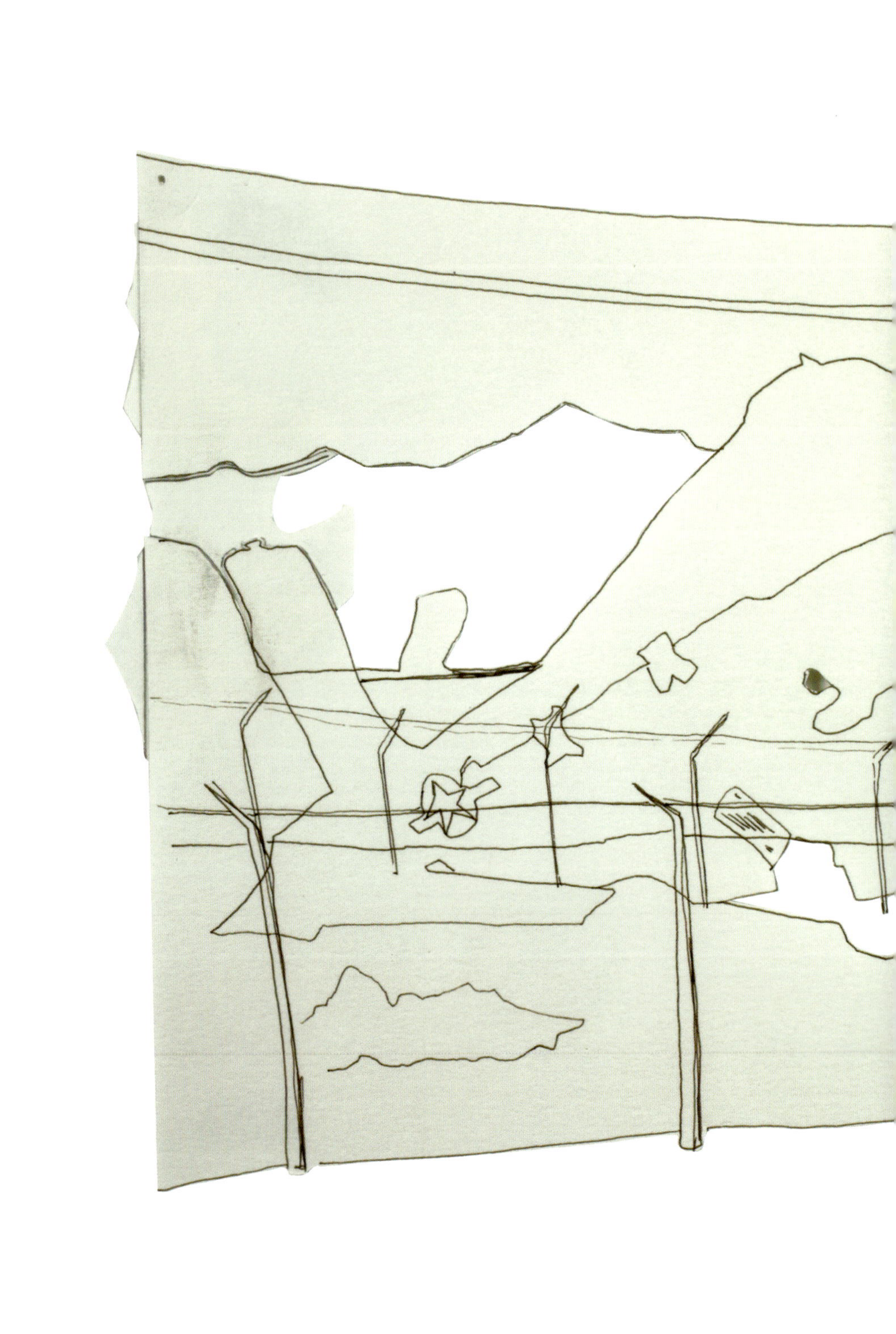

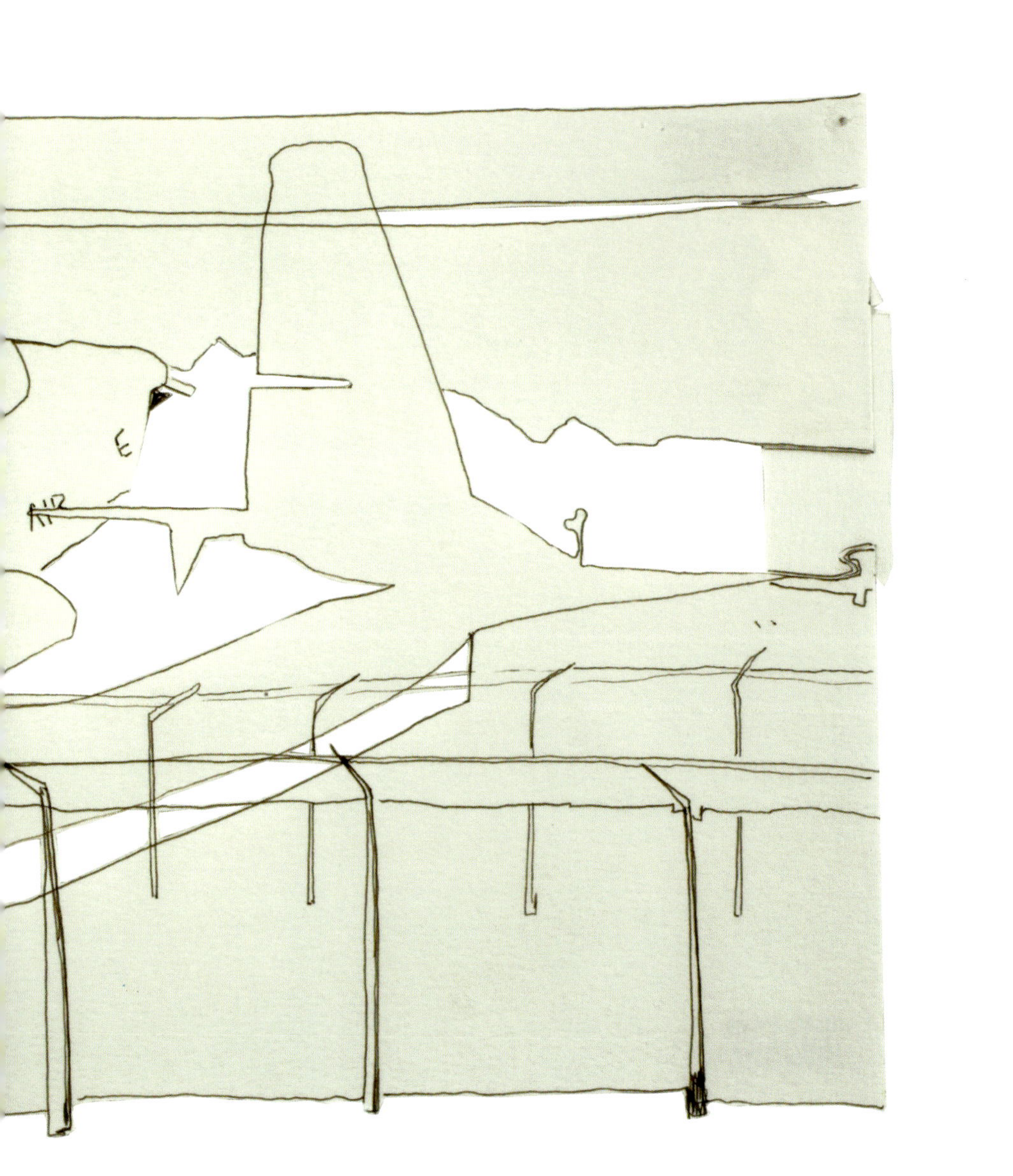
AIR
E

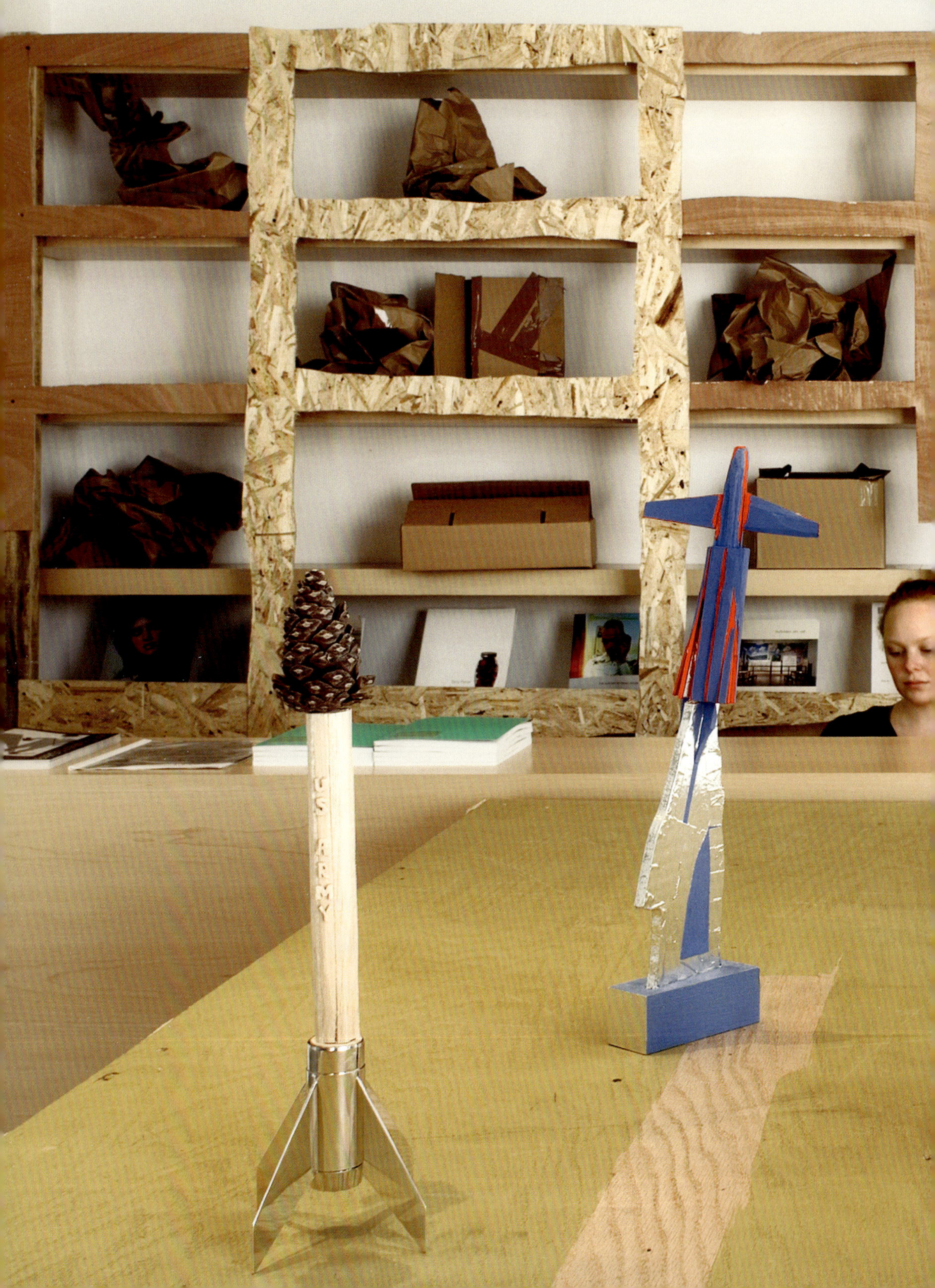

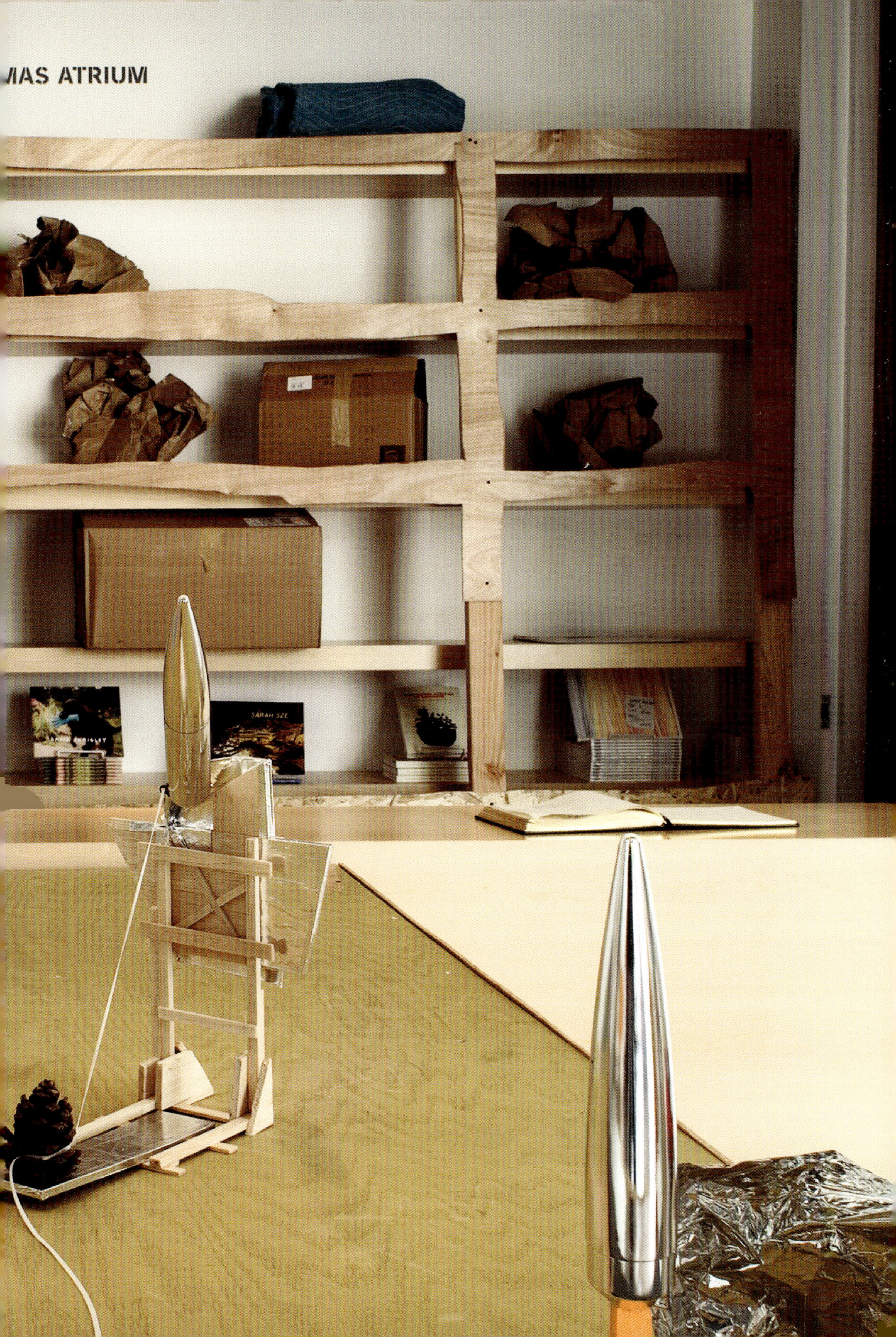

MAS ATRIUM
SARAH SZE

48–49
Mobile Observation (Transmitting and
Receiving) Station, 2008. Postcards
Raskin sent to the All Star Team of
students at the Center for Curatorial
Studies, Bard College (CCS Bard),
Annandale-on-Hudson, NY. The
image on the front of the card depicts
an artistic rendering of the complete
Titan II installation.

50–51
Mobile Observation (Transmitting
and Receiving) Station, 2008. Facade
Painting. Plywood, OSB, latex paint.
As seen from outside the Audrey
and Sydney Irmas Atrium, CCS Bard,
Annandale-on-Hudson, NY.

52–53
Mobile Observation (Transmitting
and Receiving) Station, 2008.
LZ M7589 (left). Plywood, latex paint,
space blankets. 3'H × 4'W × 4'D
Umbilicus (right). Plywood, paper,
aluminum foil tape, PVA glue.
15"H × 12"W × 9"D

54–55
Mobile Observation (Transmitting and
Receiving) Station, 2008. Installation
view, Audrey and Sidney Irmas
Atrium, CCS Bard, Annandale-on-
Hudson, NY.

56–57
Mobile Observation (Transmitting
and Receiving) Station, 2008.
Viewing Platform with TV Monitor,
boombox, and drawings.

58–59
Mobile Observation (Transmitting and
Receiving) Station, 2008. Wall Text.
Graphite and ink on paper.
26"H × 24"W

60–61
Mobile Observation (Transmitting
and Receiving) Station, 2008.
Patriot/Pershing. Graphite on paper.
24"H × 36"W

62–63
Mobile Observation (Transmitting
and Receiving) Station, 2008.
Helicopter. Graphite on paper.
24"H × 36"W

64–65
Mobile Observation (Transmitting
and Receiving) Station, 2008. Hallway
to Command Center. Graphite on paper.
24"H × 36"W

66–67
Mobile Observation (Transmitting and
Receiving) Station, 2008. Decontrolled
Cock Release. Graphite on paper.
24"H × 36"W

68–69
Mobile Observation (Transmitting and
Receiving) Station, 2008. Boneyard.
Graphite and ink on paper.
8"H × 11"W

70–71
Mobile Observation (Transmitting and
Receiving) Station, 2008. Desk including
Mini Missile Park. Balsa wood, space
blanket, aluminum foil tape, acrylic
paint, pine cone, Popsicle sticks.
Dimensions variable

Sometime in the early 1960s, a general practitioner has responded to an emergency call off the coast of Kent. While tending to a sick child, a siren goes off. 16 miles away, a single megaton missile launched by the Soviet Union has struck ground. Since the patient's family could not afford to build a bomb shelter, in a futile effort they desperately try to hide under the table. The heat from the bomb causes their eyes to roll back and melt and sets the furniture on fire. 12 seconds later the shock wave arrives. At the same time, a few miles away, Rochester is suffering a firestorm. Like the aftermath of the bombings at Hamburg, Dresden, Tokyo, and Hiroshima, incredible winds rage. The oxygen in every basement and ground floor room is sucked out, and people die from heatstroke and gassing. Women, men, and children frantically try to escape. 17 out of 36 firemen are lost. A family is burned alive in a car.

Based on research from the Second World War and Cold War nuclear tests, this is how director Peter Watkins imagined a nuclear attack on Great Britain in the hyper-realistic BBC television movie The War Game (1965). It is also how I imagine one of the psychological settings of the work of Lisi Raskin. Born eight years after the film received an Academy Award for Documentary Feature, Raskin has shaped her work in dialogue with the obsessions and fears of the Cold War exemplified by such imagery. Although the Reagan Era of the artist's childhood escalated the "Second Cold War" and the arms race, it is the post-war tension between the two blocs spanning decades that informs her work. Even after the extreme hostility of the 1950s and early 1960s and the decrease in nuclear arsenals of the Soviet Union (referred to by Reagan's administration as "the evil empire"), the national climate still nurtured enmity, leaving profound effects on the minds of its youth.

Raskin's works take us to the spaces of fear represented by bunkers, missile silos, space shuttles, and nuclear power plants. She creates immersive installations, sculptures, collages, and drawings based on her investigations of the post-war military-industrial complex, its devices, and covert environments. At times meticulously detailed and at others atmospheric, the works are maddeningly crowded with frightening information conveyed through reading or first-hand encounters, with permission or while trespassing. Yet, at first glance you* could easily mistake one of her installations for a childlike funhouse comprised of funny-looking control panels and hand-drawn bubble letters. The artist very thoughtfully defies ideas of mastery and control as mechanisms of authoritarian governmentality. Instead of perfection, her works deal with precision: Raskin's bright colors and simplified forms are specific and exacted, but at the same time they transport you to other settings.

Raskin's visual language is not only stylistically connected to childhood experiences, but methodologically as well. Like a pre-adolescent setting in which one can tinker, play, and create semi-illicit experiments—as in a tree house or a backyard—we enter settings that are safe from figures of authority. They are places where you would learn by doing and make significant discoveries about life, not least of all sexuality. In this way the anxieties and the pleasures of the setting are evoked and re-modeled by the artist. Like refuges, they could be seen as the childhood equivalents of military bunkers. In a world of clichés, this work would be attributed to an 11-year-old boy; I characterize it as something between the defiance and anger of Raymond Pettibon and

Un giorno, all'inizio degli anni Sessanta, un medico di base risponde a una chiamata di emergenza al largo della costa del Kent. Mentre cura un bambino malato, una sirena comincia a suonare. A 16 miglia di distanza, un missile da un megatone lanciato dall'Unione Sovietica colpisce il suolo. Poiché i famigliari del paziente non possono permettersi un rifugio antiatomico, cercano disperatamente e inutilmente rifugio sotto un tavolo. Il calore della bomba scioglie loro gli occhi e appicca il fuoco ai mobili. Dodici secondi dopo arriva l'onda d'urto. Contemporaneamente, a poche miglia di distanza, Rochester è sotto una tempesta di fuoco. Come dopo i bombardamenti di Amburgo, Dresda, Tokyo e Hiroshima, si levano venti incredibili. L'ossigeno viene risucchiato da ogni cantina e primo piano, e la gente muore per via del calore e dei gas. Donne, uomini e bambini cercano freneticamente di scappare. Diciassette pompieri su trentasei muoiono. Tutta una famiglia brucia viva ell'auto.

È come il direttore della BBC Peter Watkins ha immaginato un attacco nucleare sulla Gran Bretagna nel film televisivo iper-realistico <u>The</u> <u>War</u> <u>Game</u> (1965), basato su ricerche sui test nucleari della Seconda Guerra Mondiale e della Guerra Fredda. È anche come ho immaginato uno degli scenari psicologici del lavoro di Lisi Raskin. Nata otto anni dopo che il film ha ricevuto un Academy Award per la sezione Documentari, Raskin ha impostato il suo lavoro sul dialogo con le ossessioni e le paure della Guerra Fredda esemplificate da questo immaginario. Durante l'infanzia dell'artista, la politica reaganiana ha dato via alla "Seconda Guerra Fredda" e alla corsa agli armamenti, ma sono le tensioni del secondo dopoguerra tra i due blocchi, durate decenni, che hanno dato l'impronta al suo lavoro. Anche dopo l'estrema ostilità degli anni Cinquanta e primi anni Sessanta e la riduzione degli

arsenali nucleari dell'Unione Sovietica (che l'amministrazione Reagan definiva "l'impero del male"), l'opinione pubblica nazionale covava ancora ostilità, con profondi effetti sulle menti dei giovani.

I lavori di Raskin ci portano negli spazi di paura rappresentati da bunker, depositi missilistici, space shuttle e centrali nucleari. L'artista crea installazioni immersive, sculture, collage e disegni basati sulle sue indagini nei complessi militari e industriali del dopoguerra, sui loro ambienti nascosti e sulle loro attrezzature. A volte dettagliati in maniera meticolosa, altre volte semplicemente evocanti delle atmosfere, i lavori sono ingombri di informazioni spaventose ricavate da letture o conoscenze di prima mano, ottenute lecitamente o attraverso violazioni di domicilio. Nonostante ciò, a primo acchito puoi* facilmente scambiare una delle sue installazioni per un parco giochi per bambini con tanto di buffi pannelli di controllo e di scritte fatte a mano. L'artista sfida apertamente l'idea di supremazia e controllo come meccanismi di statalità autoritaria. Invece della perfezione, i suoi lavori perseguono la precisione: i colori accesi e le forme semplificate di Raskin sono specifici ed esatti, ma allo stesso tempo ti trasportano in altri scenari.

Il linguaggio visivo di Raskin è collegato con le esperienze dell'infanzia non solo stilisticamente ma anche metodologicamente. Come un ambiente pre-adolescenziale nel quale si armeggia, si gioca e si fanno esperimenti semi-illeciti – come una casa sull'albero o un cortile – entriamo in scenari liberi da figure autoritarie. Sono luoghi in cui impari attraverso l'agire, facendo scoperte significative sulla vita, non ultima la sessualità. Le ansie e i piaceri dello scenario sono evocati e rimodellati dall'artista. In quanto rifugi, potrebbero essere visti come l'equivalente infantile di bunker

<u>Squelch</u>, 2007. Paper, particle
board, OSB, plywood, light bulb, chip
board, PVA glue. Dimensions variable.
As installed in group exhibition
<u>Formalities</u>, IASPIS Project Space,
Stockholm, Sweden.

Nazi Bunker outside Maastrich, NL.

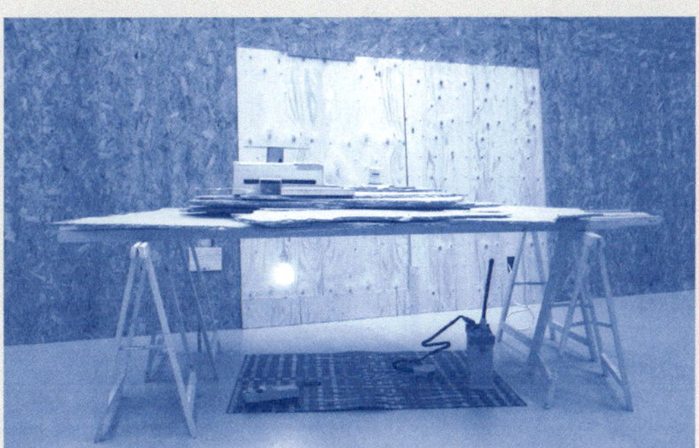

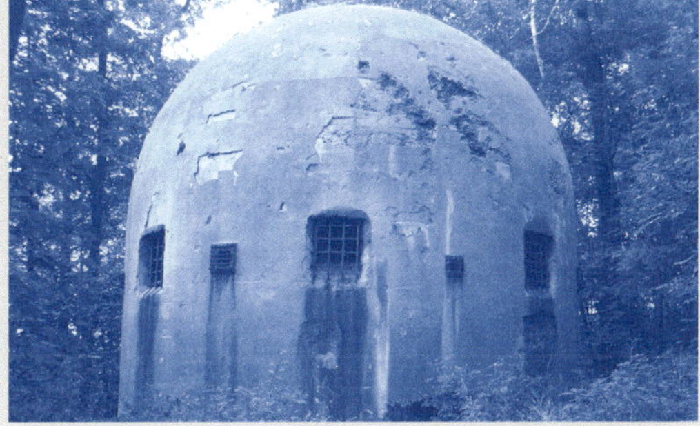

the seductive naïveté and belief in transformation of Marie-Louise Ekman.

Another feature of Raskin's imaginative
realms is a play on scale, which shifts as
in a fairytale. In <u>Squelch</u> (2007), a replicated
bunker—modeled after those built to guard
Nazi-occupied Europe against an allied invasion
in World War II—sits amid a hilly landscape
on top of a trestle table. With a tilt of the head,
you discover a hanging light bulb that illuminates
a life-size gun and a walkie-talkie in what you
imagine to be a secret, well-protected basement.
Nevertheless, the floor is covered with a sur-
prisingly decorative carpet. As always, the
evocative objects are beautifully executed and
carefully crafted from the most modest and
readily available materials including cardboard,
colored paper, crayon, and chip board.

As a counterpoint to imagination, Raskin
simultaneously relies on the literal and palpable,
primarily through first-hand research and
a nagging insistence on viewer participation.
By adopting some of the tropes of tourism,
which can imply a problematic herd mentality
and walk the line of exploitation, Raskin's
roving research methods function as part of
a larger development in the contemporary
art critique of established education and other
schooling systems. In Raskin's experience

at the Titan Missile Museum, specifically
before the tour began, former missileers gave
a high-school-science-fair-like presentation
about the facility. Hence, the museum became
an open-air university for the likes of retirees,
vacationing families, and other interested,
unspecialized parties. The practice of tourism,
then, can function as an unaccredited or
working class university open to individuals
that may not otherwise be able or ready to take
on formalized academic education. Instead,
this underestimated form of pedagogy offers
opportunities for study and learning in a
different, more self-organized way that is both
pre-structured by the site and self-generated
by the individual.

As part of her 2008 artist residency at
the Center for Curatorial Studies, Bard College
(CCS Bard), Raskin made a trip to a number
of atomic test sites and locations for nuclear
development across the American West:
a loaded territory connected to ideas about
expansion and freedom, with the cowboy as
a lead character. In a customized van, Raskin
explored Tucson, Arizona and Los Alamos
and Las Cruces, New Mexico. Throughout the
journey she made outdoor sculptures, installations, transmissions, and drawings inspired
by and built from the landscape of the sites

     LISI RASKIN: MOBILE OBSERVATION

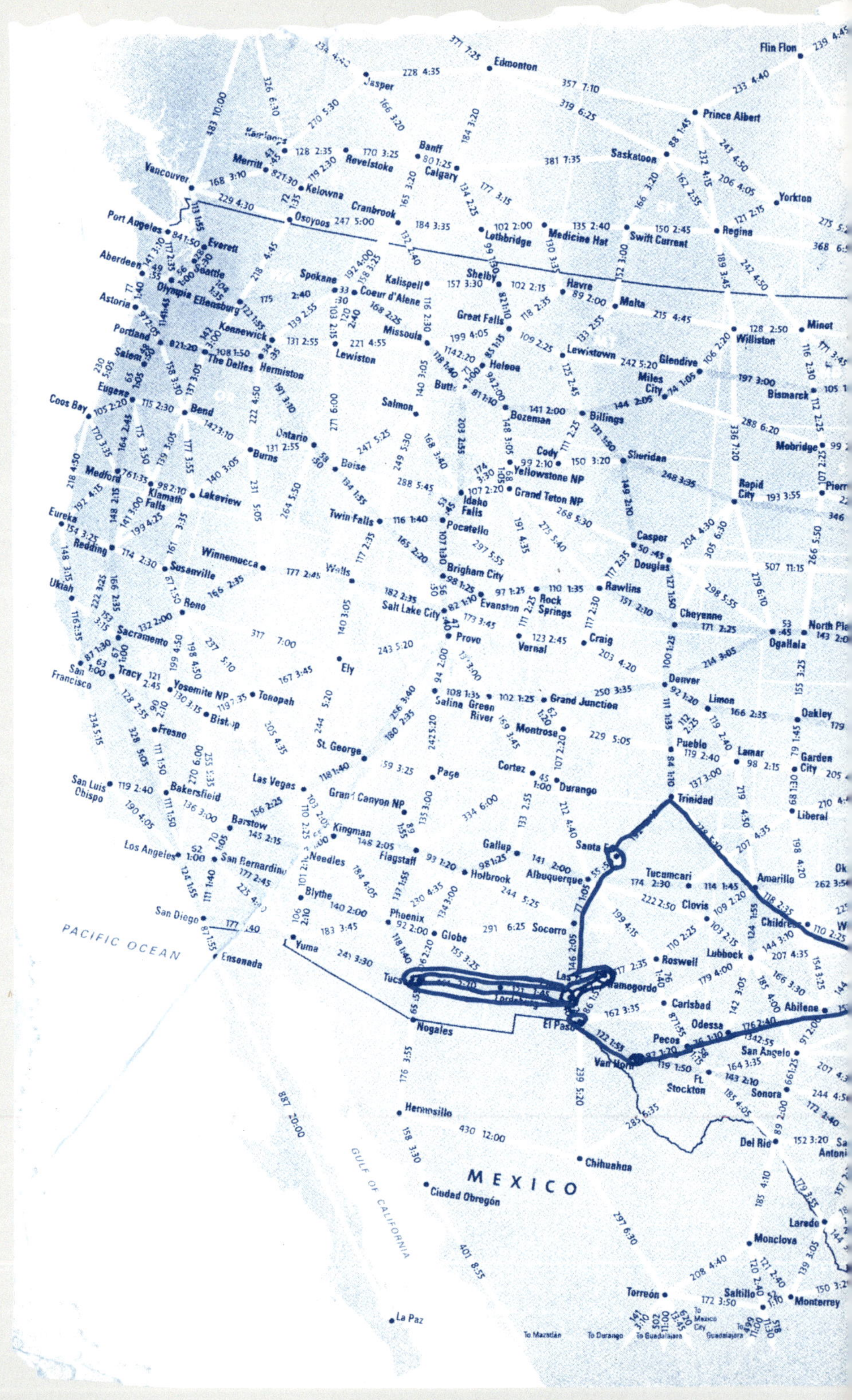

Map torn from interstate highway atlas used by Raskin as an overview of the <u>Mobile Observation</u> road trip from April 13–May 16, 2008.

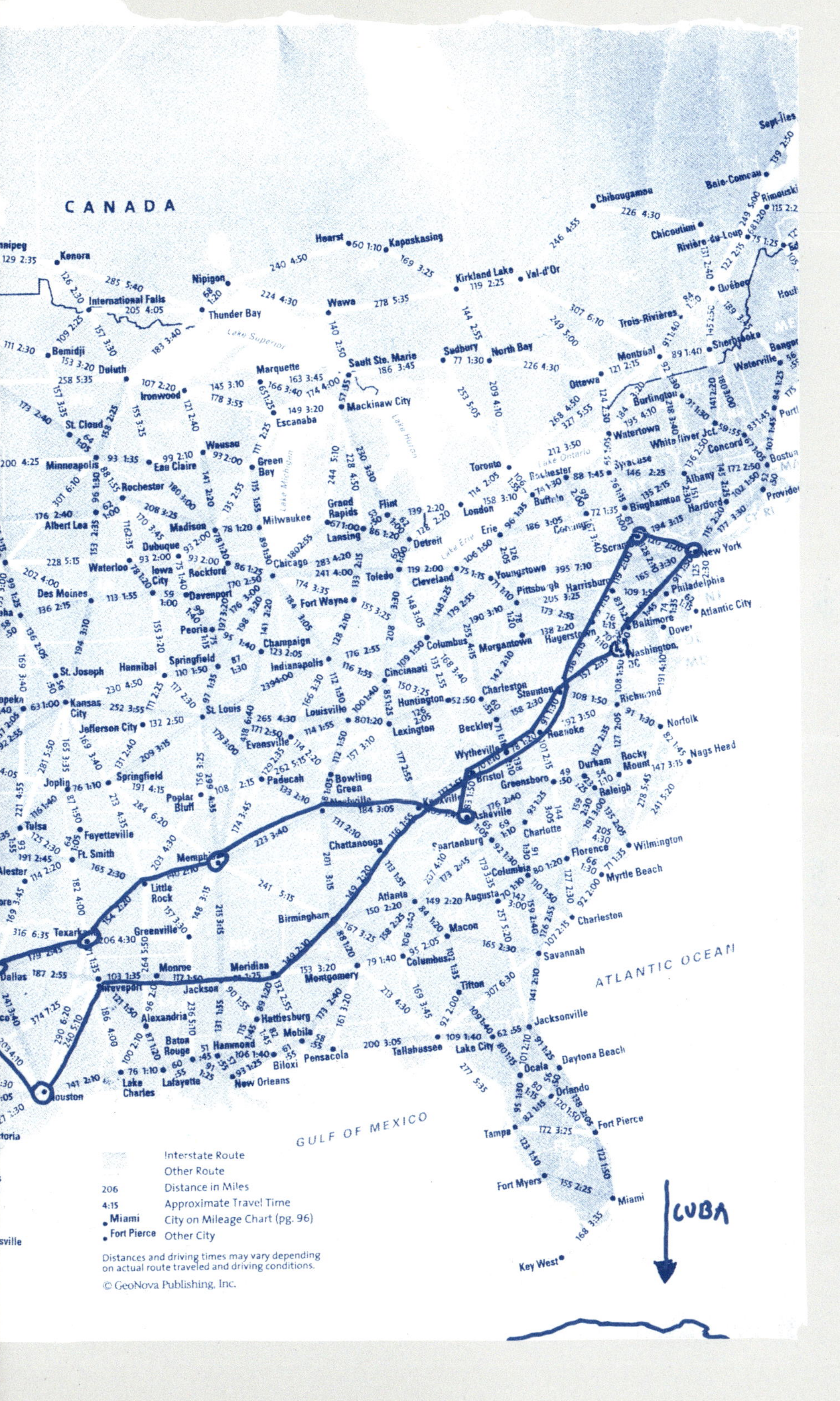

CANADA
ATLANTIC OCEAN
GULF OF MEXICO
CUBA

Interstate Route
Other Route
206   Distance in Miles
4:15   Approximate Travel Time
Miami   City on Mileage Chart (pg. 96)
Fort Pierce   Other City

Distances and driving times may vary depending
on actual route traveled and driving conditions.
© GeoNova Publishing, Inc.

militari. In un mondo di cliché, questo lavoro sarebbe attribuito a un bambino di undici anni; io lo immagino come qualcosa tra la sfida e la rabbia di Raymond Pettibon e l'ingenuità deduttiva e la fiducia nella trasformazione di Marie-Louise Ekman.

Un'altra caratteristica dei reami immaginativi di Raskin è il giocare con la scala, le cui proporzioni variano come in una fiaba. In <u>Squelch</u> (2007), la replica di un bunker – costruito su modello di quelli realizzati per difendere l'Europa occupata dai Nazisti da un'invasione alleata durante la Seconda Guerra Mondiale – si trova circondato da un paesaggio collinare in cima a un tavolo a cavalletto. Inclinando la testa, scopri una lampadina appesa che illumina una pistola a grandezza naturale e un walkie-talkie in quella che immagini essere una cantina segreta e ben protetta. Ciononostante il pavimento è coperto da un tappeto sorprendentemente decorativo. Come sempre gli oggetti evocativi sono realizzati con cura da materiali modesti e facilmente ottenibili inclusi cartone, carta colorata, matite e truciolare.

Come contrappunto all'immaginazione, Raskin si affida al letterale e al palpabile, principalmente attraverso ricerche di prima mano e un'insistenza fastidiosa sulla partecipazione del visitatore. Adottando alcuni dei tropi del turismo, che possono implicare una problematica mentalità da gregge ed essere al limite dello sfruttamento, il metodo itinerante di ricerca usato da Raskin funziona come parte di uno sviluppo più ampio nell'arte contemporanea di critica all'educazione costituita e ad altri sistemi scolastici. Nell'esperienza di Raskin al Titan Missile Museum, in particolare prima che il tour iniziasse, ex-operatori di missili hanno tenuto una presentazione di tipo scientifico-scolastico sulla struttura. In questo modo, il museo è diventato un'università all'aperto per pensionati, famiglie in vacanza e altri interessati senza preparazione specifica. La pratica del turismo, quindi, può funzionare come università non accreditata o per la classe lavoratrice, aperta a individui che potrebbero non essere altrimenti in grado, o pronti, a intraprendere un'educazione accademica formalizzata. Invece, questa trascurata forma di pedagogia offre opportunità per studiare e imparare in un modo diverso, più auto-organizzato, che sia allo stesso tempo strutturato dall'ente e autogenerato dal singolo.

Come parte della sua residenza d'artista del 2008 presso il Center for Curatorial Studies, Bard College (CCS Bard), Raskin ha visitato un certo numero di località dove si sono svolti test atomici e di siti per lo sviluppo nucleare nella parte ovest degli Stati Uniti, un territorio altamente connotato da idee di espansione e libertà, con il cowboy come personaggio principale. In un furgone attrezzato, Raskin ha esplorato Tucson, in Arizona e Los Alamos e Las Crucis, in New Mexico. Durante il viaggio ha realizzato sculture, installazioni, trasmissioni e disegni ispirati da e costruiti con il paesaggio dei siti che ha visitato. Il furgone, trasformato in una stazione mobile di osservazione, è stato il punto di assemblaggio dei lavori e degli oggetti effimeri che venivano spediti al quartier generale all'ufficio postale/stazione ricevente presso il Marieluise Hessel Museum. Lì i pacchi sono stati elaborati ed esposti dagli studenti/assistenti di laboratorio del master (squadra detta anche "All Star") del Center for Curatorial Studies.[1]

Nell'installazione del 2008 <u>Command</u> <u>and</u> <u>Control</u> al Park Avenue Armory di Manhattan, il lavoro di Raskin ha assunto nuovi significati nel rapporto con l'ambiente risalente al diciannovesimo secolo. Costruito nel 1861 come spazio per l'addestramento, l'Armory è stato

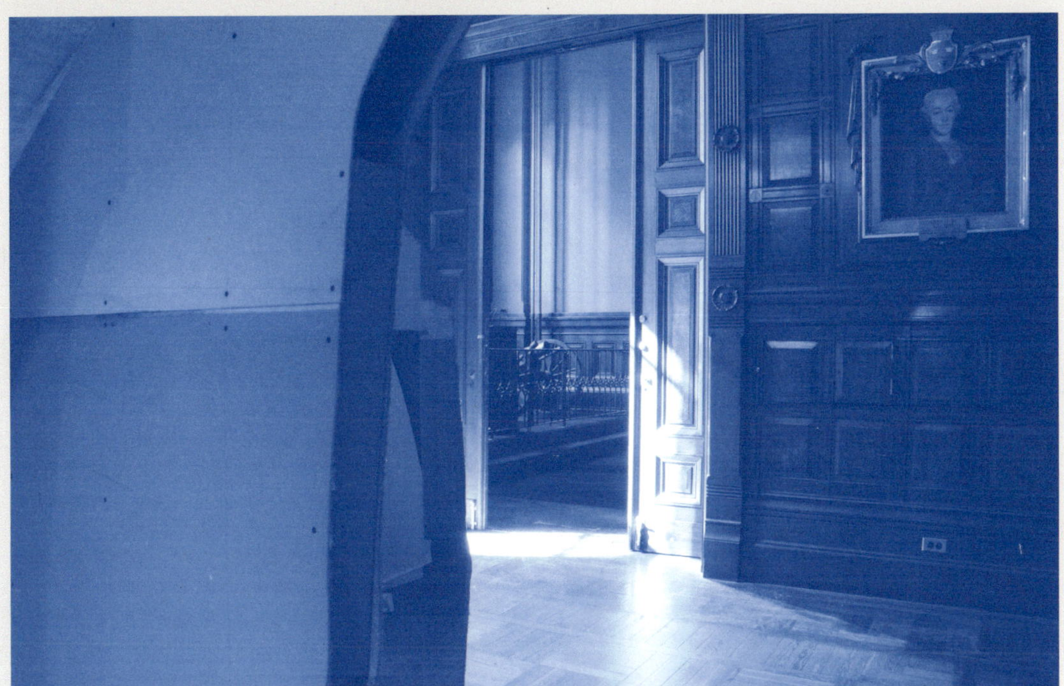

she visited. The van, turned into a mobile observation station, was the assembly point for art works and ephemera that were mailed back to its Headquarters at the Hessel Museum's Post Office/Receiving Station. There the packages were processed and displayed by the Master's students/laboratory assistants, also referred to as the "All Star Team," at the Center for Curatorial Studies.[1]

In the 2008 installation <u>Command and Control</u> at the Park Avenue Armory in Manhattan, Raskin's work took on new meanings in light of the 19th-Century setting. Built as a drill hall in 1861, the Armory was also equipped with lavish social spaces for the officers, decorated by Louis Comfort Tiffany, among others. It is rare to find a place in a city environment with so much military charge that also housed the social affairs of the elite. Both raw and precious (the soldiers engaged in intensive physical exercise and socialized in elegant uniforms), this setting allowed Raskin to create continuity between older forms of spaces of fear (that were partly elite) and more recent manifestations. Observed by portraits of George Washington and Gustavus III (King of Sweden 1772–1792), among others, the structure was built so that everything was happening just under the nose of the Marquis de Lafayette,

a wealthy French citizen who came to support America during the Revolutionary War against England. In one of the building's less elaborate social spaces, <u>Command and Control</u> included an antechamber inspired by the Titan II command center Raskin visited during her road trip but at the time of the installation had not yet seen in person. She modeled the objects after photographs taken by other tourists that had been posted on the Internet. One of the surveillance monitors displayed such information as names of cities that were bombing targets in East Germany, which Raskin discovered in a former East German atomic bunker in Kossa outside of Leipzig. Among the equipment found was a hand-copied manual, a verbatim transcript of the Titan II missile launch sequence. Behind an old secret door, which was part of the original architecture, she also created a "war cabinet" of sorts. A large world map was displayed on a low table and 135 paper airplanes were suspended like mobiles from a found brass chandelier.[2] Beneath a clock, a red telephone sat on a pedestal ready for crucial phone calls.

A distinct sense of claustrophobia pervaded the installation <u>Command and Control</u>. This force is also present in the 1983 film <u>Silkwood</u>, the third of Raskin's settings, which

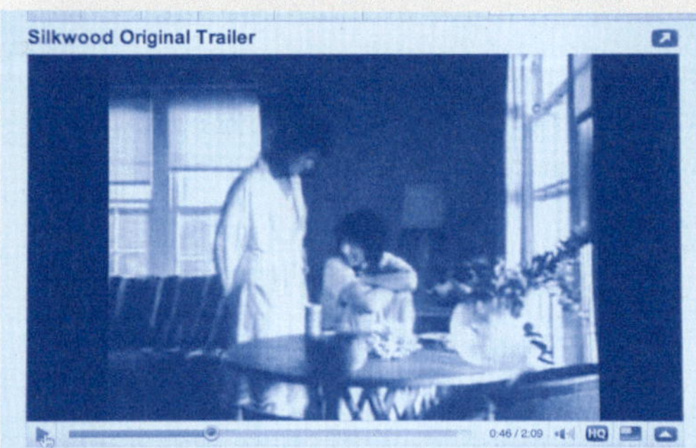

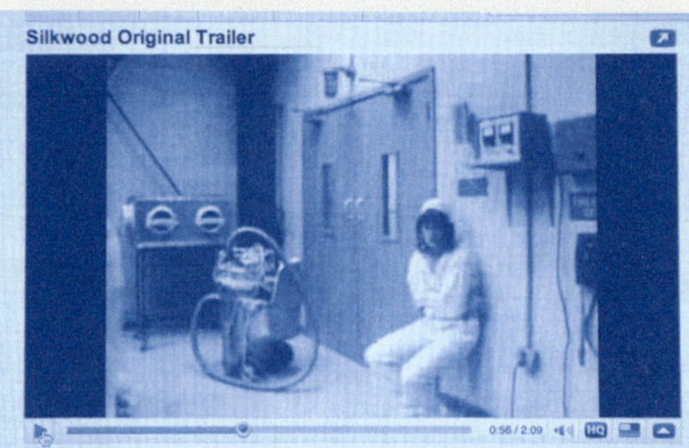

Silkwood, 1982. Dir. Mike Nichols.
Screenshots of film stills, 2009.

anche dotato di abbondanti spazi sociali per gli ufficiali, decorati da Louis Comfort Tiffany, tra gli altri. È difficile trovare un luogo in un ambiente cittadino con una tale carica militare che sia allo stesso tempo intriso in dinamiche sociali ed elitarie. Grezzo e prezioso (i soldati si impegnavano in intensi esercizi e attività fisiche e socializzavano in uniformi eleganti), questo scenario ha permesso a Raskin di creare una continuità tra le precedenti forme degli spazi di paura (che erano parzialmente elitarie) e le manifestazioni più recenti. Sotto lo sguardo dei ritratti di George Washington e Gustavus III (re di Svezia 1772–1792), la struttura è stata costruita in modo che ogni cosa succedesse proprio sotto il naso del Marchese de Lafayette, un facoltoso cittadino francese che venne a sostenere l'America durante la Guerra di Secessione contro l'Inghilterra. In uno degli spazi sociali meno elaborati dell'edificio, Command and Control includeva un'anticamera ispirata dal centro di comando Titan II che Raskin aveva visitato durante il suo viaggio, ma che al momento dell'installazione non aveva ancora visto di persona. L'artista ha modellato gli oggetti secondo fotografie scattate da altri turisti e pubblicate su Internet. Uno dei monitor di sorveglianza visualizzava informazioni come i nomi delle città bersaglio di bombardamenti

in Germania Est, che Raskin aveva scoperto in un ex bunker atomico nella Germania Est a Kossa, a poca distanza da Lipsia. Tra le attrezzature trovate c'era un manuale copiato a mano, una trascrizione fedele della sequenza di lancio del missile Titan II. Dietro una vecchia porta segreta, che era parte dell'architettura originale, Raskin ha creato anche una specie di "gabinetto di guerra". Una grande mappa del mondo era srotolata su una tavola bassa e 135 aerei di carta erano sospesi come sculture mobili a un lampadario d'ottone.[2] Sotto un orologio, un telefono rosso su un piedestallo era pronto per telefonate cruciali.

Un netto senso di claustrofobia pervadeva l'installazione Command and Control. Questo elemento è presente anche nel film del 1983 Silkwood, il terzo degli scenari di Raskin, dal lei incluso in una proiezione al Bard College intitolata Nuclear Nightmare Double Feature. In questo insolito film hollywoodiano, basato su una storia vera, l'operaia metallurgica Karen Silkwood sta lavorando a un impianto nucleare in Oklahoma in cui le misure di sicurezza sono abbandonate per ottemperare al piano di produzione della società. Radiazioni, il veleno invisibile e mortale, iniziano a fuoriuscire e Silkwood, impersonata da Meryl Streep, contatta i sindacati solo per scoprire che sono

she included in a one-night screening at Bard College entitled <u>Nightmare</u> <u>Theatre</u>: <u>Nuclear</u> <u>Double</u> <u>Feature</u>. In this unusual Hollywood film, based on a true story, the metallurgy worker Karen Silkwood is working at a nuclear facility in Oklahoma where safety precautions are abandoned in order to keep up with the production plan of the company. Radiation— the invisible but deadly poison—starts leaking, and Silkwood, played by Meryl Streep, contacts the labor union only to discover that they are more interested in media coverage than contamination and injured workers. The company wants to oust trouble-making Silkwood, who shares a simple house with her partner, played by Kurt Russell, and her lesbian friend Dolly, played by Cher. Dolly has a girlfriend but secretly desires Silkwood. In 1972, on her way to a meeting with a reporter from <u>The</u> <u>New</u> <u>York</u> <u>Times</u>, carrying negatives of the faulty plutonium fuel rods that had been improperly handled by the company, she dies in a mysterious car crash.

It is no secret that the ambition of Raskin, besides play, is to be critical. However, her critique departs from the first two canonical waves of institutional critique in that instead of using the enlightenment model of transparency, she operates with a less penetrable or more "opaque" version of criticality. Her immersive imagination allows for a secrecy that resides outside the realm of immediate sight, like that of a child's hiding place or undercover cultural practices. Writings about her work are imbued with words like "clandestine," "refuge," and "trespassing." This tactic of hers is further enhanced by her recent embrace of formal abstraction. The Latin phrase "ab strahere" actually means to withdraw or retreat. In a double sense, Raskin withdraws to the bunker or the tree fort, but also to the visually less transparent (albeit eye-catching). Recalling the

ways in which an enticing children's program on television transforms into a hardcore political statement upon closer inspection, Raskin's form is a formality, something necessary, even unavoidable, with a certain value. But it is not an end in and of itself. Just like a visa or passport is a step toward the eventual trip and ultimate destination, this formality is both post-functionalist and post-formalist: perhaps we could call it "formalitism."

---

* Author's note: The use of "you" rather than "one" or "the viewer" in certain passages in this essay references the mechanics of viewing and experiencing Raskin's installations and the way these environments, because of their immersive nature, address the viewer directly.

1 The All Star Team was comprised of Gene McHugh, Anaïs Lellouche, Christina Linden, Jess Wilcox, and Wendy Vogel.

2 The number 135 is specific to the preemptive strike plan of Curtis L. LeMay, called "Sunday Punch" (135 nuclear weapons over 70 soviet cities in 30 days). LeMay was the first Lt. General in charge of Strategic Air Command after World War II. Incidentally, he oversaw the fire bombings of Dresden and Tokyo and is depicted in Kubrick's <u>Dr.</u> <u>Strangelove</u> as the character Major T.J. "King" Kong, who rides the atomic bomb down as it is dropped from a B-52.

più interessati alla copertura mediatica che alla contaminazione e ai lavoratori feriti. La società vuole estromettere la piantagrane Silkwood, che condivide casa con il suo partner, sullo schermo Kurt Russell, e la sua amica lesbica Dolly, impersonata da Cher. Dolly ha una fidanzata ma segretamente desidera Silkwood. Nel 1972, mentre va a incontrare un reporter del New York Times portando i negativi delle foto alle barre di plutonio difettose incautamente maneggiate dalla società, la protagonista muore in un misterioso incidente automobilistico.

Non è un segreto che l'ambizione di Raskin, al di là del gioco, sia di essere critica. Tuttavia, la sua critica si differenzia dalle prime due ondate canoniche di critica istituzionale in quanto, invece di usare il modello illuminista di trasparenza, l'artista opera con una versione meno penetrabile e più "opaca" di critica. La sua immaginazione immersiva permette una segretezza che risiede al di fuori del regno della visione immediata, come nel rifugio segreto di un bambino o in pratiche culturali da infiltrati. I saggi sul suo lavoro sono pieni di parole come "clandestino", "rifugio" ed "effrazione". Questa sua tattica è ulteriormente aumentata dalla sua recente inclusione dell'astrazione formale. Il termine latino "ab strahere" significa ritirarsi. In un doppio senso, Raskin si ritira nel bunker o nel fortino sull'albero, ma anche in un visivo meno trasparente (anche se attraente). Richiamando i modi in cui un allettante programma televisivo per bambini a uno sguardo più attento si trasforma in una dichiarazione politica intransigente, la forma di Raskin è una formalità, qualcosa di necessario, persino inevitabile, con un certo valore. Ma non è fine a se stessa, proprio come un visto e un passaporto sono un passo verso un eventuale viaggio e la destinazione finale. È sia post-funzionalismo sia post-formalismo: forse potremmo definirlo "formalitismo".

*   Nota dell'autore: l'uso del "tu" in alcuni passaggi di questo saggio fa riferimento alla meccanica della visione e dell'esperienza delle installazioni di Lisi Raskin e al modo in cui questi scenari si rivolgono direttamente al visitatore, a causa della loro natura immersiva.

1   La squadra "All Star" era composto da Gene McHugh, Anais Lellouche, Christina Linden, Jess Wilcox e Wendy Vogel.

2   Il numero 135 fa riferimento al piano di attacco preventivo di Curtis L. LeMay, chiamato "Sunday Punch" (135 armi nucleari su 70 città sovietiche in 30 giorni). LeMay è stato il primo Generale di corpo d'armata incaricato del Comando aereo strategico dopo la Seconda Guerra Mondiale. Sovrintese ai bombardamenti di fuoco su Dresda e Tokyo ed è rappresentato nel Dottor Stranamore di Kubrick come il personaggio Major T. J. "King" Kong.

You invited others to join you on your journey at various points along the way—it was crucial to you that there was some measure of collective travel, that it wasn't a solo venture. Talk about your initial impulses for the trip and how it unfolded.

LR　The formulation of the trip was actually quite beautiful and serendipitous. I was on vacation in France, and one morning over coffee and my journal I simply asked myself what I thought my next big project should be. Immediately, I was able to develop an elaborate fantasy about getting a van that I would turn into a mobile, roving studio. With this van I could visit specifically charged sites of Cold War history. I could sleep, read, think, and watch the landscape roll along through the wonderful movie screen of the car windshield. I like the fantasy, memory, and dreamlike space I often find while driving long distances.

　　The itinerary pretty much formed itself in the sense that it was the direct result of about 10 years of researching my subject matter and having conversations with people who had gone to various sites in their travels. I had some anchor places in my mind; for example, I knew that I wanted to see the Titan Silo. I spent time on various nuclear tourist web sites and web sites for the museums of military bases. If you do this, the backbone of the nuclear tourism subculture in America starts to rear its head. As you know, there are entire itineraries designed for the nuclear tourist—you can find contact numbers for public relations officers on military bases and get lists of the proper gear to bring for visits to nuclear test sites. I spent a couple of weeks firming up the idea in order to really imagine taking the trip.

JBW　How did the residency and commissions from CCS Bard come about?

LR　When I returned to Stockholm, Maria Lind asked me if I would like to do something at CCS Bard. I described my idea to her, and we discussed the various ways that it could work. From there I had the money I needed and could

L'itinerario si è formato abbastanza spontaneamente nel senso che è stato il risultato diretto di circa dieci anni di ricerca sui miei argomenti e di conversazioni con persone che si erano recate in diversi siti nel corso dei loro viaggi. Avevo in mente alcuni posti cardine; per esempio, sapevo che avrei voluto vedere il Titan Silo. Per i musei e le basi militari ho passato del tempo su siti web di turismo nucleare. Così facendo, la spina dorsale della sottocultura del turismo nucleare in America ha cominciato a delinearsi. Come sai, esistono interi itinerari studiati per il turista nucleare, si possono trovare numeri di telefono per contattare gli uffici di pubbliche relazioni delle basi militari e ottenere elenchi degli equipaggiamenti adatti per visitare i luoghi dei test nucleari. Ho trascorso un paio di settimane consolidando l'idea prima di poter pensare di intraprendere davvero il viaggio.

JBW Come è arrivata la sponsorizzazione del Bard?

LR Quando sono tornata a Stoccolma, Maria Lind mi ha chiesto se mi sarebbe piaciuto fare qualcosa con il Center for Curatorial Studies del Bard College. Le ho descritto la mia idea e abbiamo discusso varie modalità di realizzazione. Quindi ho ottenuto il denaro di cui avevo bisogno e ho potuto concentrarmi sulla formulazione di una dimensione pedagogica con lo scopo di coinvolgere gli studenti del CCS. Così sono stata affiancata da una squadra di curatori, la mia squadra "All Star". Inizialmente ho dato loro il mio itinerario e chiesto di localizzare officine meccaniche, colorifici della catena Michaels e negozi Home Depots in modo da avere un dossier di informazioni su ciascun sito. Dopo di che le nostre interazioni e la loro partecipazione si sono sviluppate strada facendo.

Ma è vero che desideravo compagnia. Quando vengo presa da qualcosa ho l'abitudine di sollecitare la partecipazione delle persone che mi circondano, specialmente di quelle che sono interessate alla mia materia. Inoltre, avere un compagno di malefatte è parte della narrazione di viaggio, no? Ecco perché era particolarmente importante che mio

subsequently focus on formulating a pedagogical dimension for the purpose of engaging the CCS Bard students.
Eventually I had a team of curators—my "All Star Team."
Initially I gave them my itinerary and asked them to research
where the auto repair shops, Michaels craft stores, and
Home Depots were located so that I would have a dossier
of information about each site. After that, our interactions
and their participation formed in other ways.

But it's true that I did want some company. When I get
excited about things, I have a habit of inviting participation
from the people around me, especially those who are
interested in this subject matter. Also, having a partner in
crime is part of the whole road trip narrative, isn't it? That
is why it was especially important that my brother, Kenny,
made the big drive out with me. It was magical to look
at the landscape with him and co-create a narrative with him.

JBW For your project <u>Mobile</u> <u>Observation</u> (<u>Transmitting</u>
<u>and</u> <u>Receiving</u>) <u>Station</u> (2008), you utilize the museum as
a place or discursive site of knowledge. How important to you
is the physical location of the museum? What relationship
have you had with, say, the practices of institutional critique
that likely informed your art school education in the 1990s
and early 2000s?

LR Through my work, I am first and foremost interested
in how ontology can be used to radically (re-feel) or re-think
history, land use, geography, and gender. I view the museum
as a ready-made platform for the discussion of these ideas.
I am fully aware of the art historical category of "institutional
critique," but while I value the work of the artists who are
said to fall into this category, I personally am not interested
in addressing the history of the conversation about how
museums came into being (their roles, voices, power, etc.).

With that said, one of the things that made this particular
project so special was my interaction with the students
at CCS Bard. This aspect contributed to the incarnation of
the project as an exhibition inside of an institution and in
turn provided the opportunity to use the Center for Curatorial

fratello Kenny mi accompagnasse in questa lunga guidata.
Era magico guardare il panorama con lui e creare insieme
una narrazione.

JBW Per il progetto <u>Mobile</u> <u>Observation</u> (Transmitting
<u>and</u> <u>Receiving</u>) <u>Station</u>, utilizzi il museo come luogo o sito
discorsivo di conoscenza. Quanto è importante per te
lo spazio fisico del museo? Quale relazione hai avuto con,
poniamo, le pratiche di critica istituzionale che probabilmente
hanno condizionato la tua educazione artistica negli anni
Novanta e inizio anni Duemila?

LR Tramite il mio lavoro mi sono prevalentemente interessata
a come l'ontologia possa essere usata per ri-sentire o ri-pen-
sare radicalmente la storia, l'impiego della terra, la geografia
e il genere. Vedo il museo come piattaforma pronta all'uso per
la discussione di queste idee. Sono perfettamente cosciente
della categoria storico-artistica di "critica istituzionale", ma se
da una parte valuto il lavoro degli artisti che si dice ricadano
in questa categoria, personalmente non sono interessata ad
affrontare la storia della conversazione su come i musei sono
nati (i loro ruoli, voci, potere ecc.).
    Detto questo, una delle cose che ha reso questo partico-
lare progetto così speciale è stata la mia interazione con gli
studenti del CCS. Questo aspetto ha contribuito all'incarnazione del progetto come mostra dentro un'istituzione e
d'altra parte ha fornito l'opportunità di usare il Marieluise
Hessel Museum come sito discorsivo. All'inizio del progetto,
Maria Lind e io abbiamo discusso a lungo il potenziale
pedagogico della mia residenza. Una volta che mi sono
impegnata con gli studenti, mi sono accorta che anche
loro pensavano alla pedagogia rispetto al suo ruolo quale
voce istituzionale. Per loro questo ha preso la forma della
scrittura del testo murario e del desiderio di uno spazio
designato all'interno dell'installazione che evidenziasse
la nostra comunicazione in termini di allestimento.

JBW La tua esperienza con gli studenti come ha plasmato
questo lavoro?

Studies as a discursive site. At the inception of the project,
Maria Lind and I extensively discussed the potential for
a pedagogical dimension to my residency. Once I engaged
the students, I realized that they too were thinking about
pedagogy in terms of the role of the voice of the institution.
For them this took form in the writing of the wall text and
their desire for a designated space within the installation that
would evidence our communication in terms of display.

JBW How did your experience with the students shape
this piece?

LR Over the course of my trip, I sent them video and
audio diaries, and they in turn made a binder that contained
information about the sites that I was visiting. One of the
students, Wendy Vogel, had a weekly radio show that I called
into with reports from the field. Generally speaking, I use
more subtle filters when providing information for the viewer.
I usually try to build that information into the art itself.
In this way, it was like a double exhibition. The curatorial
All Star Team had a piece in the show called the Viewing
Platform. From the outset, this was an experimental voyage,
so I was willing to override and change my previous
approaches to exhibiting in order to see what we could
come up with collectively.

JBW And can you say more about how you utilized the
physical site of the museum?

LR There were several obstacles that I had to resolve
when it came to this installation. The first was my desire to
overtake the lobby of the museum so that it became mine—
this was virtually impossible, because I was not permitted
to change the signage or other things that dictate and name
the identity of the museum. The second obstacle was the
knee-jerk aesthetic of museum display—wall texts, pedestals,
lighting—all of the elements that are supposed to provide
a frame and then magically recede from our view so that
we can see the art. In my mind these issues have to do with

LR　Nel corso del mio viaggio, ho spedito loro diari video
e audio, e loro a loro volta hanno realizzato un raccoglitore
contenente le informazioni sui siti che stavo visitando.
Uno degli studenti, Wendy Vogel, tiene un programma
radiofonico settimanale nel quale intervenivo telefonicamente
con reportage dal campo. In generale, uso filtri più sottili
quando fornisco informazioni al visitatore. Di solito
cerco di costruire l'informazione all'interno dell'arte stessa.
In questo modo, era come una doppia mostra. Il team
curatoriale All Star aveva un lavoro dal titolo Viewing
Platform. Dal principio, questo è stato un viaggio sperimen-
tale, così desideravo sovrascrivere e cambiare i miei
approcci precedenti alle mostre per vedere cosa avremmo
prodotto collettivamente.

JBW　Puoi dire qualcosa di più su come hai utilizzato lo spazio
fisico del museo?

LR　C'erano diversi ostacoli da superare riguardo a questa
installazione. Il primo era il mio desiderio di conquistare
la lobby del museo in modo che diventasse mia; questo
era virtualmente impossibile perché non mi era permesso
cambiare la segnaletica o altre cose che identificavano
il museo. Il secondo ostacolo era l'estetica da riflesso
condizionato dell'allestimento base del museo – testi
a parete, piedistalli, luci – tutti elementi che si suppone
forniscano una cornice e quindi recedano magicamente
dalla vista in modo che si possa ammirare l'arte. Nella
mia testa, questi problemi hanno a che fare con lo stabilire
l'autonomia estetica del mio ambiente costruito, e credo
che l'estetica debba essere specifica, non generica, indi-
cando con ciò che c'è una falla nella logica di un approccio
all'allestimento "buono per tutte le stagioni". Con questo
in mente, ho deciso di scrivere a mano i testi sulle pareti,
di fare da me tutti i piedistalli e i meccanismi di esposizione
e di mantenere uno stretto controllo estetico su oggetti
come i televisori e i lettori video utilizzati. Queste mosse
sono parte del modo in cui articolo il mio desiderio di fare
un Gesamtkunstwerk.

establishing the aesthetic autonomy of my built environment, and I feel like aesthetics should be specific, not general, meaning there is a flaw in the logic of the one-size-fits-all approach to display. With this in mind, I decided to handwrite the wall text, make all of the pedestals and display mechanisms myself, and maintain a thorough aesthetic control over items like the television and tape player used. These moves are part of how I articulate my desire to make a <u>Gesamtkunstwerk</u>.

JBW We've had several conversations about the somewhat unexpected number of queer artists—especially lesbians— who have made work about radiation and nuclear destruction (such as yourself, Leslie Bostrom, and Zoe Strauss). What might fuel this conjunction between queerness and the nuclear, do you think?

LR   As I research the Cold War, it strikes me that government propaganda encouraged an ineffably heteronormative approach to crisis management. Civil defense promptings to keep your house tidy and your yard clean in order to do your part, when decoded, means "pursue heteronormative ideals." Manage your home and your job; make kids. Within this construct, the fallout shelter becomes an underground, diminutive, suburban ranch home with canned food to be prepared by the mother. As we might expect, the shovel and transistor radio become the domain of the father. This gender paradigm is explicit in two civil defense videos that I watched recently, called <u>Operation Cue</u> (1955) and <u>The House in the Middle</u> (1954).

   And in the movie <u>Silkwood</u>, Cher's character Dolly is a lesbian whose identity is also posited outside of the heteronormative roles that Meryl Streep and Kurt Russell's characters play. As a matter of fact, Dolly can only participate in the whole story in a public way if she passes for straight. Privately, Dolly suffers as the object of her desire, Karen Silkwood (Streep's character), is contaminated by a series of plant "accidents" aimed at silencing her participation in labor union activities.

JBW Abbiamo avuto diverse conversazioni sul numero in qualche modo inatteso di artisti "diversi" – particolarmente lesbiche – che hanno lavorato sulle radiazioni e sulla distruzione nucleare (come te, Leslie Bostrom e Zoe Strauss). Cosa credi possa essere ad alimentare questa combinazione tra "diversi" e nucleare?

LR Facendo ricerche sulla Guerra Fredda, mi colpisce che la propaganda governativa abbia incoraggiato un approccio ineffabilmente eteronormativo rispetto alla gestione della crisi. Gli incitamenti della protezione civile a tenere la casa in ordine e il cortile pulito per fare la tua parte, se decodificati, significano "persegui ideali eteronormativi". Gestisci la tua casa e il tuo lavoro; fai figli. All'interno di questo costrutto, il rifugio antiatomico diventa una minuscola villetta di periferia con cibo in scatola preparato dalla madre. Come potremmo aspettarci, il badile e la radio a transistor sono dominio del padre. Questo paradigma di genere è esplicito in due video della protezione civile che ho guardato di recente, intitolati <u>Operation Cue</u> (1955) e <u>The House in the Middle</u> (1954).

E nel film <u>Silkwood</u>, il personaggio Dolly interpretato da Cher è una lesbica la cui identità è anche situata al di fuori dei ruoli eteronormativi interpretati dai personaggi di Meryl Streep e Kurt Russell. Di fatto, Dolly può partecipare alla storia in modo pubblico solo se si fa passare per eterosessuale. Privatamente, Dolly soffre perché l'oggetto del suo desiderio, Karen Silkwood (il personaggio della Streep), è contaminata da una serie di "incidenti" volti a impedire la sua partecipazione alle attività del sindacato.

JBW Quindi come si posiziona l'immaginario "diverso" rispetto a ciò?

LR Secondo la propaganda di governo, solo l'unità famigliare eterosessuale sopravvive alla guerra nucleare. Secondo Hollywood, il desiderio "diverso" porta soltanto alla contaminazione radioattiva. Per cui, l'immaginario "diverso" esiste fin dal principio al di fuori dello spazio di sopravvivenza. Forse questa ovvia omissione o cancellazione

JBW So how is queer imagination positioned in relation
to this?

LR Well, according to government propaganda, only
the heterosexual family unit survives nuclear war. According
to Hollywood, queer desire can only engage radioactive
contamination from a distance. Hence, the queer imagination
exists outside the space of survival from the outset. Perhaps
this obvious omission or obliteration of a queer subject
position contributes to a more vivid imagination about death.
Then, of course, add to this the role of unprotected women
(that is, unprotected by a man) in a post-apocalyptic narrative,
and you have slave, rape victim, murder victim, etc.

JBW I wonder, too, if queerness provides a different model
for thinking about reproduction and temporality. This is part
of Lee Edelman's argument in his book <u>No</u> <u>Future</u>: <u>Queer</u>
<u>Theory</u> <u>and</u> <u>the</u> <u>Death</u> <u>Drive</u>.[2] Arguably, then, both queerness
and the nuclear foreclose notions of the future... any thoughts
about that?

LR I think that during the Cold War queerness did provide
a different model for thinking about temporality and reproduction, but I'm not sure that it does any longer. I think this
confluence that you are referring to was very specific to
the 1980s and early 1990s. We also witnessed the emergence
of AIDS. There were various manifestations of technology's
effects on the health of a population, as forecast by a massive
arms race, and then we had homosexuals dying in droves.
I think it was easy to forecast our own demise. It seems fairly
obvious that global epidemics like the arms race, diseases
with no known cause and no known cure, and Nancy
Reagan's war on drugs set the tenor for a cultural response
that resulted in an ultra-conformist society.

You and I came of age at a time when the predominant
message was that fucking could kill you, nuclear war could
kill you, and drugs could kill you. With this as the backdrop,
I think the radical nature of queer identity managed to subvert
the power of that fear. If you were going to die anyway, you

di un soggetto "diverso" contribuisce a una immaginazione
più vivida della morte. Poi, certo, aggiungiamo il ruolo
delle donne non protette (non protette da un uomo)
nella narrazione post-apocalittica e otteniamo la schiava,
la vittima della violenza sessuale, dell'omicidio ecc.

JBW Mi chiedo anche se la "diversità" fornisca un modello
di pensiero differente rispetto alla riproduzione e alla
temporalità che è parte dell'argomentazione di Lee Edelman
nel suo libro <u>No Future: Queer Theory and the Death
Drive</u>.[2] Probabilmente, quindi, sia la "diversità" sia il nucleare
precludono l'esistenza di un futuro... cosa ne pensi?

LR Penso che, durante la Guerra Fredda, la "diversità" abbia
fornito un modello differente di pensiero e sulla temporalità
e la riproduzione, ma non sono sicura che vada oltre. Penso
che la confluenza a cui ti riferisci sia stata molto specifica agli
anni Ottanta e inizio anni Novanta. Abbiamo anche assistito
all'emergere dell'AIDS. Ci sono state varie manifestazioni
degli effetti della tecnologia sulla salute della popolazione,
anticipate da una massiccia corsa agli armamenti, e poi
gli omosessuali hanno iniziato a morire a grappoli. Penso
che fosse facile prevedere la nostra scomparsa. Sembra abbastanza ovvio che le epidemie globali siano come la corsa
agli armamenti, malattie senza causa né cura conosciuta,
e la guerra di Nancy Reagan alle droghe ha impostato il
tenore della risposta culturale che è risultata in una società
ultra-conformista.

Sia tu sia io abbiamo raggiunto la maggiore età mentre
il messaggio predominante era che scopare poteva ucciderti,
che la guerra nucleare poteva ucciderti e che le droghe
potevano ucciderti. In questo panorama, penso che la natura
radicale dell'identità "diversa" sia riuscita a sovvertire il potere
di quella paura. Se eri destinato a morire comunque, tanto
valeva che saltassi la parte in cui sposavi qualcuno del sesso
opposto e cercavi di avere una famiglia mentre reprimevi
i tuoi desideri di essere gay. Sembrerebbe che la "diversità"
abbia operato un qualche intervento, quindi. Ma ora, e questo potrebbe mettermi nei guai, potresti facilmente inserire

might as well skip the part where you marry someone
of the opposite sex and try to have a family while repressing
your desires to be gay. Queerness did provide some agency
then, it would seem. But now, and this may get me into
some trouble, you could easily set Lesléa Newman's 1989
children's book Heather Has Two Mommies in a fallout
shelter. Homosexuals are the new conformists. Homosexuals
want to survive the war. We've gone from Jean Genet
to gay marriage—and by this I don't mean gay rights, I
mean homosexuals want to participate in heteronormative,
traditional rituals.

JBW Your work does strike me as distinctly queer—not only
because of your actual drag performance as the wild-eyed
scientist Dr. Hauptman, but because of a certain dyke/tomboy
stance it articulates. This gets back to the idea of role-playing
and your assumption of authority in order to "pass" in certain
security situations. That authority is gendered, of course. Can
you say more about that drag identity you assumed for a
few years and why you decided to cease that performance?

LR Well, Herr Doktor Wolfgang Hauptman II was about
as legitimate an identity as I could construct, for he is a male
gendered, German scientist, and that garners more respect
than my own subject position. Hauptman emerged out of
two distinct circumstances, one being my desire to explore
the phenomena of gender passing in my own life and the
other to have a "straight man" (as in comedy routine straight
man) in order to tell a tall tale. In essence I used Hauptman
in an attempt to convince the viewer that latex paint spills
were a heat-loving fungus that would turn radioactivity
into a non-toxic biomass. So the performance involved two
hyperbolic scenarios, both of which when removed from
an art world context (ironically) passed for "real."
I began to phase Hauptman out of the work in a public
way when I realized that if I continued the whole charade I
would literally become the art work and therefore the art work
would have no life beyond me. This undermined one of the
most important reasons that I make things, which is a desire

il libro per bambini <u>Heather</u> <u>Has</u> <u>Two</u> <u>Mommies</u> in un rifugio antiatomico. Gli omosessuali sono i nuovi conformisti. Gli omosessuali vogliono sopravvivere alla guerra. Siamo passati da Genet al matrimonio gay, e con questo non intendo i diritti dei gay, intendo che gli omosessuali vogliono prendere parte ai rituali tradizionali eteronormativi.

JBW Il tuo lavoro mi colpisce come distintamente "diverso" – non solo per la performance-travestivestimento dello scienziato pazzo Dr. Hauptman, ma a causa di un certo atteggiamento da lesbica/maschiaccia che essa esprime. Questo riporta all'idea del gioco di ruolo e alla tua assunzione di autorità per "passare" in certe situazioni ad accesso controllato. Quella autorità è declinata per genere, naturalmente. Puoi dirci qualcosa in più sull'identità travestita che hai assunto per alcuni anni e sul perché hai deciso di porre termine a questa performance?

LR Herr Doktor Wolfgang Hauptman II era l'identità più legittimata che potessi costruire, in quanto è uno scienziato tedesco, maschio, e questo genera più rispetto della mia stessa posizione. Hauptman è emerso da due diverse circostanze, una è il desiderio di esplorare i fenomeni di genere che si svolgevano nella mia vita e l'altra è avere un "uomo etero" (come nel repertorio della commedia) in grado di raccontare una panzana. In sostanza ho usato Hauptman nel tentativo di convincere lo spettatore che gocce di pittura al lattice erano un fungo sensibile al calore in grado di trasformare la radioattività in biomassa non tossica. Quindi la performance coinvolgeva due scenari iperbolici, entrambi i quali passavano per (ironicamente) "reali" nel momento in cui venivano rimossi da un contesto artistico.

Ho iniziato a eliminare gradualmente Hauptman dal lavoro pubblico quando mi sono resa conto che se avessi continuato la farsa sarei letteralmente diventata l'opera d'arte e quindi l'opera non avrebbe avuto una sua esistenza al di fuori di me. Questo minava una delle ragioni principali del mio fare le cose, ovvero un desiderio di esternare le

to externalize ideas and then interrogate them. An art
object is a silent witness to the passage of time, matter, and
memory. It can be interactive or not; it can just sit around
and gather dust. It is subtle, and it is resistant to us.
Hauptman was anything but subtle, and I was tired of
explaining things.

JBW But Hauptman has recently resurfaced, has he not?

LR Yes, Hauptman has proven to be irrepressible. As the
incarnation of a hard-edged, abstract painter bubbles to the
surface of my practice, I am aware that this artistic platform
finds its roots in the design of Cold War DDR bunkers.
These explorations that I made in 2005 when I was in Berlin
have everything to do with Hauptman's character. I am also
really interested in the idea that abstract art could be made
in the bunker—did you know that submariners, back in
the days before PlayStation, occupied their spare time with
handicrafts like needlepoint? Why couldn't the inhabitant
of the bunker be making abstract paintings? And Hauptman's
bunker was the first bunker that I ever made.

JBW When looking at the images of <u>Topside</u> (2008) at
Milliken Gallery, I am put in mind of certain post-minimal
practices in which the functional environment of the gallery
becomes vital to the piece. You utilize the entire architectural space—the walls, the ceilings—so that the room is
completely activated into an immersive, even claustrophobic,
atmospheric whole. Can you discuss the origins of this work
vis-á-vis your broader relationship to the notion of site-specific
or post-minimal work?

LR The works of Robert Smithson, Nancy Holt, James
Turrell, John McCracken, Dan Graham, and Lynda Benglis
have continued to resonate with me over the years. I was
also deeply affected by the <u>Block Beuys</u> installation at
the Hessisches Landesmuseum in Darmstadt, Germany.

idee per poi interrogarle. L'oggetto artistico è un testimone silenzioso del passaggio del tempo, della materia e della memoria. Può essere interattivo oppure no; può semplicemente star lì e raccogliere polvere. È sottile e ci oppone resistenza. Hauptman era tutto fuorché sottile ed era stanco di spiegare le cose.

JBW Ma Hauptman è risorto di recente, no?

LR Sì, Hauptman si è rivelato irreprimibile. Così come l'incarnazione di un pittore astratto, coriaceo, risale sulla superficie della mia pratica, sono cosciente che questa piattaforma artistica trovi le sue radici nel progetto di un bunker della Guerra Fredda nella DDR. Tutte le esplorazioni che ho effettuato nel 2005 mentre ero a Belino hanno a che fare con il personaggio di Hauptman. Sono anche molto interessata all'idea che si possa fare arte astratta all'interno di un bunker; sapevi che gli equipaggi dei sottomarini, nei giorni precedenti alla Playstation, confezionavano cose nel loro tempo libero? Perché gli abitanti di un bunker non potevano fare dipinti astratti? E il bunker di Hauptman è il primo bunker che ho realizzato.

JBW Le immagini di <u>Topside</u> alla Milliken Gallery, mi rimandano a certe pratiche post-minimaliste nelle quali l'ambiente funzionale della galleria diventa vitale per l'opera. Si utilizza l'intero spazio architettonico – i muri, il soffitto – in modo che si verifichi un'attivazione completa della sala in un tutto atmosferico, immersivo, persino claustrofobico. Vuoi discutere le origini di questo lavoro a confronto con la nozione di site specific o post-minimale?

LR I lavori di Robert Smithson, Nancy Holt, James Turrell, John McCracken, Dan Graham e Lynda Benglis hanno continuato a tornarmi in mente nel corso degli anni. Sono stata molto influenzata dall'installazione <u>Block Beuys</u> al Hessisches Landmuseum a Darmstadt, in Germania.

MILLIKEN GALLERY
STOCKHOLM, SWEDEN
AUGUST 28–OCTOBER 5, 2008

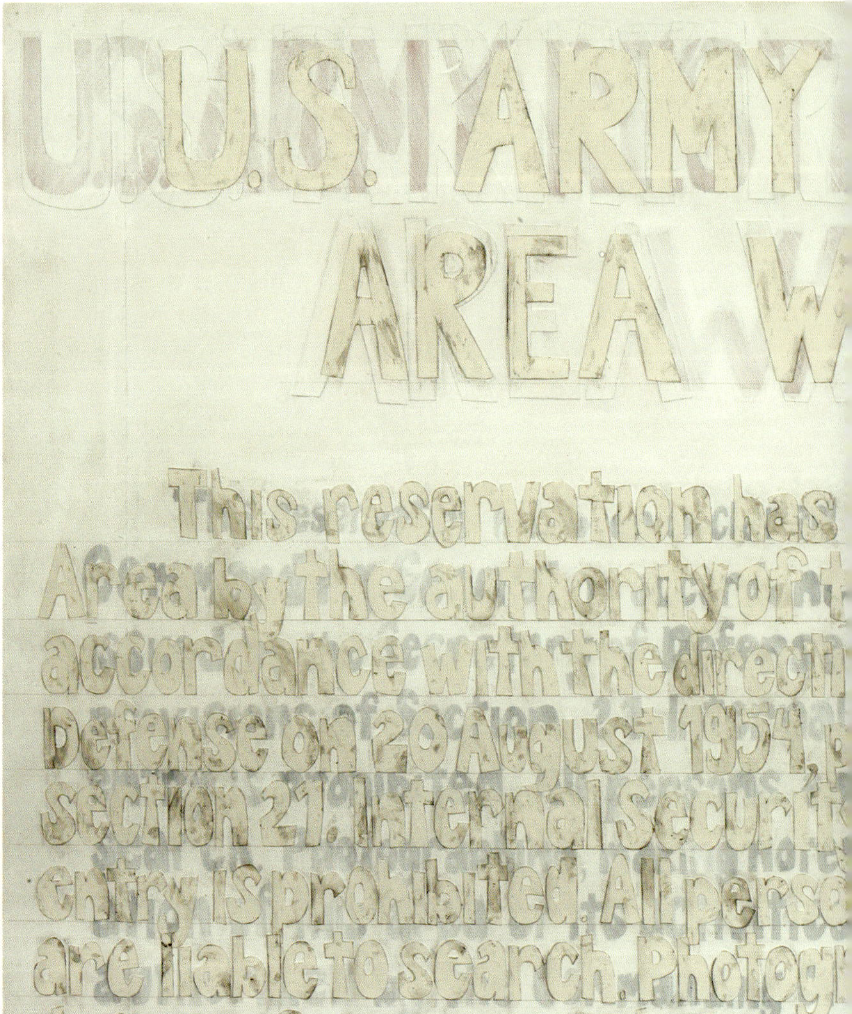

U.U.S. ARMY
AREA W

This reservation has
Area by the authority of t
accordance with the direc
Defense on 20 August 1954,
Section 21. Internal Securit
entry is prohibited. All perso
are liable to search. Photog
drawings, maps, graphic rep
activities is prohibited unles
Commanding Officer. Any su
confuscated.

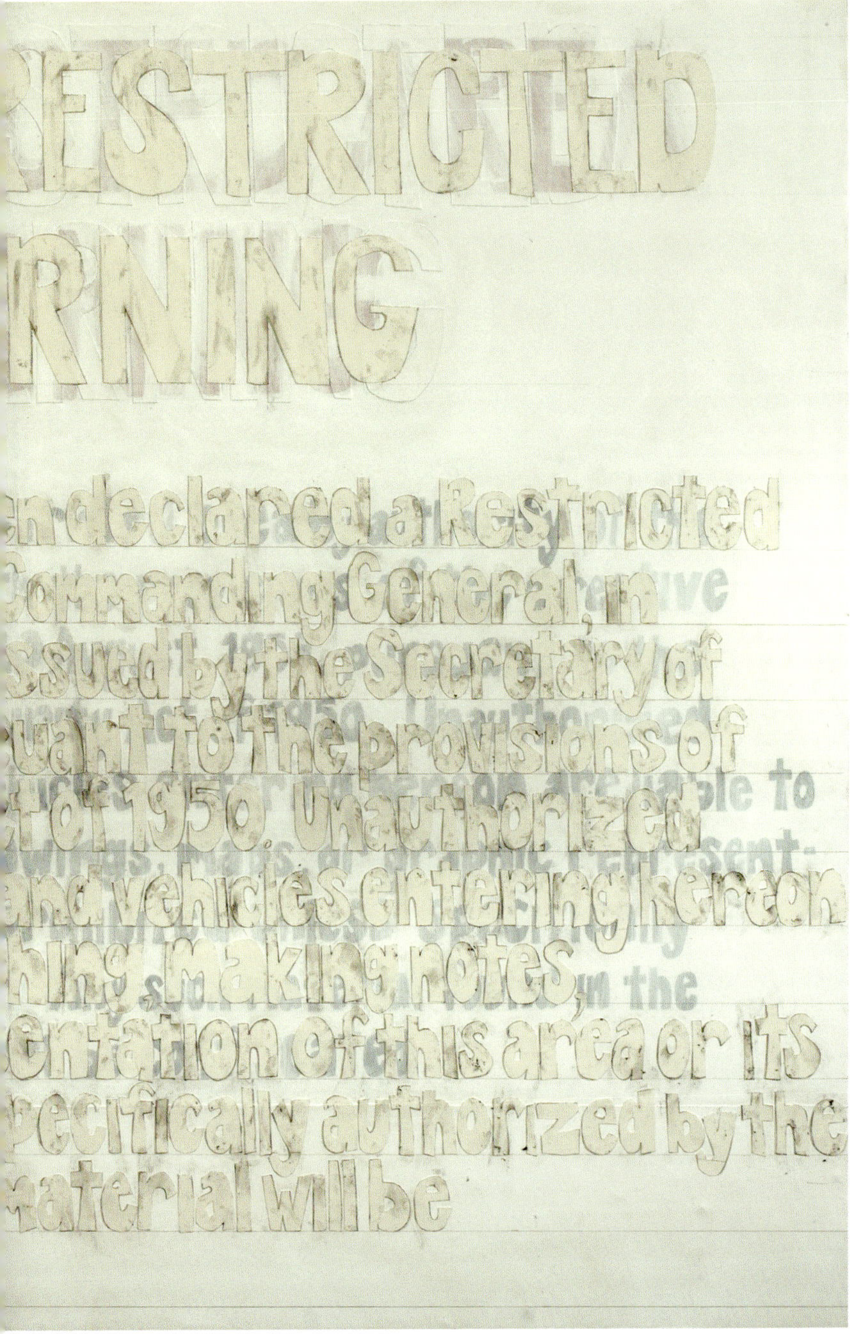

RESTRICTED

ARNING

n declared a Restricted
Commanding General, in
ssued by the Secretary of
uant to the provisions of
t of 1950. Unauthorized
and vehicles entering herein
hing making notes,
entation of this area or its
pecifically authorized by the
material will be

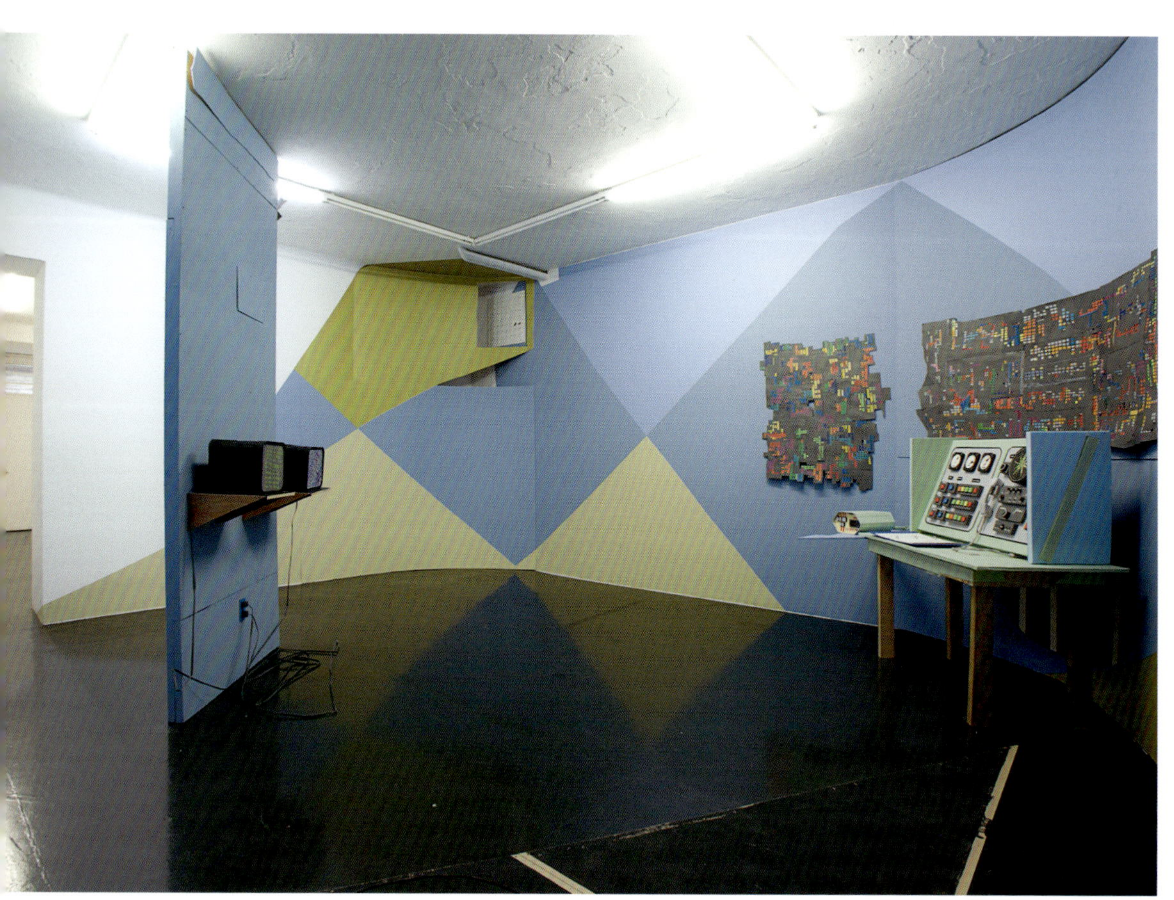

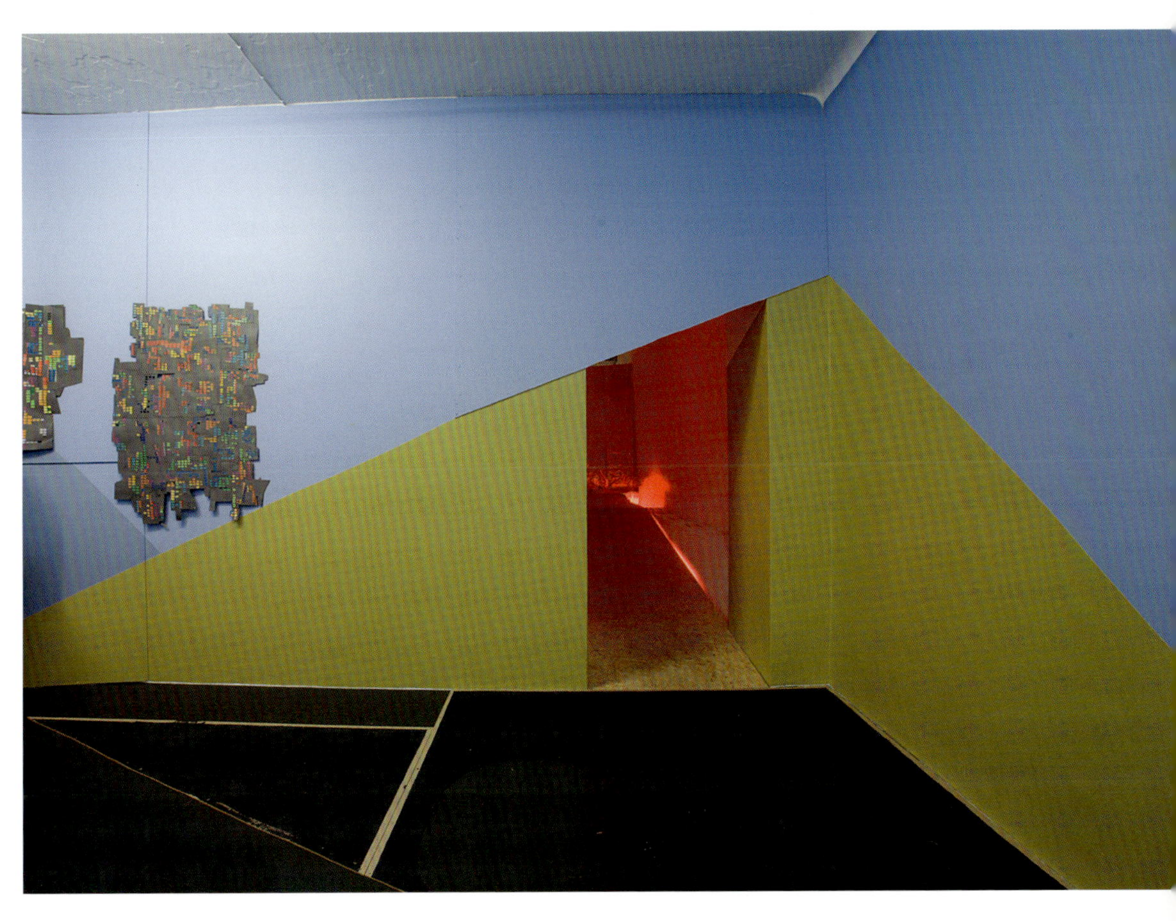

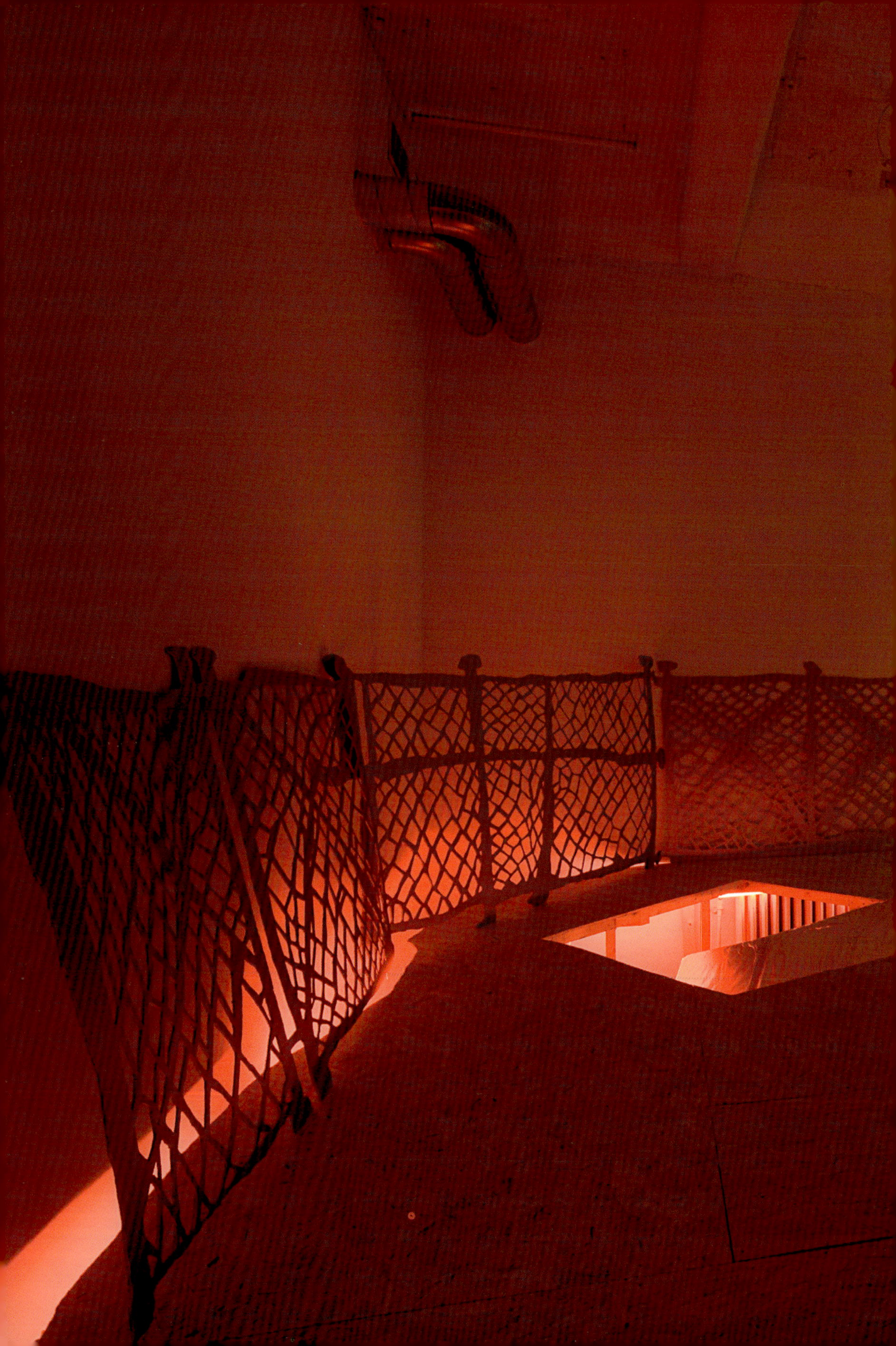

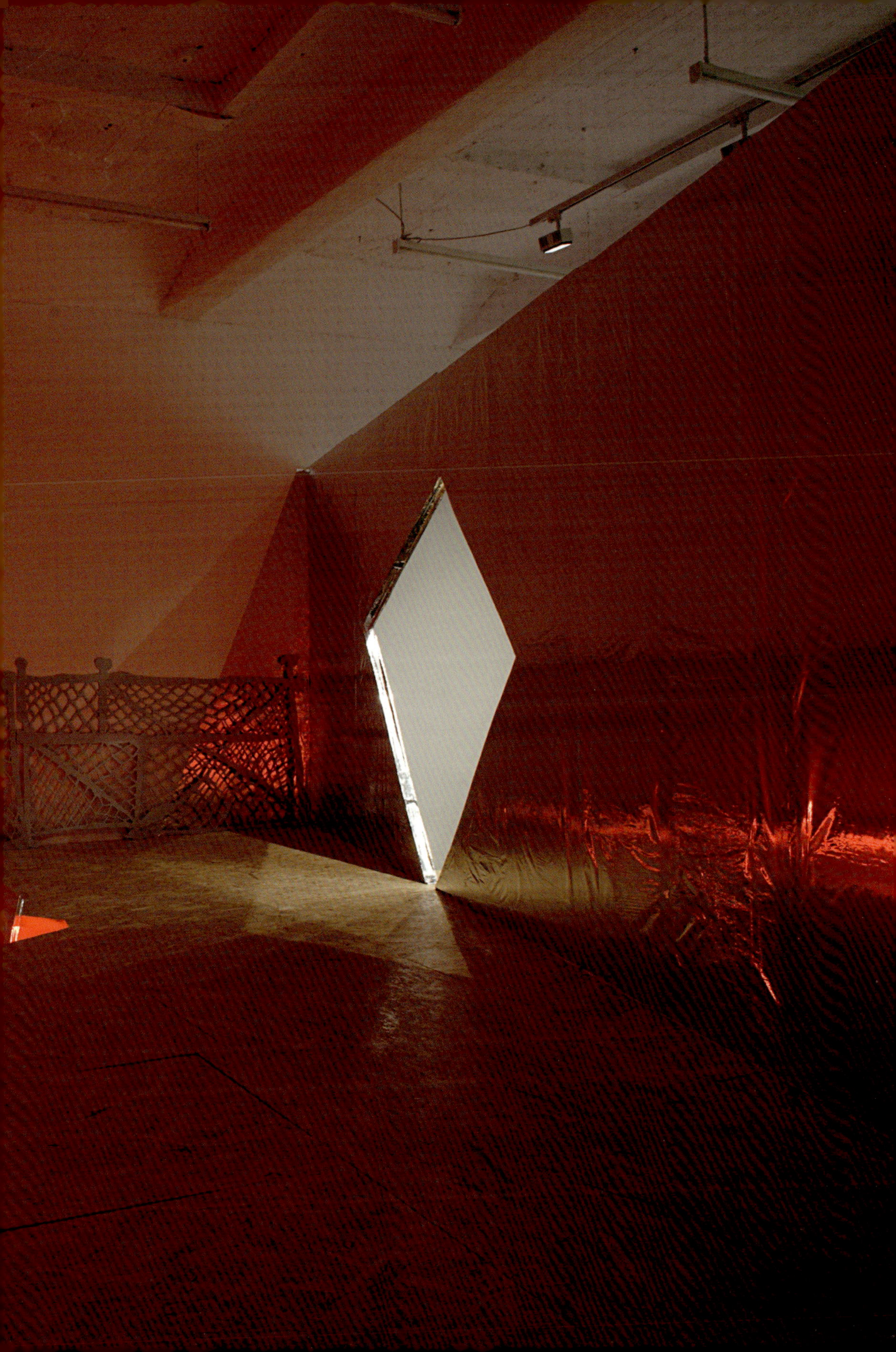

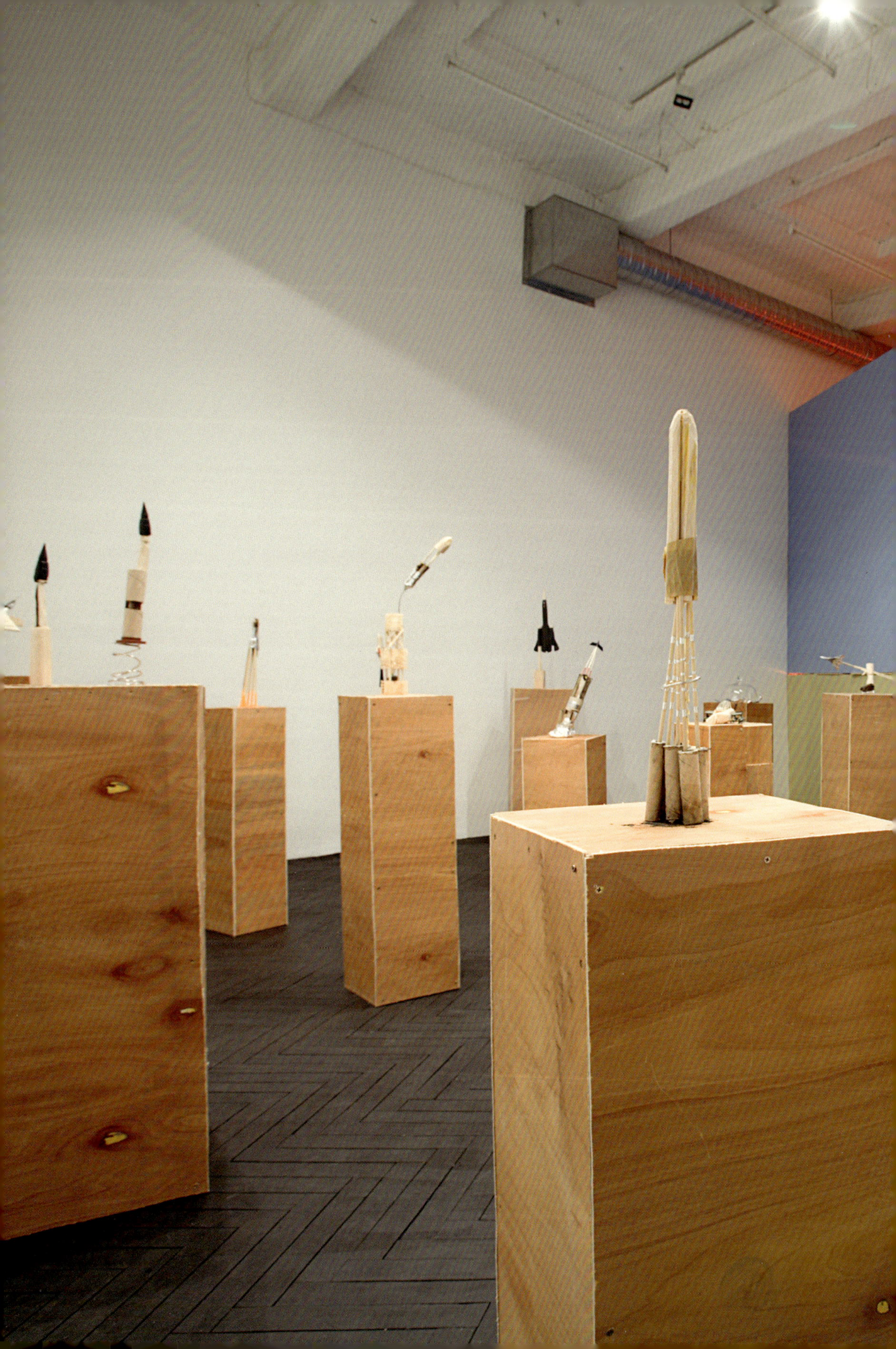

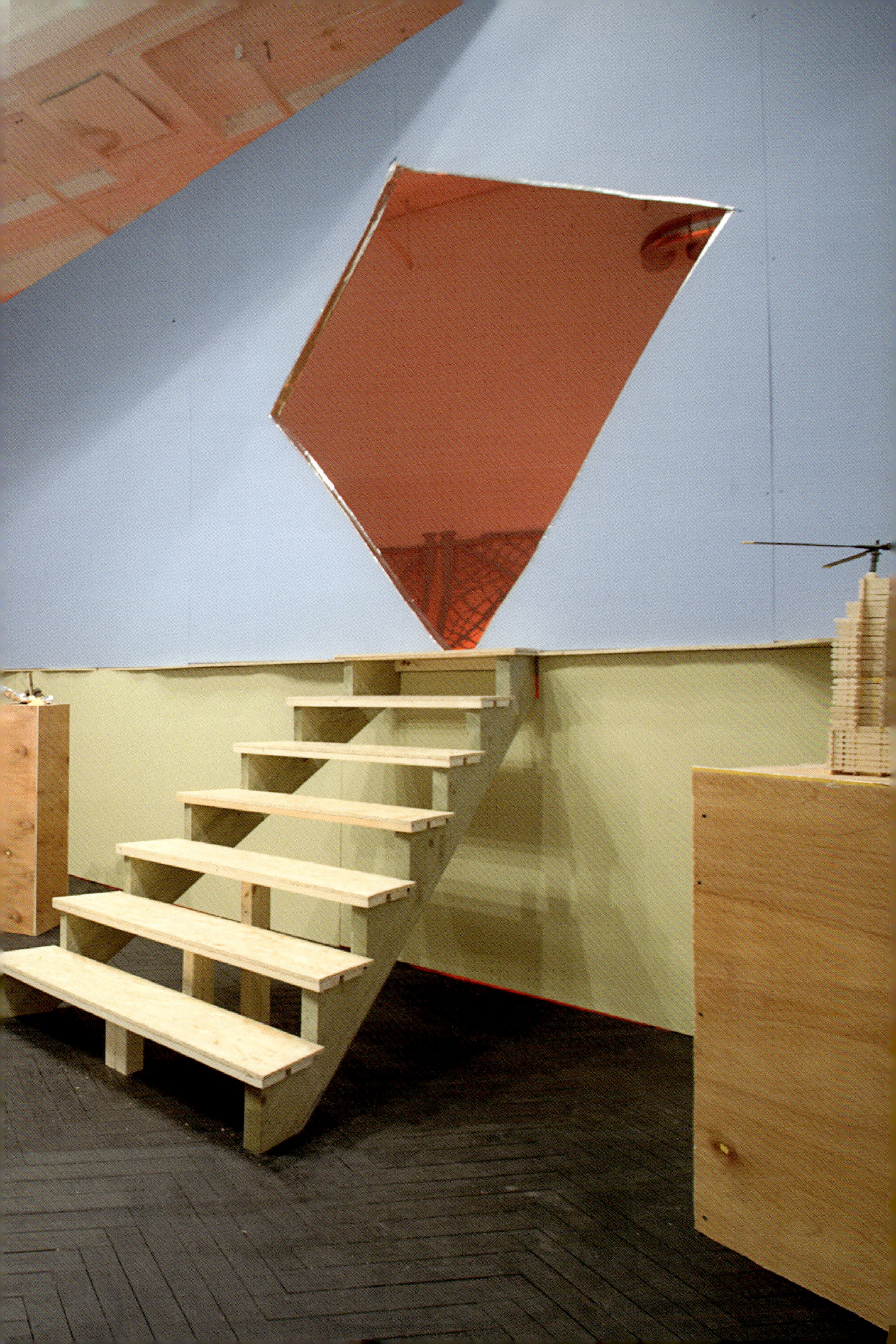

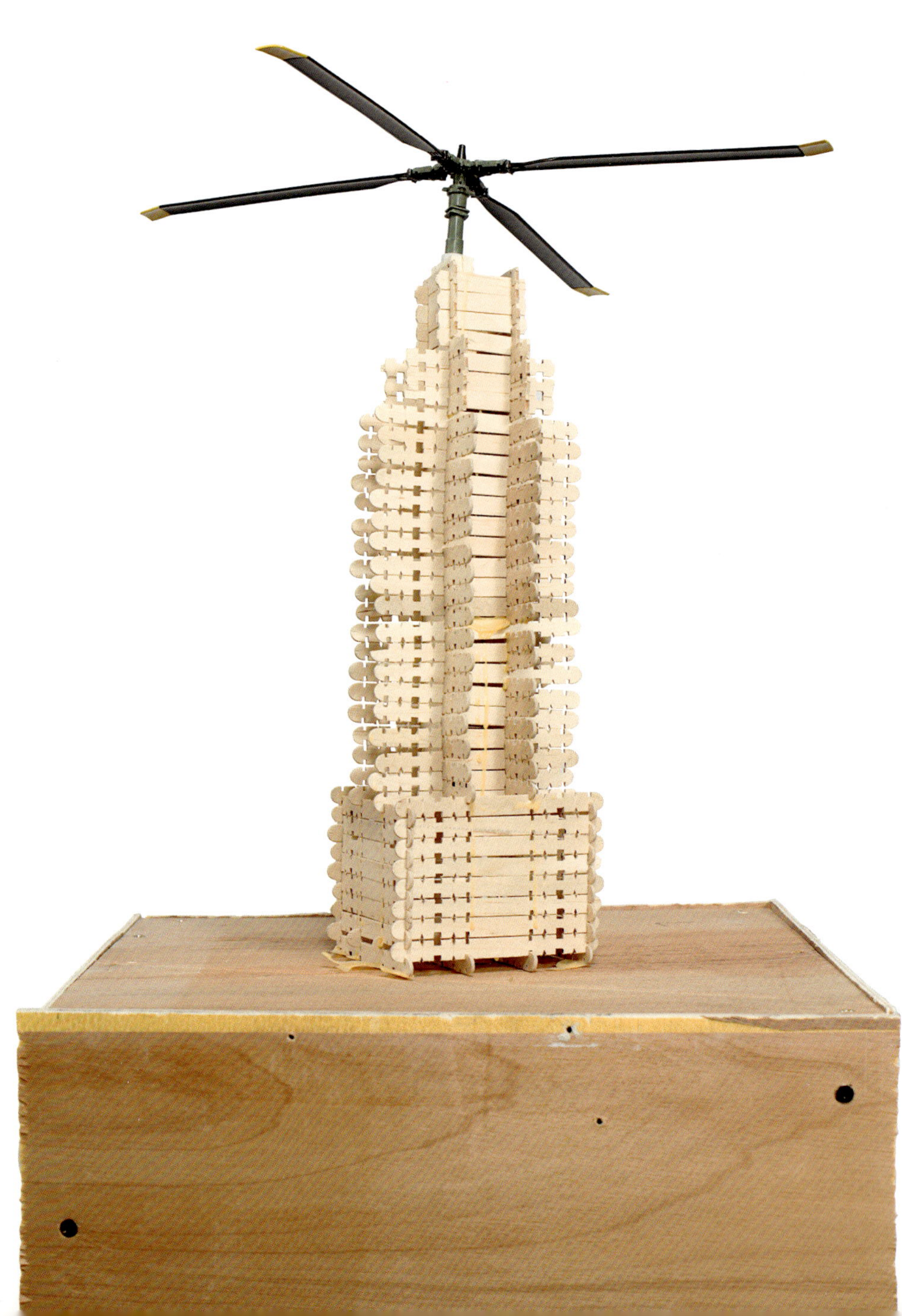

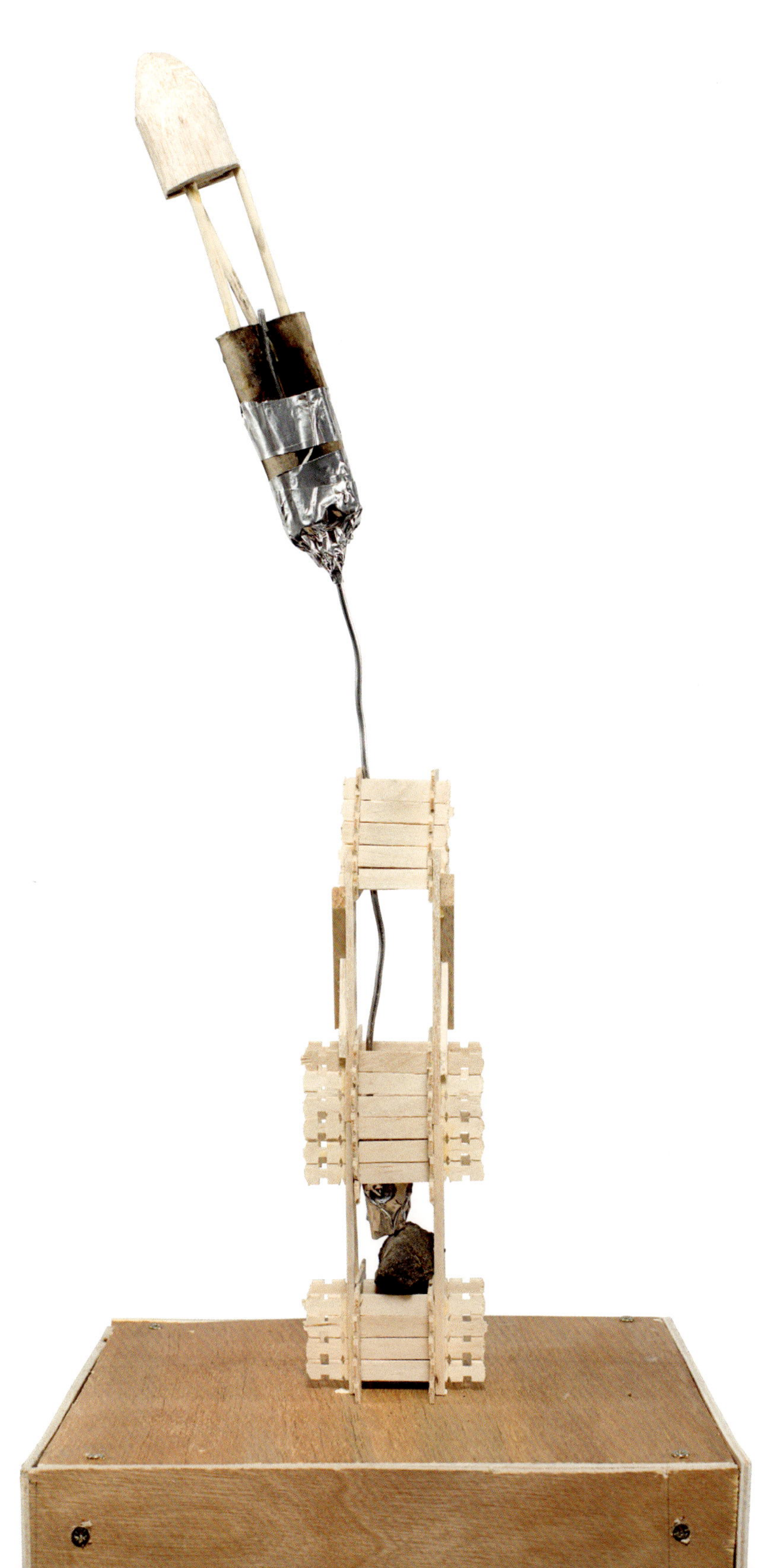

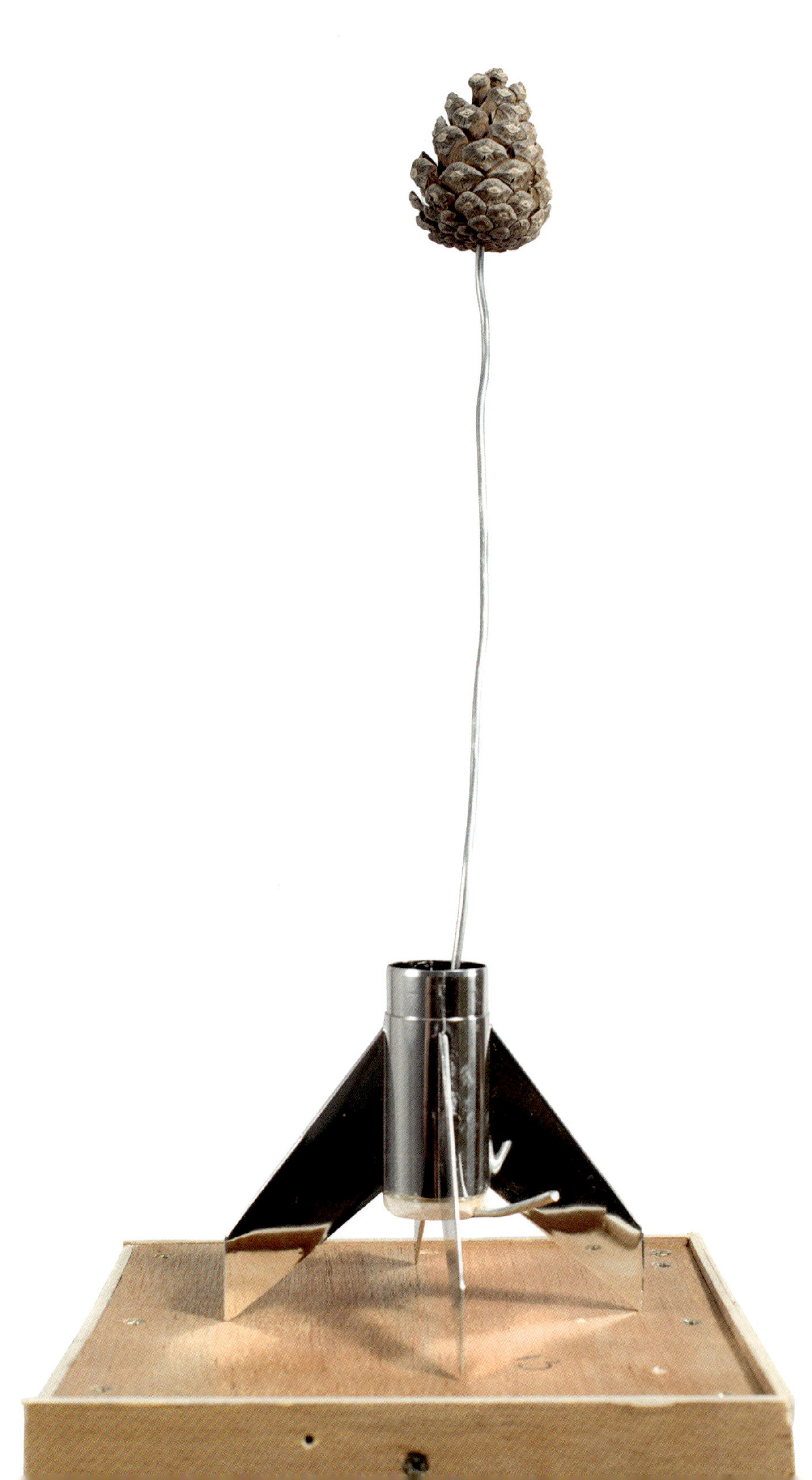

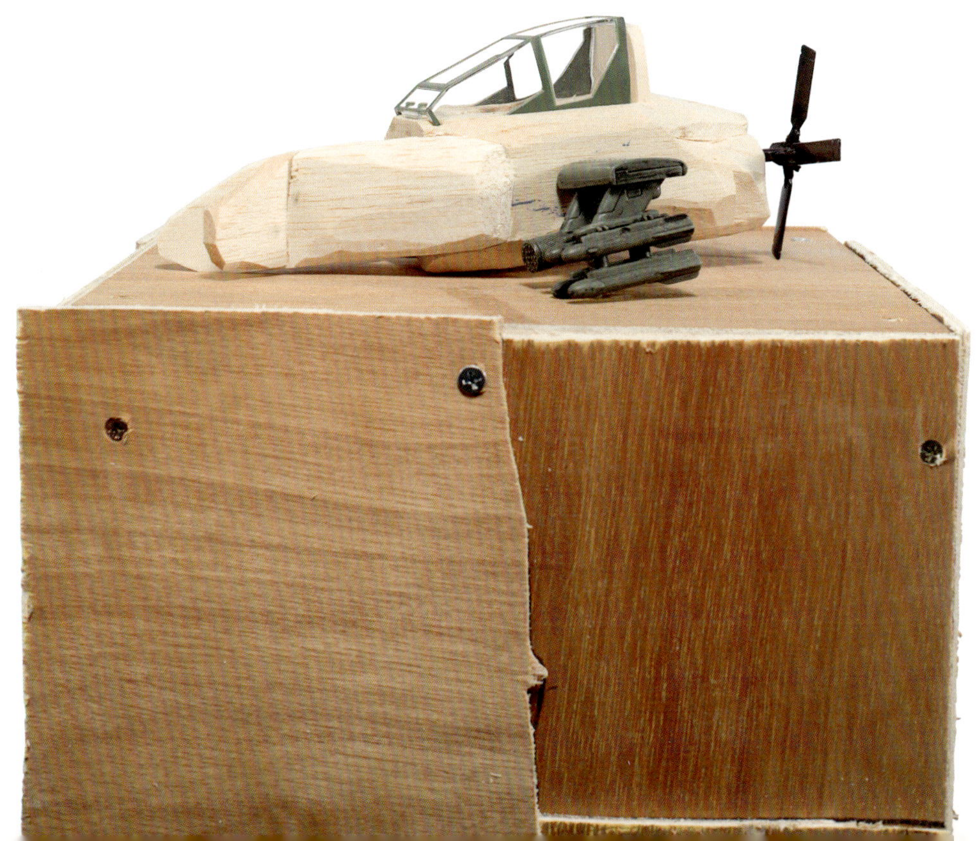

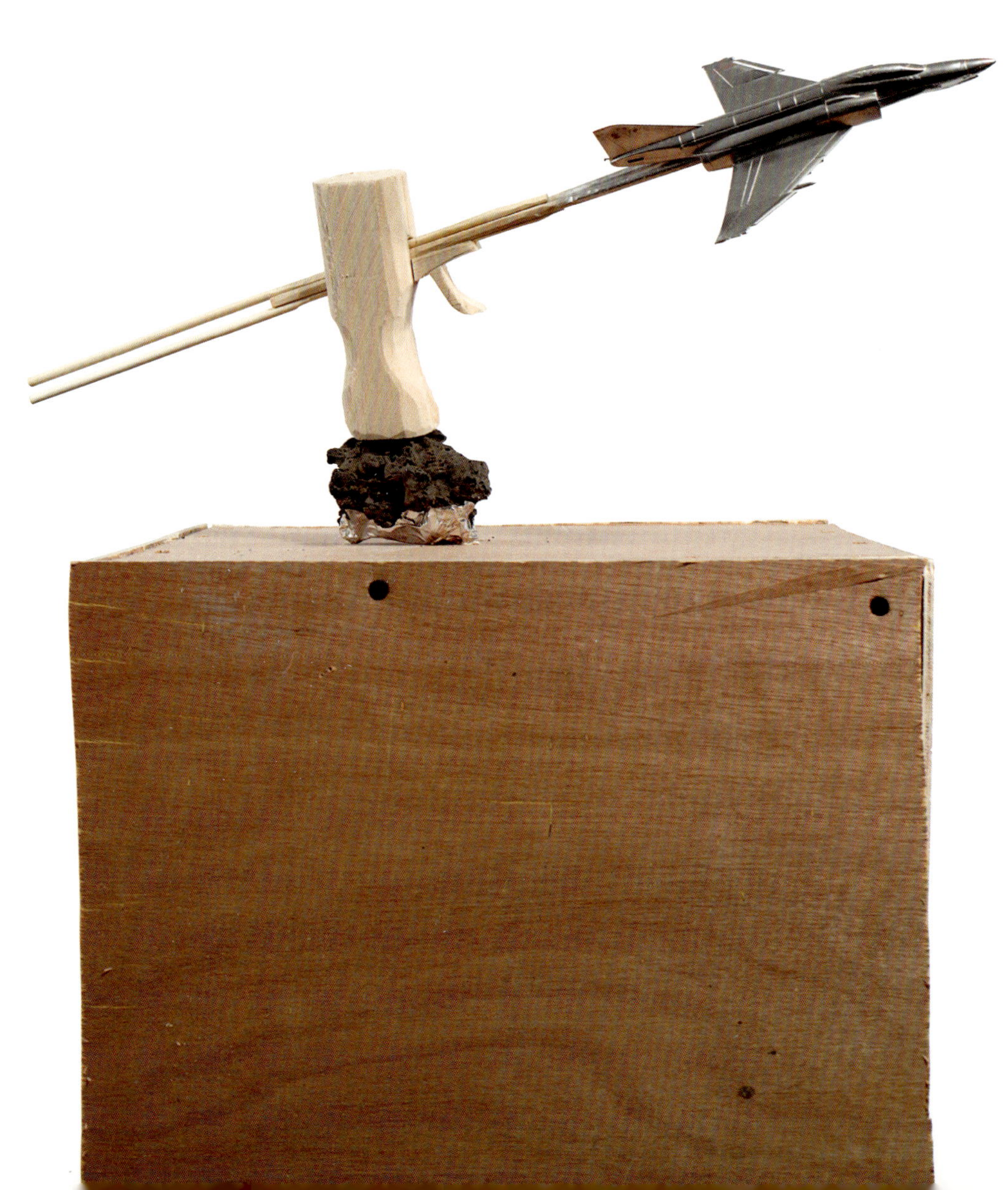

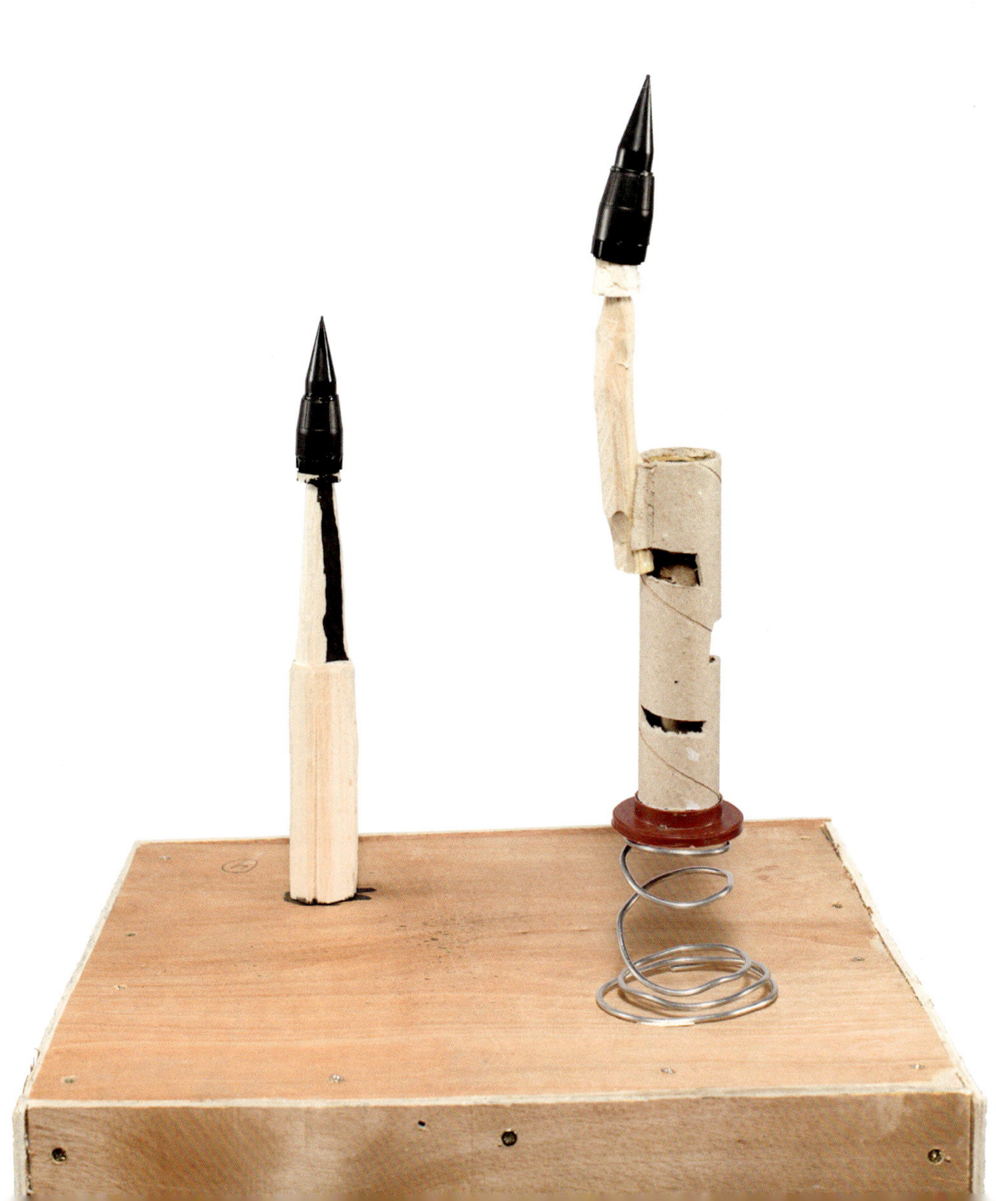

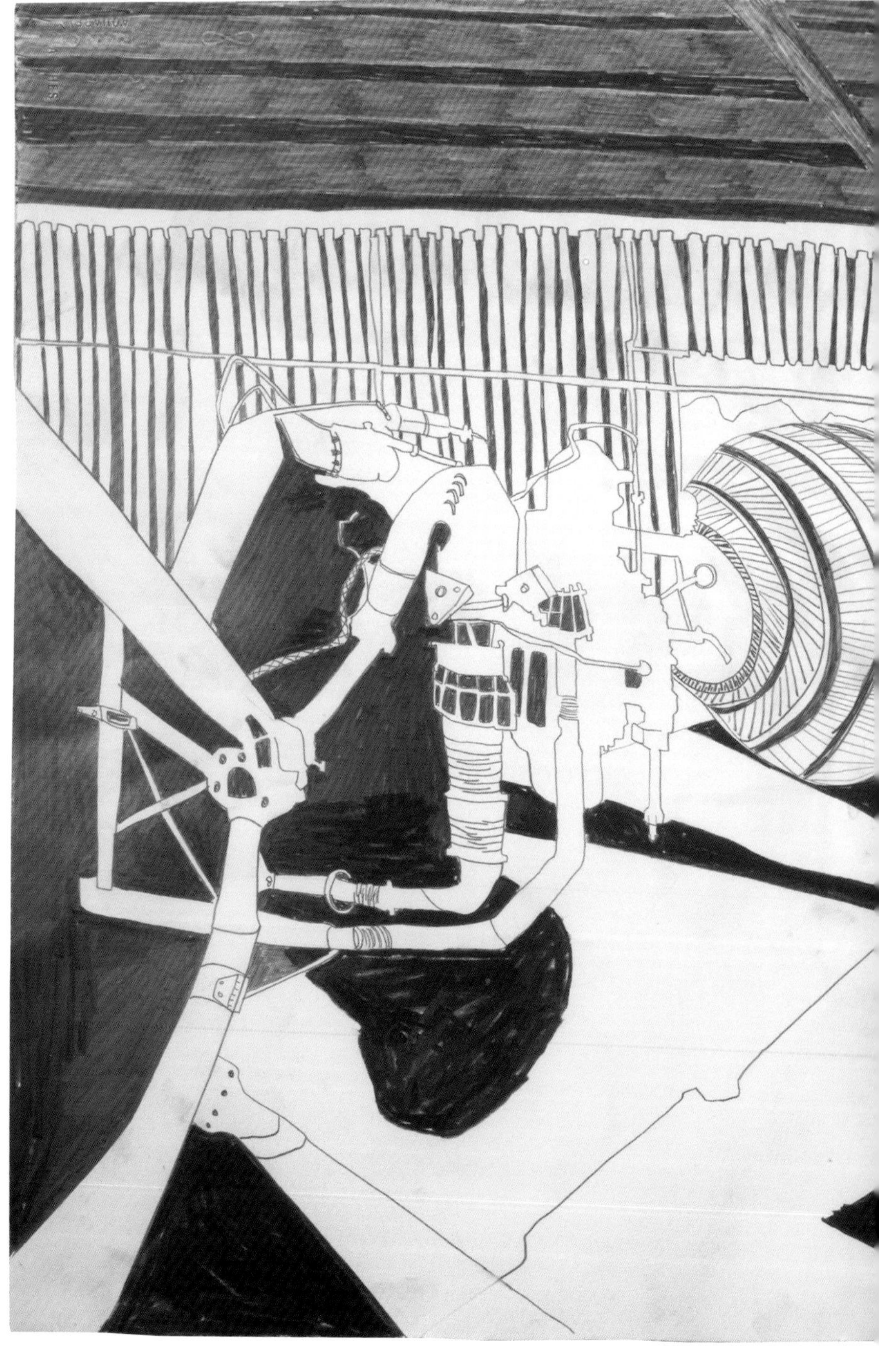

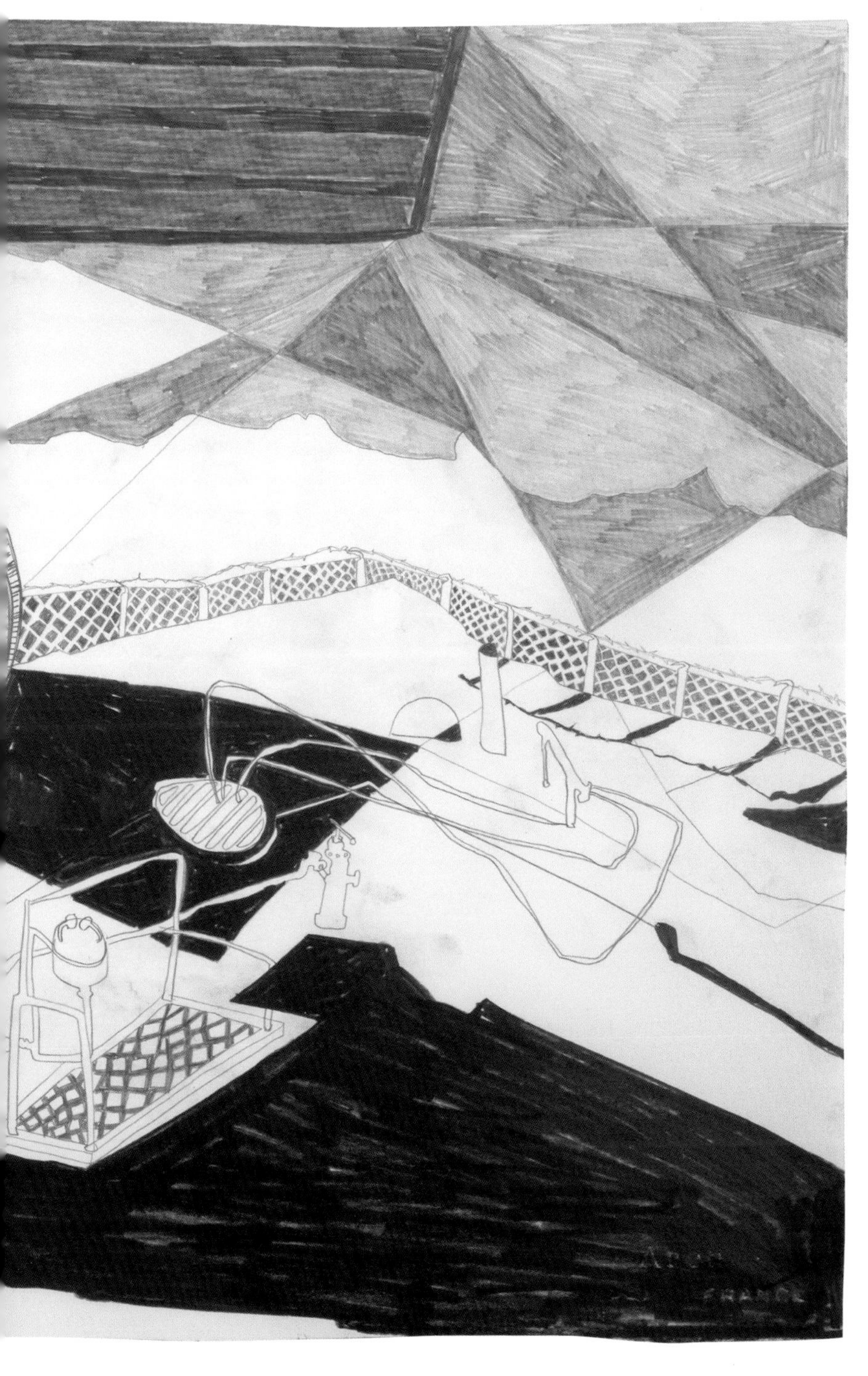

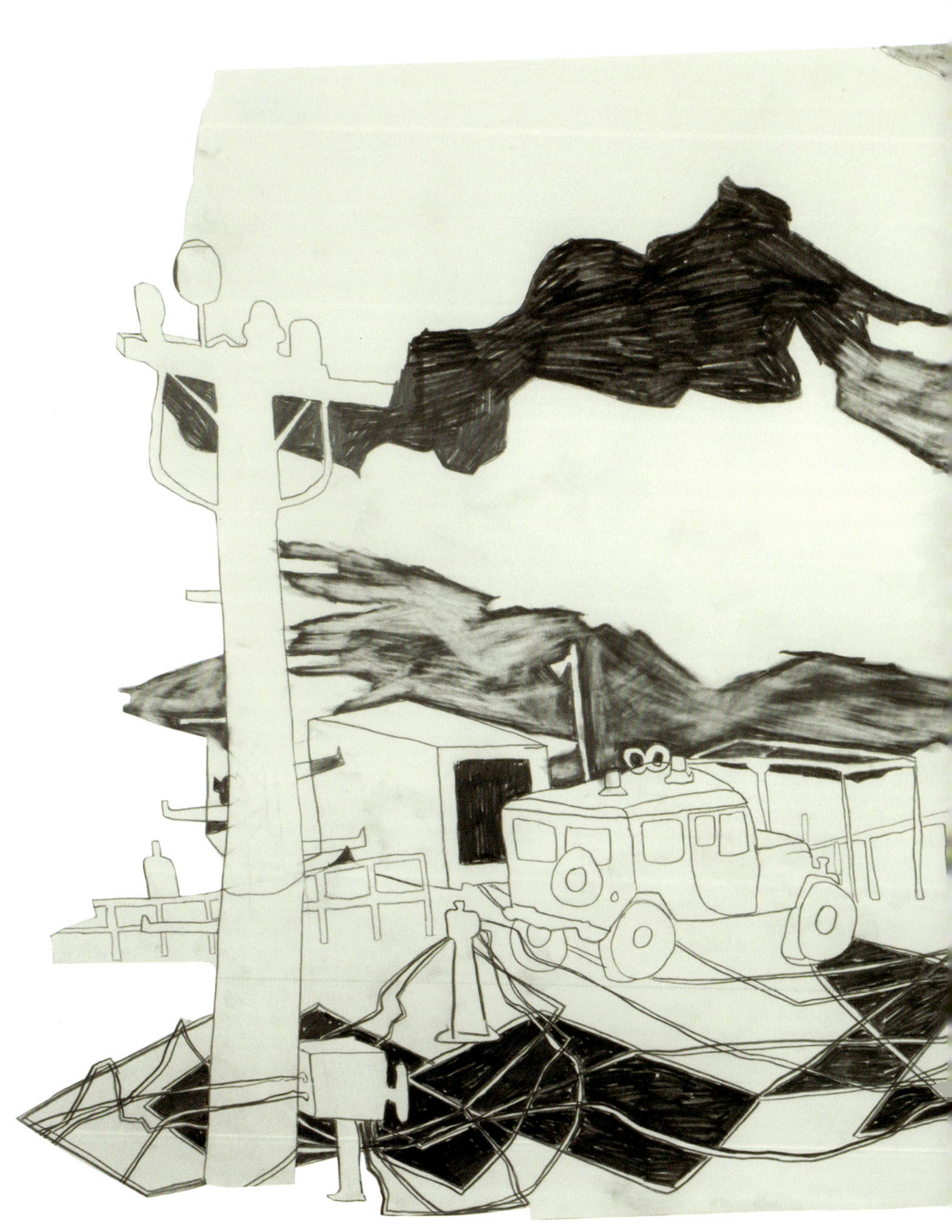

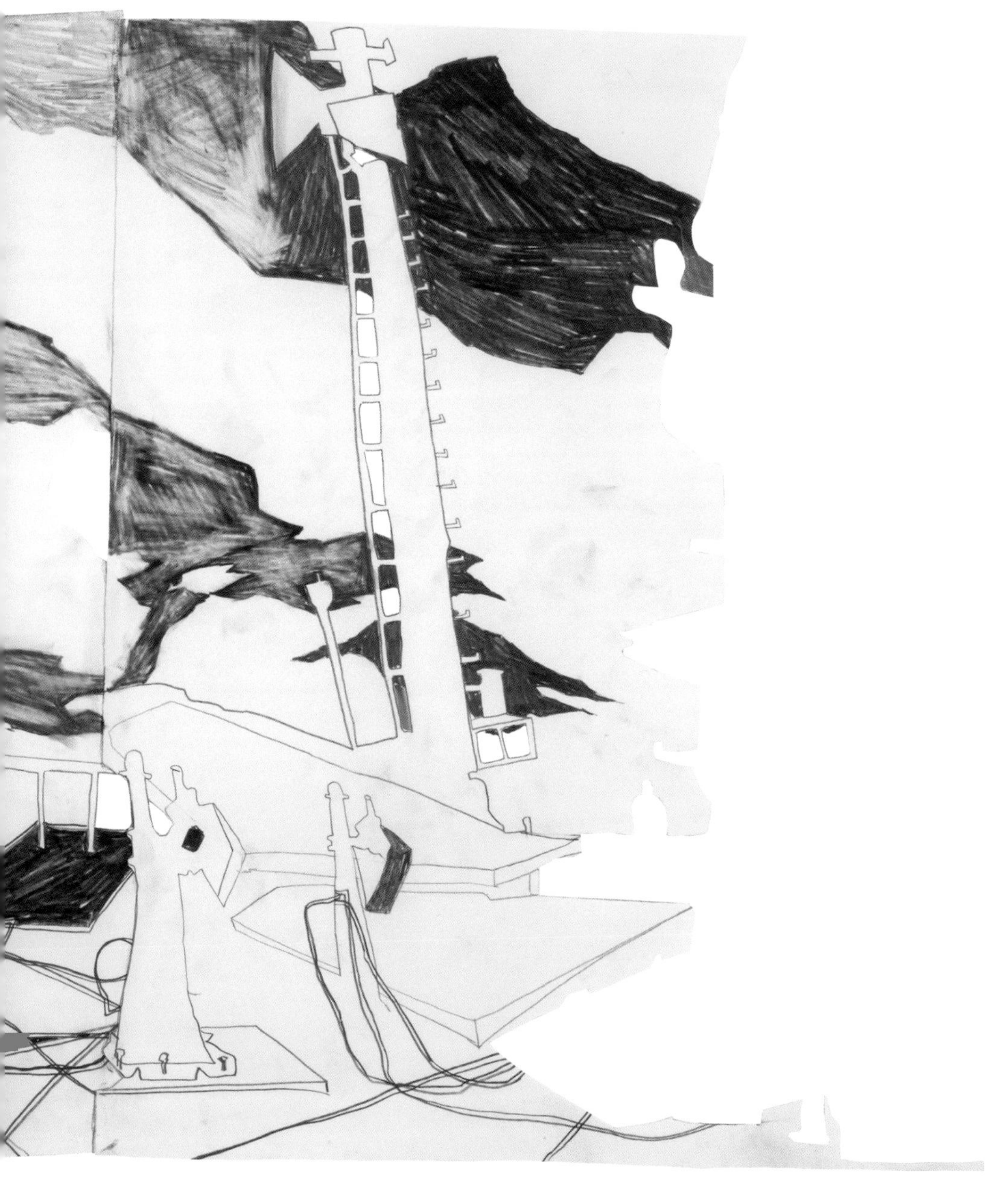

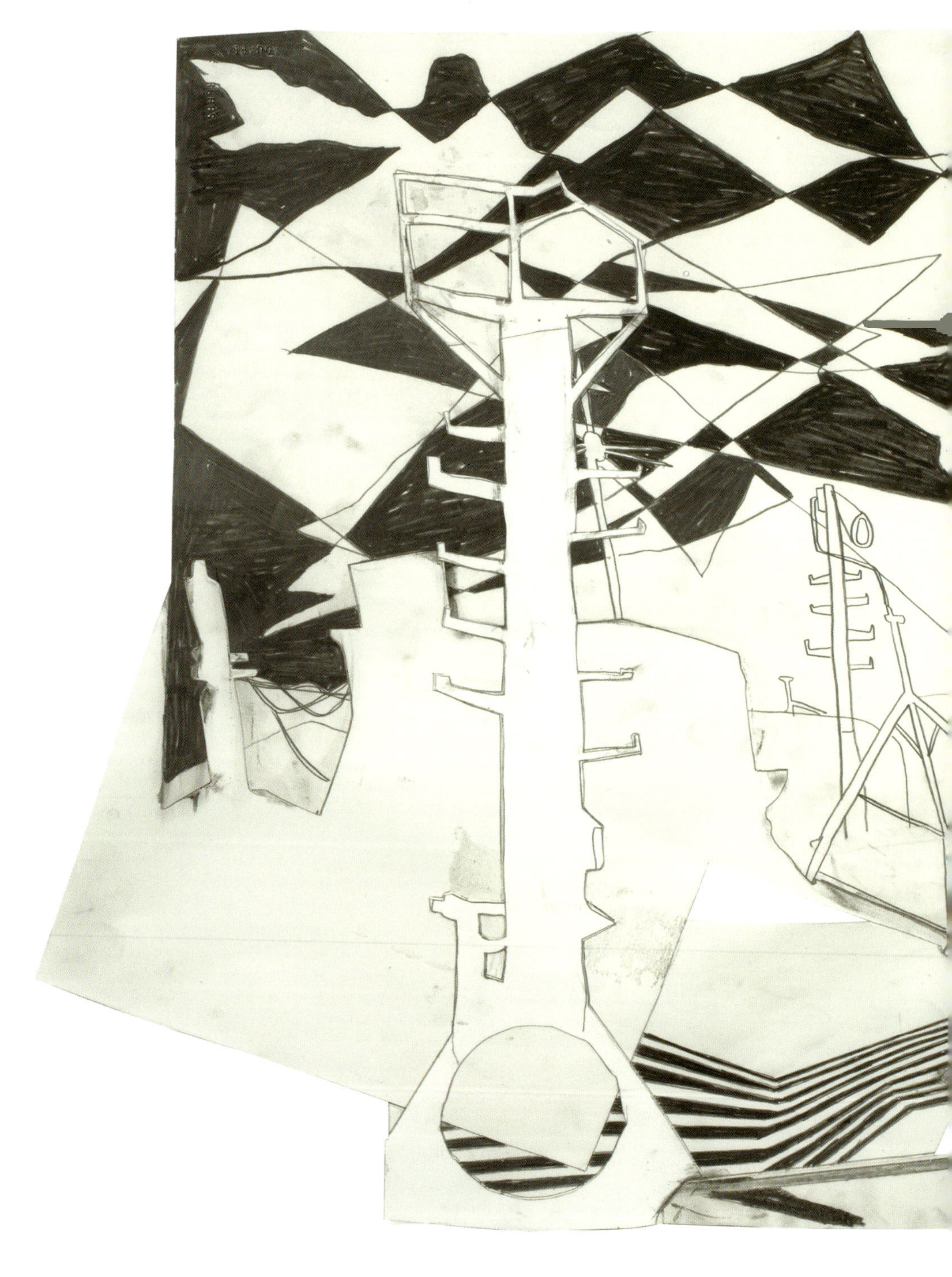

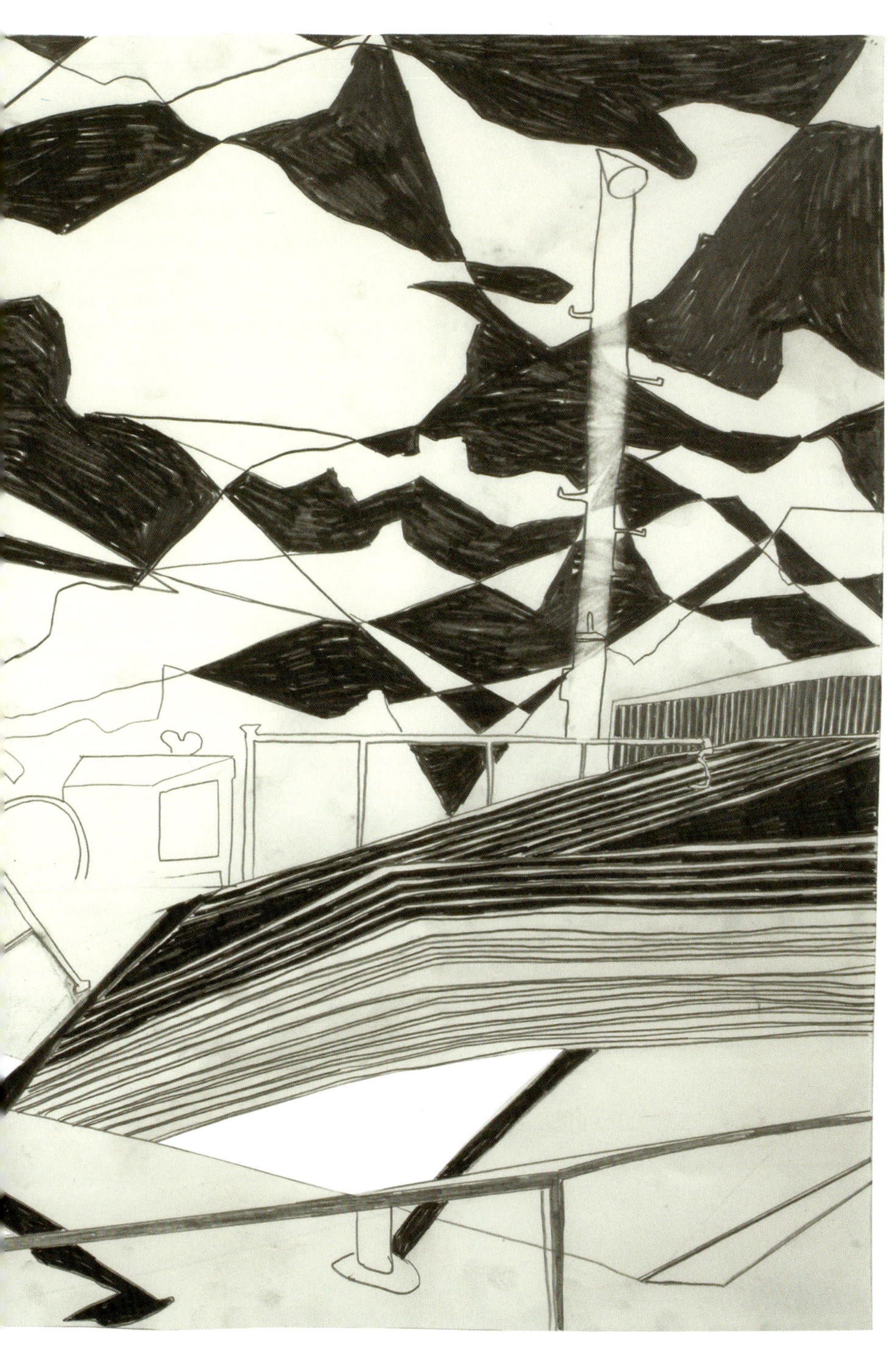

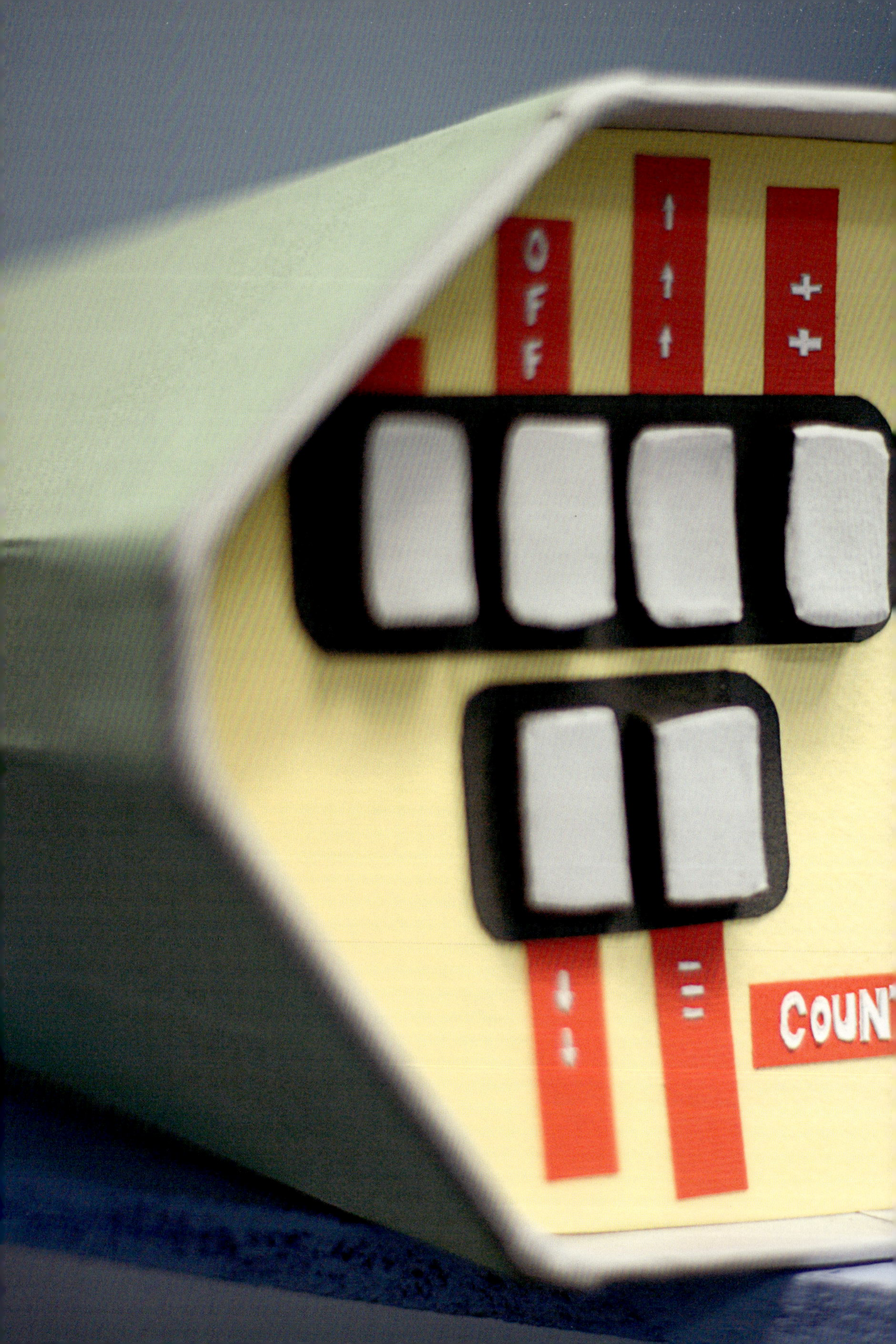

OFF
+ +
COUNT

ER 1273

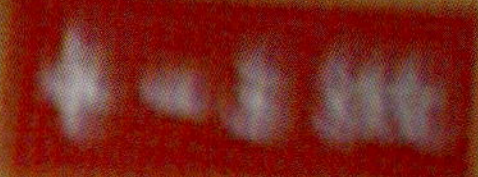
+ -3 sec

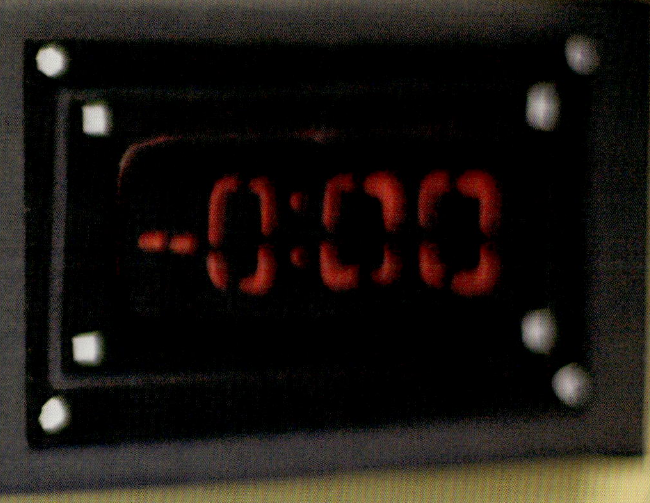
-0:00

OWN TO LAUNCH

I admire the desire on the part of these artists to imbue form with content that is personal, political, strange, and narrative. Smithson's desire to move outside of the urban into the rural, desolate landscape of Utah is significant to me as well. But I part ways with him at the intersection of his irony and obvious lack of belief in sculpture as a medium that can provoke transformative experiences.

I also think about post-minimalism in terms of its relationship to naming, narrative, and fiction. The experience of the more perceptual work, like Turrell's or McCracken's, has always prompted my ability to lose my sense of space and time and to engage new points of reference through color, shape, and light. The works of Turrell and McCracken in particular become portals to another dimension — and the possibility of this other dimension as a catalyst for art-making, thinking, and experience is what I am fundamentally invested in. It is the radical perceptual shift necessary in order to perceive the subject matter that I am attempting to communicate — the rupture that allows me to engage ideas that I know are eccentric and cast me out of the normative. Plus, time is slower in this work. It allows for experience and in some cases is only about experience; it is about presence, and being present is non-transferrable.

JBW Along with presence, sensation, and immediacy, you're also interested in narrative and storytelling — that is, duration and cognition…

LR At this point, the site-specific, built environment, shifts in color and light, and other moves that might find their origin in post-minimalist art practices are simply part of my toolbox. The experiential mechanics of <u>Topside</u> refer to the transition from inside the Titan Missile Silo Command Center up to the topside of the military installation and then a sort of telescoping of scale as the body moves through a diamond-shaped portal into an installation of handmade, wastrel rocket replicas waywardly culled from the projectiles on display at the museum at the White Sands Missile Range. The flow

Ammiro il desiderio da parte di questi artisti di impregnare la
forma con un contenuto che sia personale, politico, strano
e narrativo. Anche il desiderio di Smithson di muoversi al di
fuori dell'urbano verso i paesaggi rurali desolati dello Utah è
significativo per me. Ma le nostre strade si dividono all'interse-
zione con la sua ironia e ovvia mancanza di fede nella scultura
come mezzo in grado di provocare esperienze trasformative.

Penso anche al post-minimalismo rispetto alla sua
relazione con il designare, la narrazione e la finzione.
L'esperienza del lavoro più percettivo, come quello di Turrell
o di McCracken, ha sempre scatenato la mia capacità di
perdere il senso dello spazio e del tempo e di affrontare nuovi
punti di riferimento attraverso il colore, la forma e la luce.
Il lavoro di Turrell e McCracken in particolare diventa un
portale verso un'altra dimensione, e la possibilità di questa
altra dimensione come catalizzatore del fare arte, del pensare,
e dell'esperienza è ciò in cui ho investito maggiormente.
Si tratta dello scostamento percettivo radicale necessario per
percepire il tema che sto cercando di comunicare, la rottura
che mi consente di affrontare idee che so essere eccentriche
e che mi pongono al di fuori della normativa. In più, il tempo
è più lento in questo lavoro. Permette l'esperienza e in alcuni
casi riguarda solo l'esperienza; riguarda la presenza, e l'essere
presente non è una cosa trasferibile.

JBW Oltre alla presenza, alla sensazione e all'immediatezza,
sei anche interessata alla narrazione e al racconto, vale
a dire, alla durata e alla cognizione...

LR A questo punto, l'ambiente costruito, site-specific, muta
in colore e luce, e altri cambiamenti che potrebbero trovare
la loro origine nelle pratiche artistiche post-minimaliste sono
semplicemente parte della mia cassetta degli attrezzi. La meccanica esperienziale di Topside fa riferimento alla transizione
dall'interno del Titan Missile Silo Command Center alla
sommità dell'installazione militare e quindi a una sorta di
riduzione di scala mentre il corpo si sposta attraverso un
portale a forma di diamante verso un'installazione di repliche

of this narrative was dictated in part by the architecture of Aldy Milliken's gallery and further aided by his permissive attitude about the transformation of the space into an experience for the viewer.

JBW How do you anticipate your practice shifting as the global conditions regarding militarism change?

LR Could you be a little more explicit here? Are you talking about the Nation State adopting the strategies of terrorists? Are you talking about drone war crafts? Are you talking about the militarization of space? Are you talking about how we are way past peak oil?

JBW I guess I was thinking very simply about President Obama's stated interest in ridding the world of its nuclear storehouse, but your comments of course open onto many pertinent concerns—about the depersonalization of a war that continues apace in Iraq and Afghanistan and the ongoing conscription of citizens into a surveillance society of control. At the same time, though, I am reminded of what Hans Magnus Enzensberger has called the "leakiness" of the state apparatus—the idea that there are always fissures or seams in which acts of resistance are possible. Does it seem to you that those fissures might be opening up in 2009? Or does the Obama Administration just feel like more of the same?

LR One of the most disturbing parts of Obama's campaign was the evocation of the myth of the American Nation State. Through Obama, the symbols of America have been re-imbued with an optimism that I have never seen in my lifetime. What we have now is the emergence of a national ideology, and this is hard to argue with. I think that the fissures are always there, but the desire on the part of the people to rebel can be easily quieted through the apt use of marketing and ideology. Our president is very good at articulating the desires of the educated elite, but he is still subject to the whims and the dissenting opinions of

di missili fatte a mano con pezzi di scarto capricciosamente
scelte tra i missili in mostra al museum del White Sands
Missile Range. Il flusso di questa narrazione è stato dettato in
parte dall'architettura della galleria di Aldy Milliken e ulteriormente aiutato dal suo atteggiamento permissivo riguardo alla
trasformazione dello spazio in un'esperienza per il visitatore.

JBW Come anticipi il tuo cambio di modus operandi secondo
il mutare delle condizioni globali riguardanti il militarismo?

LR Puoi essere un po' più esplicita? Parli dello Stato Nazione
che adotta le strategie dei terroristi? Parli delle imbarcazioni
da guerra robotizzate? Parli della militarizzazione dello spazio?
Parli di come abbiamo ormai superato il picco del petrolio?

JBW Immagino che stessi pensando molto semplicemente
all'interesse espresso dal presidente Obama verso la libera-
zione del mondo dagli arsenali nucleari, ma ovviamente
i tuoi commenti hanno aperto molte questioni pertinenti in
merito alla spersonalizzazione della guerra che continua senza
sosta in Iraq e Afghanistan e all'arruolamento permanente
dei cittadini in una società di sorveglianza e controllo. Allo
stesso tempo, però, mi viene in mente quello che Hans
Magnus Enzensberger ha chiamato la "dispersione" dell'apparato di Stato, l'idea che esistano sempre falle o cuciture
nelle quali siano possibili atti di resistenza. Ti sembra che
quelle falle si stiano aprendo nel 2009? O ti sembra
che sia cambiato qualcosa con l'amministrazione Obama?

LR Una delle parti più disturbanti della campagna
di Obama è stata l'evocazione del mito dello Stato Nazione
Americano. Tramite Obama, i simboli dell'America sono
stati re-impregnati di un ottimismo che non ho mai visto in
vita mia. Ciò che abbiamo oggi è l'emergere di un'ideologia
nazionale, e con questa non si discute. Penso che le falle
ci siano sempre, ma il desiderio da parte della gente di
ribellarsi possa essere facilmente acquietato tramite l'utilizzo
abile del marketing e dell'ideologia. Il nostro presidente è
molto bravo a dar voce ai desideri dell'elite colta, ma è anche

Republicans. So it was nice of him to include a $5 million line
item in the budget that would fund the National Endowment
for the Arts (NEA), but this was one of the first things to be
removed when the bill went to Congress.

What has changed is representation. Now we can all
stand by and watch a brilliant, charismatic black man with
a law degree from Harvard be subject to the same bullshit that
Bill Clinton was. Don't forget about the interest of big business
and the military-industrial complex. These structures have
been nurtured over the last generation. We are now seeing
the fruits of Reagan's courtship and cultivation of the political
wing of the Evangelical Church. The origins of this are right
there in his famous "Evil Empire" speech. I think it will be
another 20 years before we will be able to feel any systemic
changes that Obama is able to make—and that is fine. In the
interim, we are still dealing with the legacy of the neocons;
the fissures are there and getting deeper by the minute.

Nevertheless, I feel my practice changing already. Ideas
of formal abstraction in contrast with or at least present in
more rendered objects are possible now. I am more interested
in engaging the idea of the bunker as studio and opening
up the types of art work that can be made in the bunker.
Now the hard-edged abstraction being made in the bunker
is a direct result of physical interaction with the spaces
that I explored on the road trip. But I'm not sure this shift
is entirely related to the global political climate.

JBW It seems that your work, despite its creative or speculative
re-toolings, is always rooted in some level of informational
facticity. What might be your political investment in
"the real?"

LR If by "the real" we are referring to a consensual and
co-created world, then I would say yes, I am very invested in
this space. I'm not sure if my investment is political, though,
but then I am confused by the term political investment.
I am not invested in using my work to usher in large-scale,
systemic, concrete changes. I don't think that this is my
job as an artist. Instead I would like to provide a platform

soggetto ai capricci dell'opinione contraria dei Repubblicani.
Quindi è stato carino da parte sua includere una voce da
5 milioni di dollari nel budget che finanzierà la NEA
(National Endowment for the Arts), ma questa è stata una
delle prime cose rimosse quando il disegno di legge è andato
al Congresso.

È cambiata la rappresentazione. Adesso possiamo tutti
stare fermi e guardare un nero brillante e carismatico con
una laurea in legge a Harvard essere soggetto alle stesse
stronzate di Bill Clinton. Non dimentichiamoci gli interessi
dei grandi affaristi e dei complessi militari e industriali.
Queste strutture sono state alimentate nel corso della passata
generazione. Stiamo ora vedendo i frutti del corteggiamento
dell'ala politica della Chiesa evangelica da parte di Reagan.
Le origini sono nel suo famoso discorso sull' "Impero del
male". Penso che ci vorranno altri vent'anni prima che siamo
in grado di avvertire un qualche cambiamento sistemico
realizzato da Obama, e va bene così. Nel frattempo, stiamo
ancora facendo i conti con l'eredità dei neoconservatori;
le falle ci sono e si stanno allargando ogni minuto.

Ciononostante, sento che il mio lavoro sta cambiando.
Sono ora possibili idee di astrazione formale in contrasto
con, o almeno presenti in, oggetti meglio raffigurati. Sono
più interessata ad affrontare l'idea del bunker come studio
d'artista e ad ampliare la gamma di opere d'arte che possono
essere realizzati nel bunker. Ora l'astrazione coriacea realizzata nel bunker è un risultato diretto dell'interazione fisica con
gli spazi che ho esplorato durante il viaggio. Ma non sono
sicura che questo cambiamento sia completamente collegato
con il clima politico globale.

JBW Sembra che il tuo lavoro, nonostante il suo rinnovarsi
creativo o speculativo, sia sempre radicato in un certo livello
di fattualità informazionale. Quale potrebbe essere il tuo
investimento politico nel "reale"?

LR Se con "reale" ti riferisci a un mondo consensuale
e co-creato, allora direi che sì, sono molto coinvolta in
questo spazio. Però non sono sicura che il mio investimento

for subversion and transgression, but both of these gestures
occur within a space somewhere between the art work and
the imagination of the individual.

This is part of the reason that I work with installation and
why the fiction has to take a sculptural form: I am interested
in the possibility of creating objects that are part of an
imagined space nested within "the real," so that the closeness
of this relationship becomes apparent, so the viewer can see
that it is easy to move from one space to another, and so I
can continue to move from one space to another or surround
myself with the desires of the imaginative space while still
feeling the constraint of "the real." This constraint amps up
the meaning for me.

JBW Let's talk a little about <u>Armada</u> (2009). You often
toggle between the "literal" or referential and more intuitive
gestures—here you make extensive use of abstraction. Can
you narrate how you came to this, and discuss some of your
process here, especially your use of color, shape, and form?

LR My decision to make extensive use of abstraction
for <u>Armada</u> emerged from a desire to let go of any symbolic
or semantic ideas of what the project would look like. I
wanted to find a place outside of language, outside of text.
In preparation, I spent some time re-imagining the Aerospace
Maintenance and Regeneration Group next to Davis-Monthan
Air Force Base in Tucson. I looked through my photographs
and videos from the trip and tried to remember the strange
experiences that happened there. For example, one day
I witnessed fighter jets flying into a plume of black smoke
during a drill. Another time, I parked my car in the
flight pattern of the aircraft as they left the base for drills,
so I basically had F-14s and old B-52s flying really close
to my van—making booming sounds that jarred me each
time they happened, generating bodily fear and paranoia.
Part of my memory ritual was to make a suite of collages
just to get my brain and hands thinking about shapes.

sia politico, ma in effetti sono confusa per quanto riguarda l'investimento politico. Non sto investendo nell'utilizzo del mio lavoro per introdurre cambiamenti concreti, sistemici, su larga scala. Non penso che questo sia il mio lavoro come artista. Piuttosto mi piacerebbe fornire una piattaforma di sovversione e trasgressione, ma entrambi questi gesti avvengono all'interno di uno spazio situato tra l'opera d'arte e l'immaginazione dell'individuo.

Questo è parte della ragione per cui lavoro con l'installazione e del motivo per cui la narrazione deve prendere forma scultorea: sono interessata alla possibilità di creare oggetti che siano parte di uno spazio immaginato annidato all'interno del "reale", così che la prossimità di questa relazione diventi evidente, in modo che il visitatore possa vedere quanto è facile muoversi da uno spazio all'altro, e così posso continuare a spostarmi tra uno spazio e l'altro o circondarmi dei desideri dello spazio immaginativo mentre continuo a sentire il vincolo del "reale". Per me questo vincolo amplifica il significato.

JBW Parliamo un po' di <u>Armada</u>. Spesso passi dai gesti "letterali" o referenziali a quelli più intuitivi – in cui fai un uso massiccio dell'astrazione – e viceversa. Puoi raccontarci come sei arrivata a questo, e discutere alcuni dei processi coinvolti, specialmente l'uso del colore e della forma?

LR La decisione di fare largo uso dell'astrazione in <u>Armada</u> è emersa dal desiderio di abbandonare qualsiasi idea simbolica o semantica di come il progetto dovesse apparire. Volevo trovare un luogo al di fuori del linguaggio, al di fuori del testo. In preparazione, ho passato del tempo re-immaginando l'Aerospace Maintenance and Regeneration Group vicino alla Davis-Monthan Air Force Base a Tucson. Ho riguardato le fotografie e i video del viaggio e ho cercato di ricordare le strane esperienze che vi sono successe. Per esempio, un giorno ho visto aerei da combattimento volare attraverso un pennacchio di fumo nero durante un'esercitazione.

BLANTON MUSEUM OF ART
AUSTIN, TX USA
MARCH 6-JUNE 21, 2009

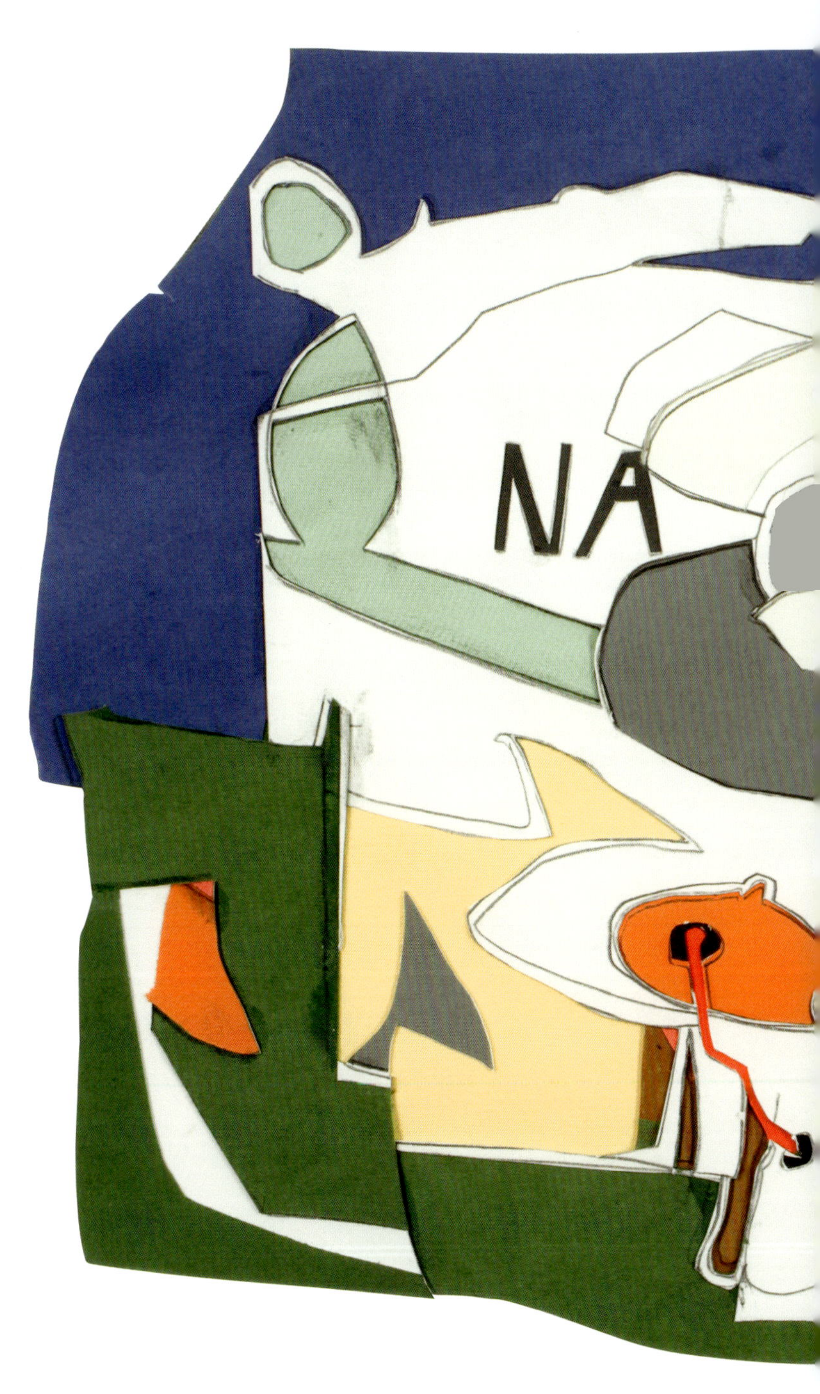
NA

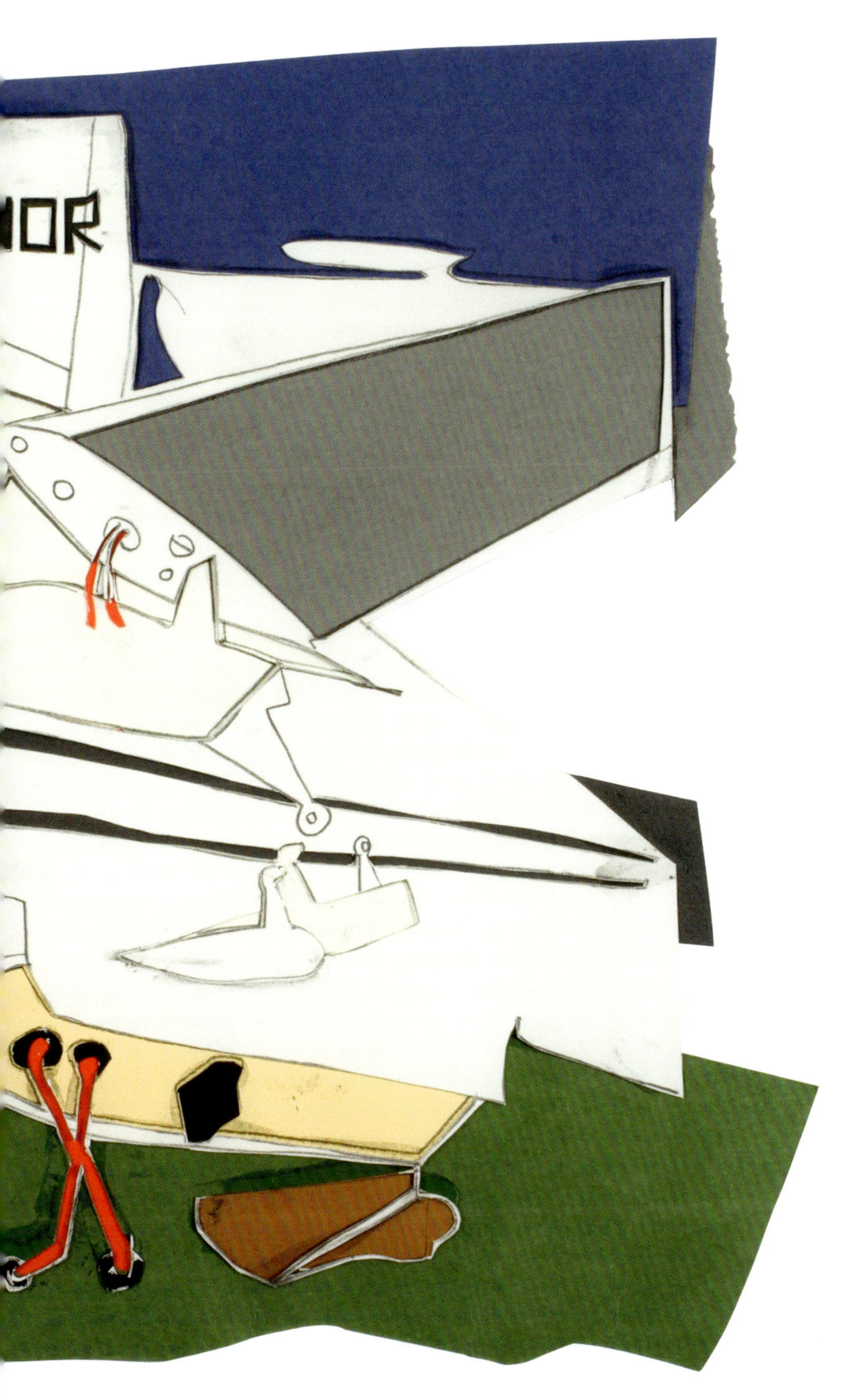
NOR

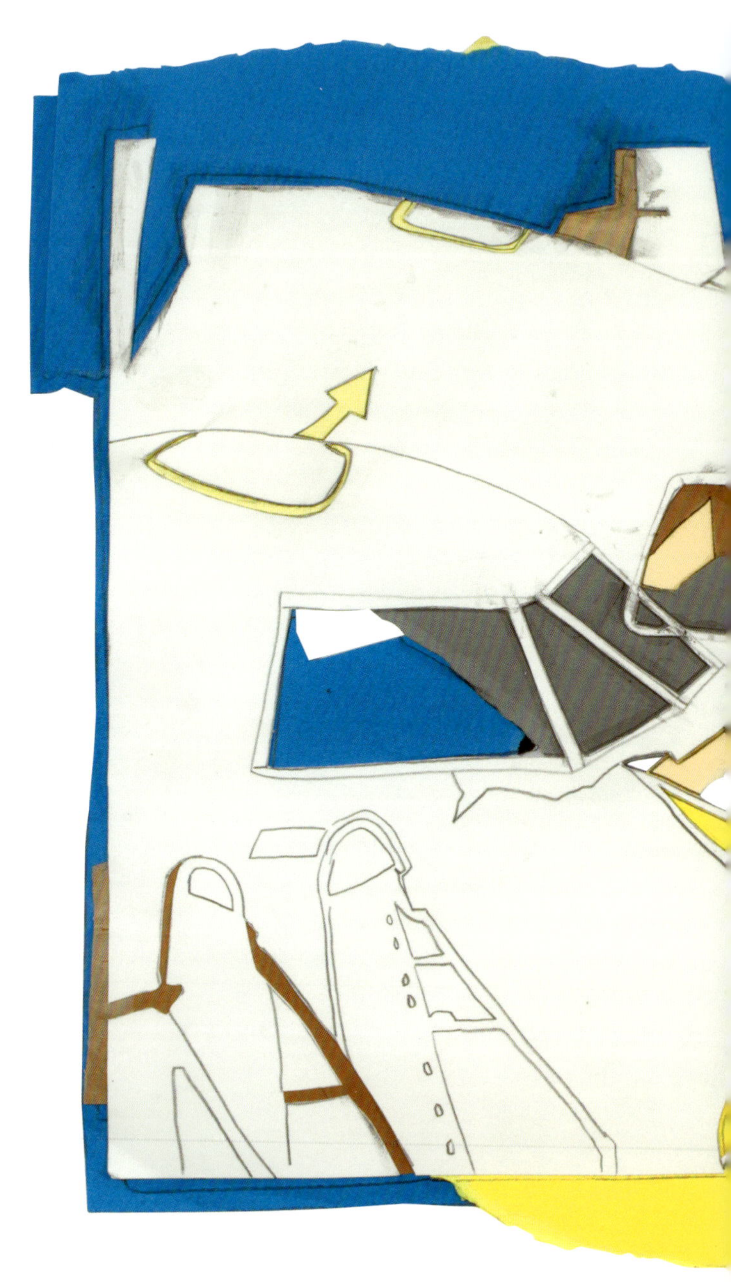

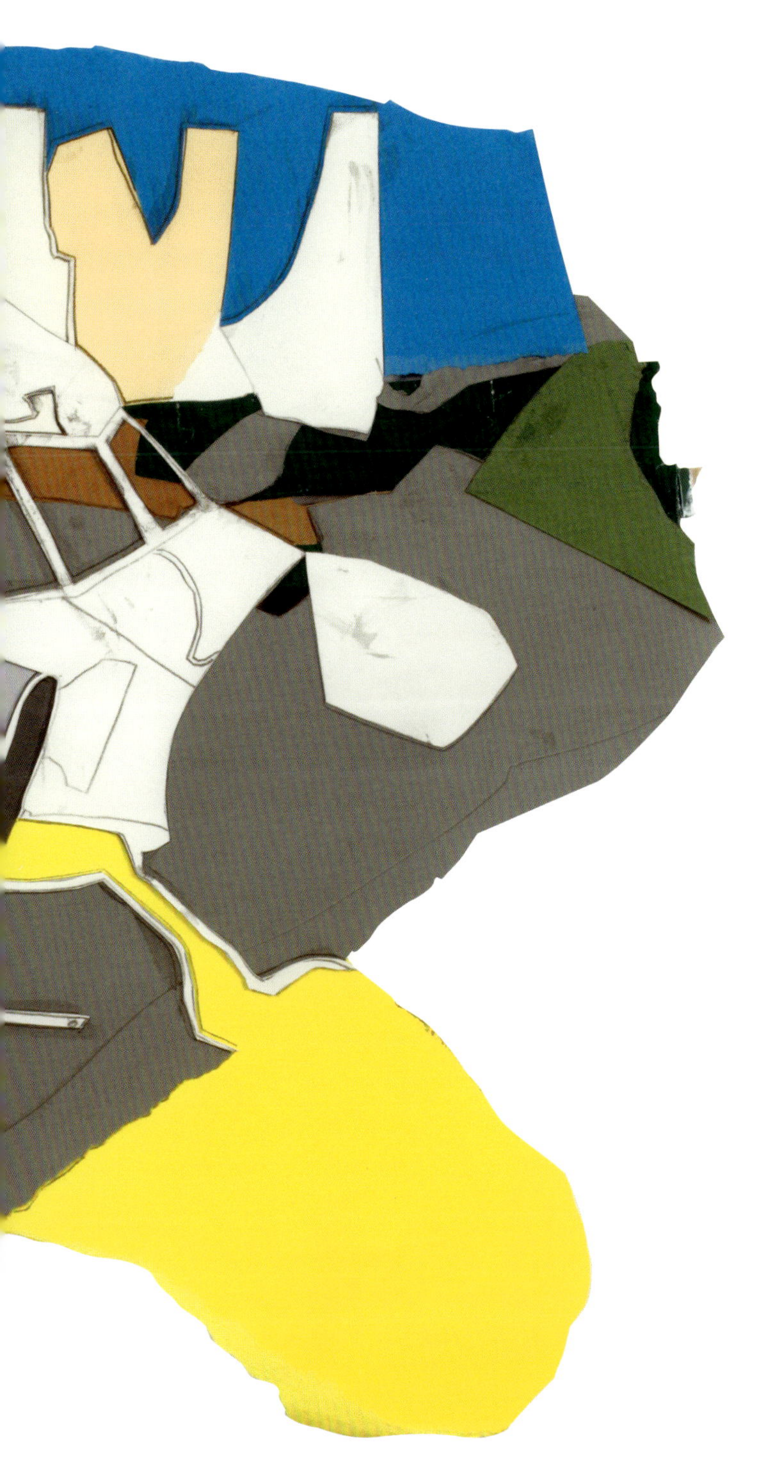

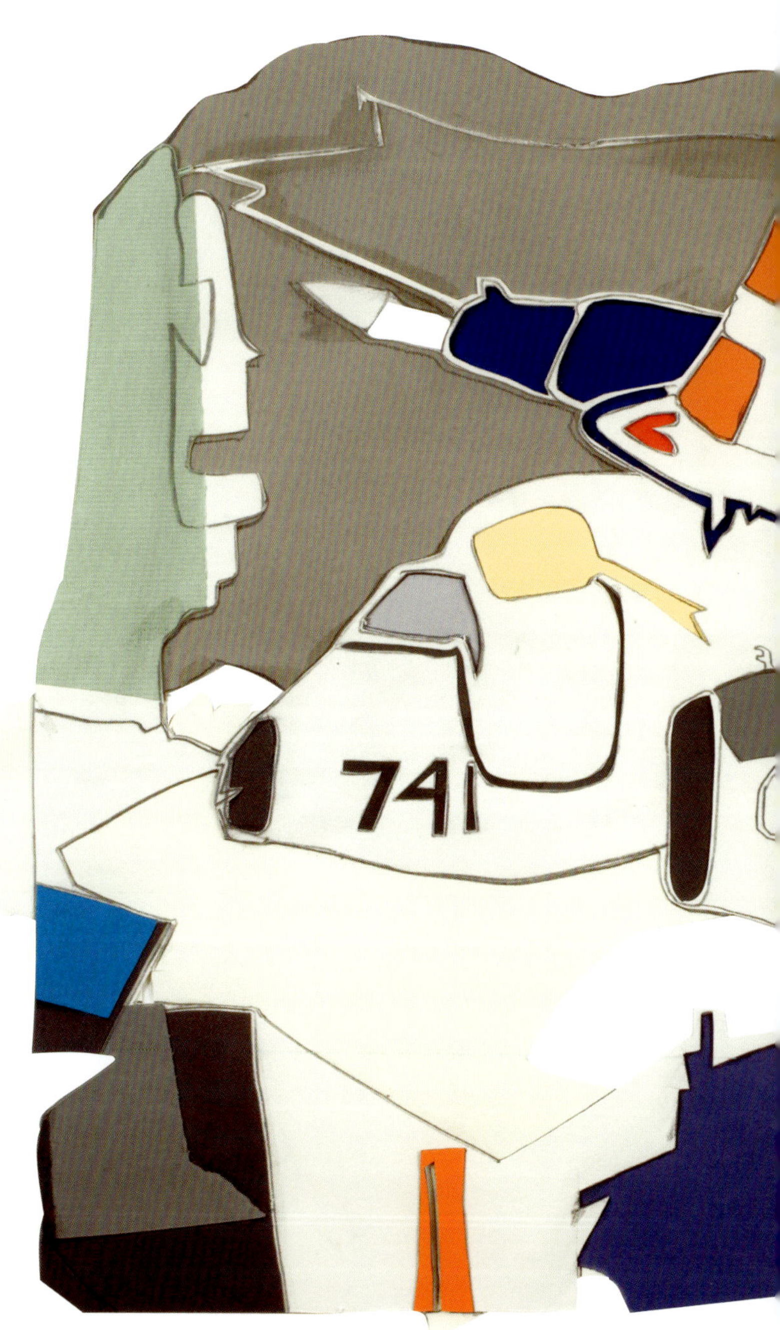
741

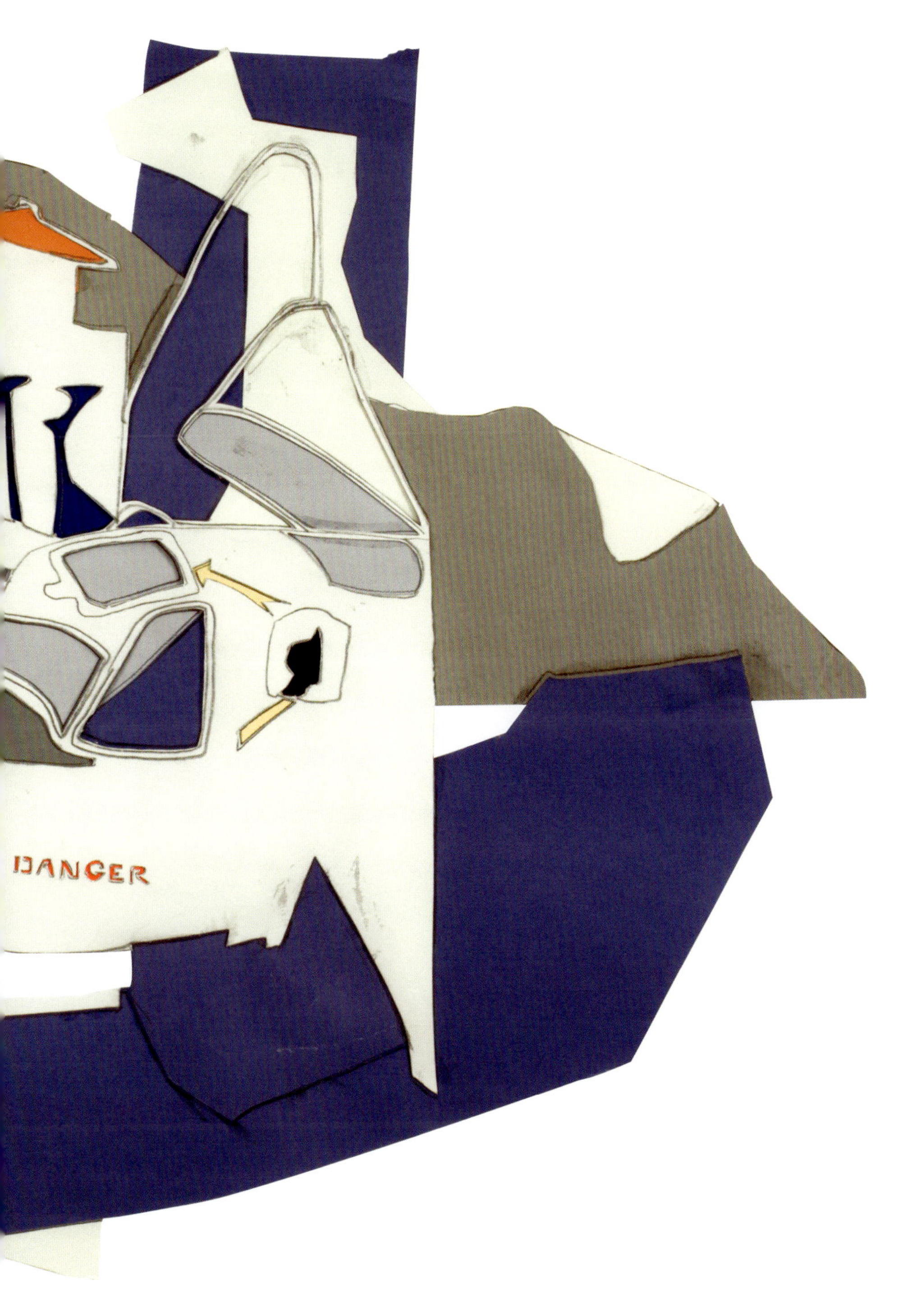

DANGER

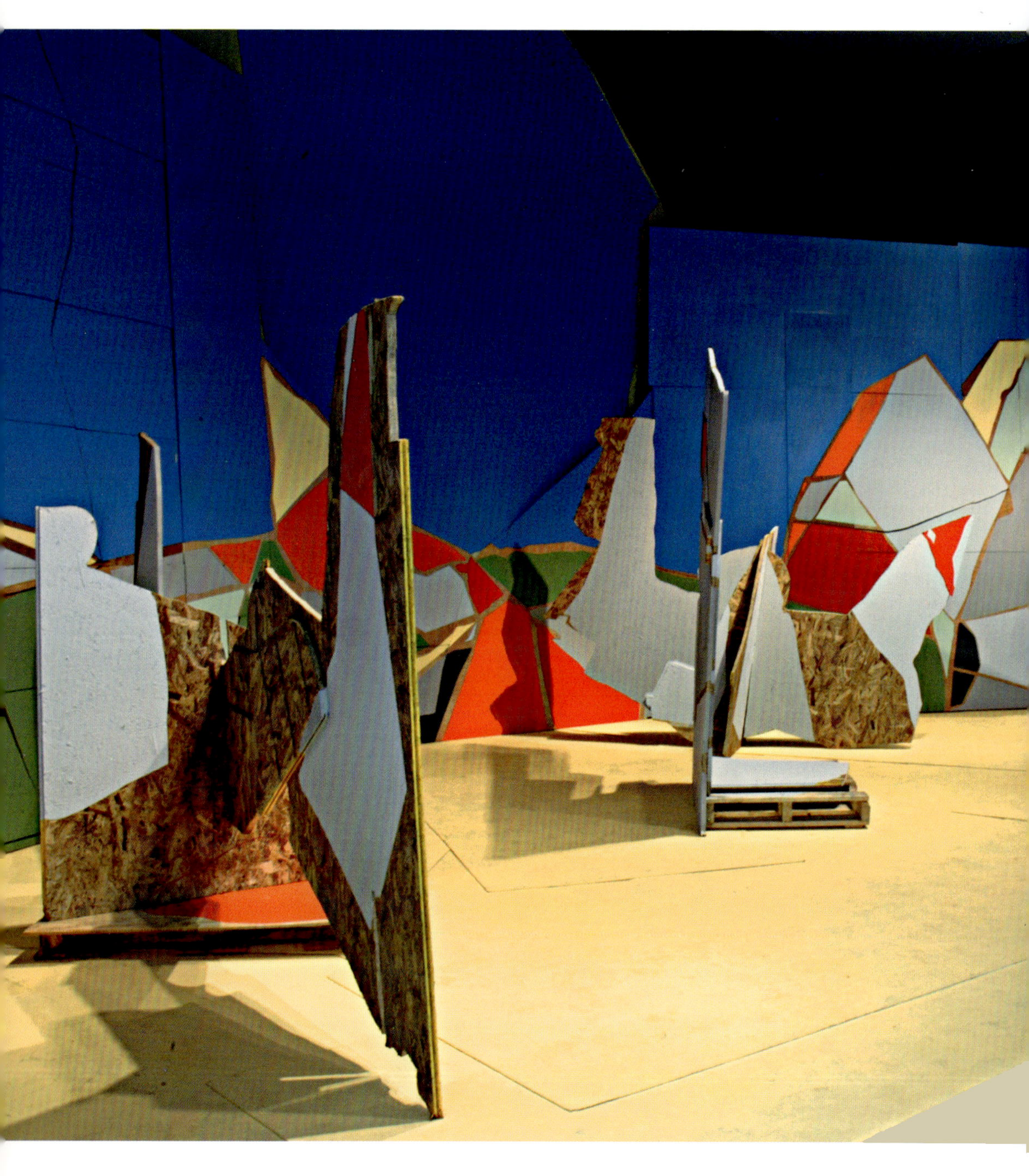

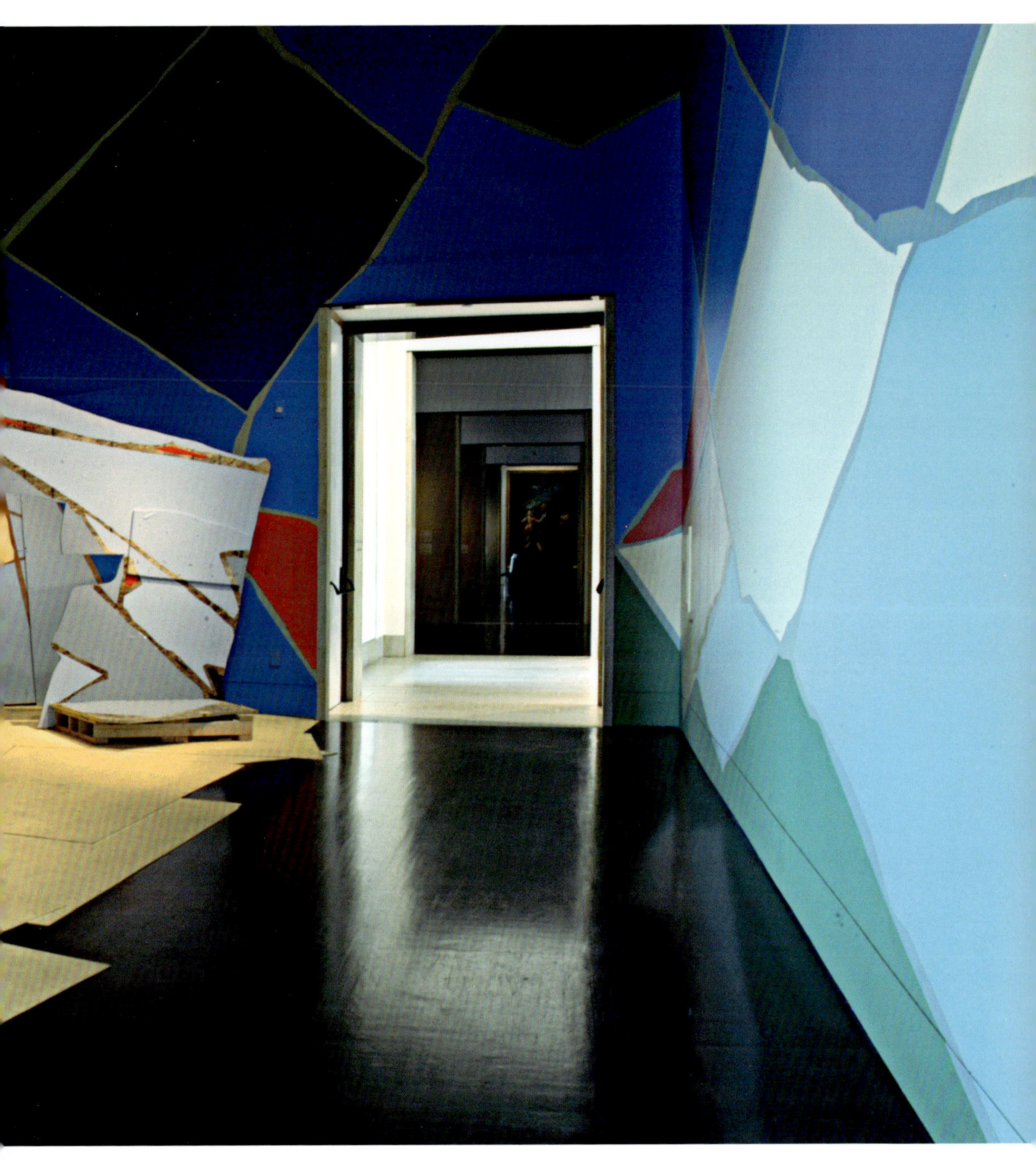

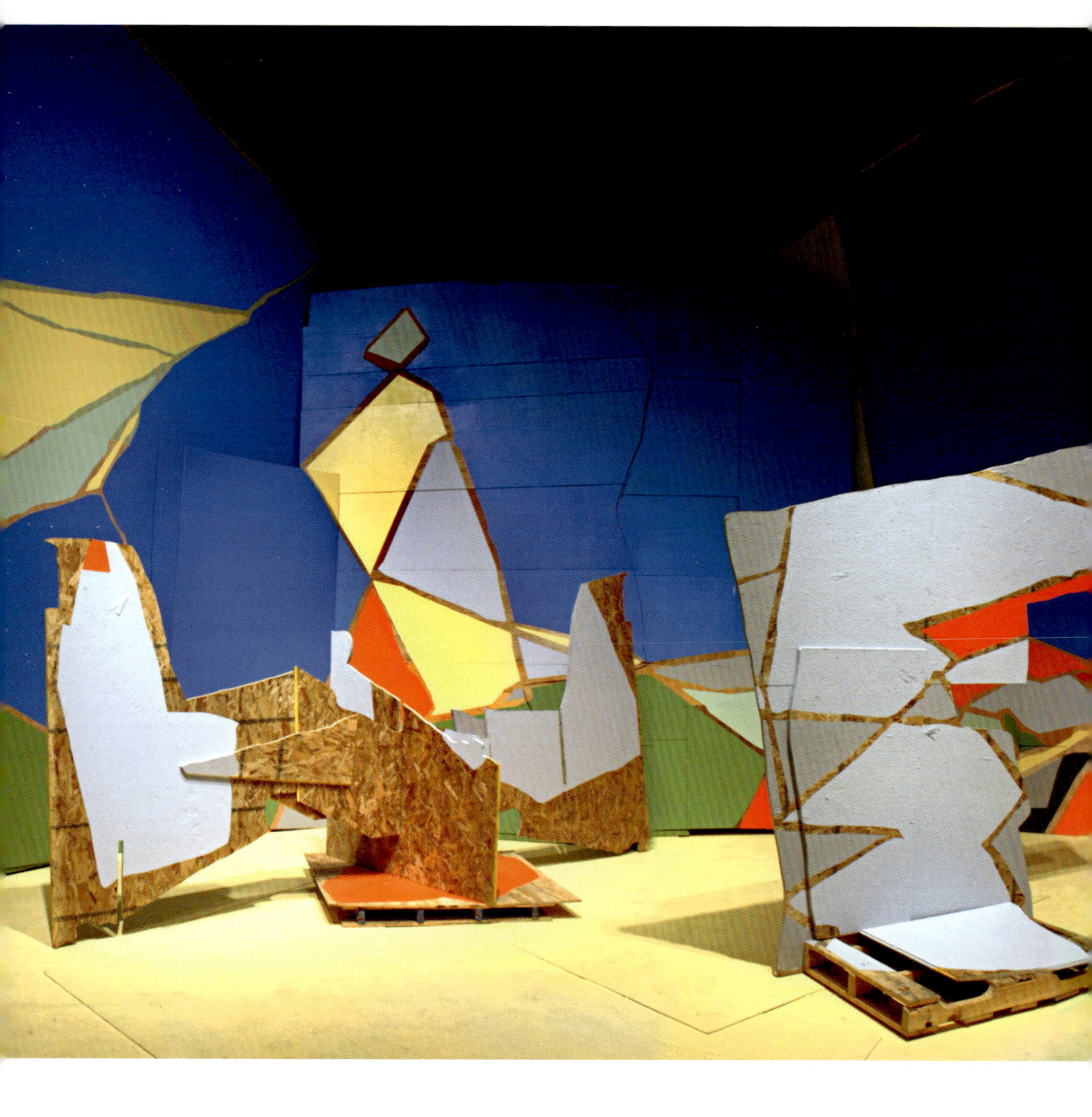

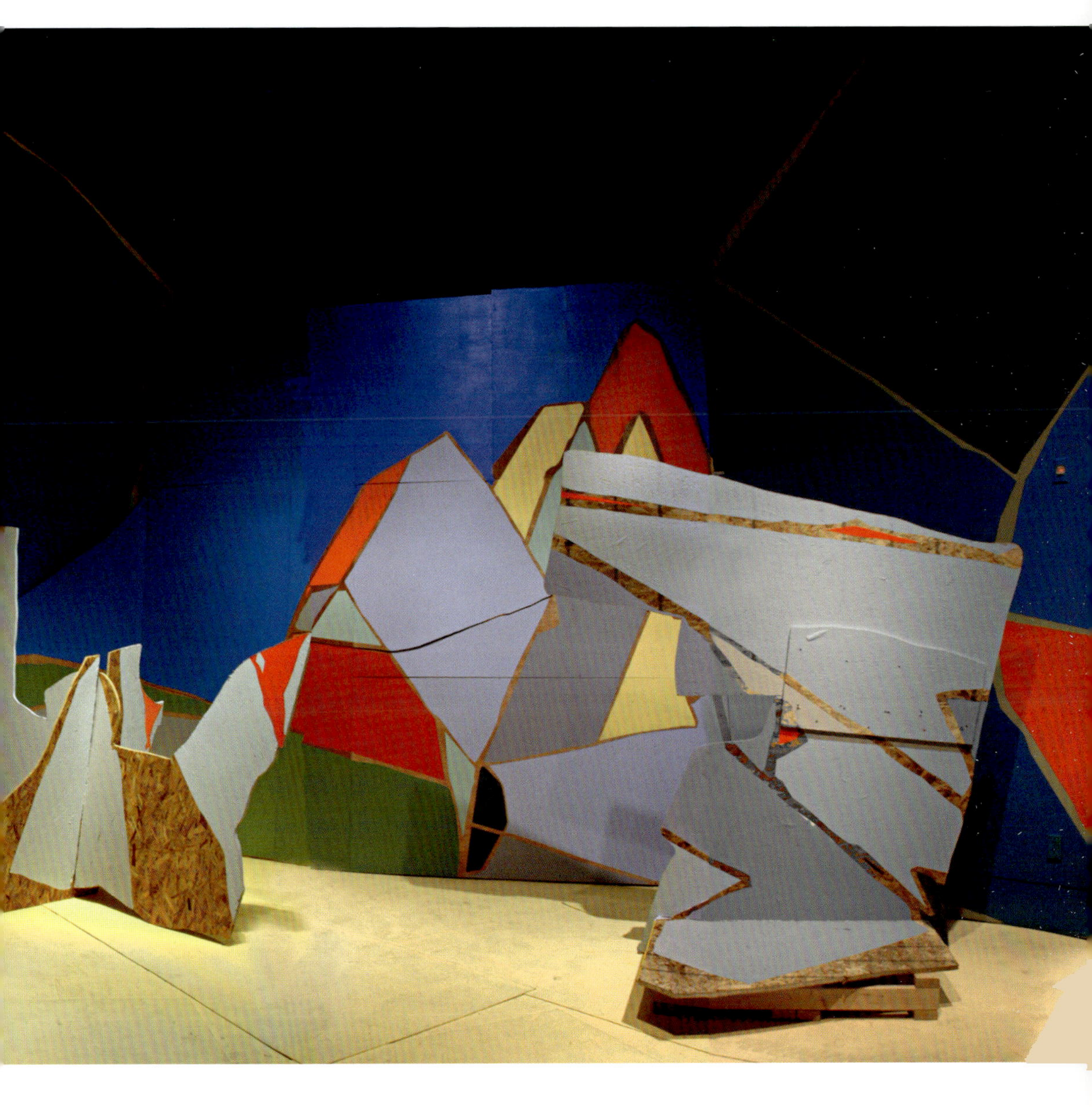

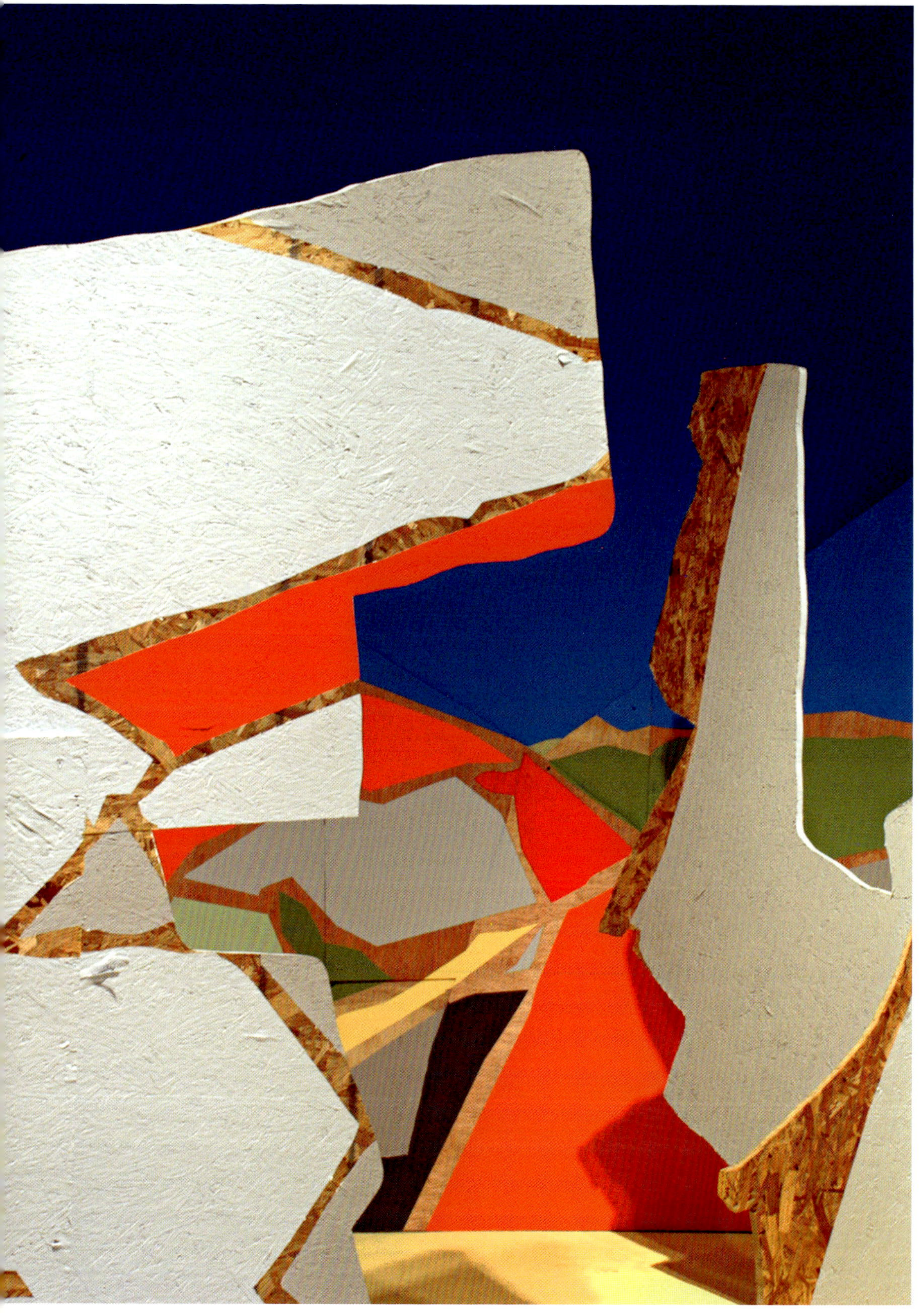

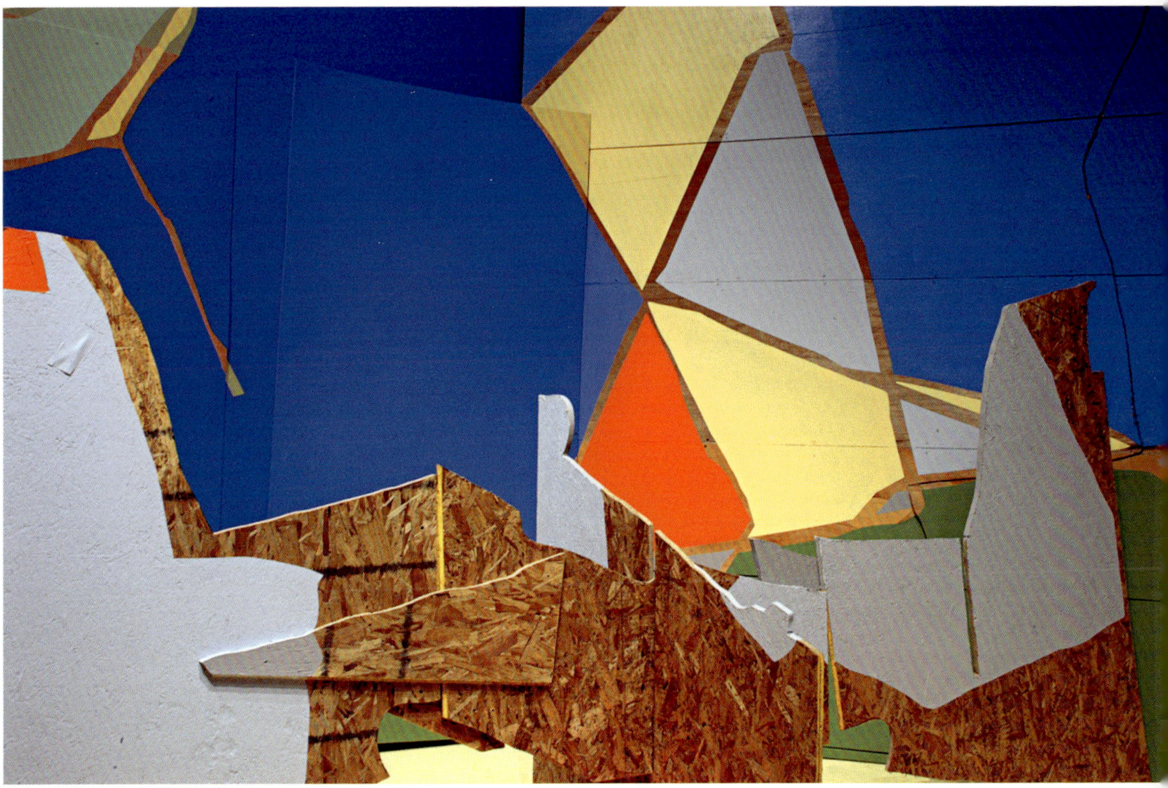

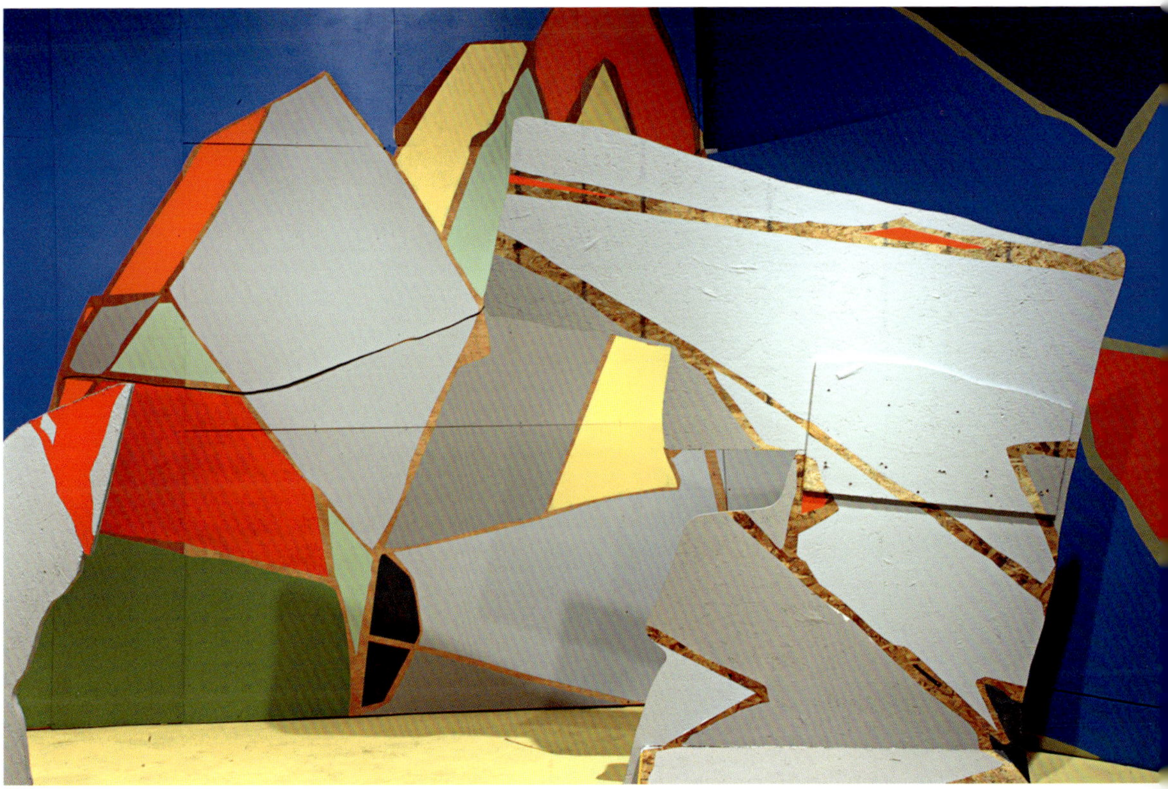

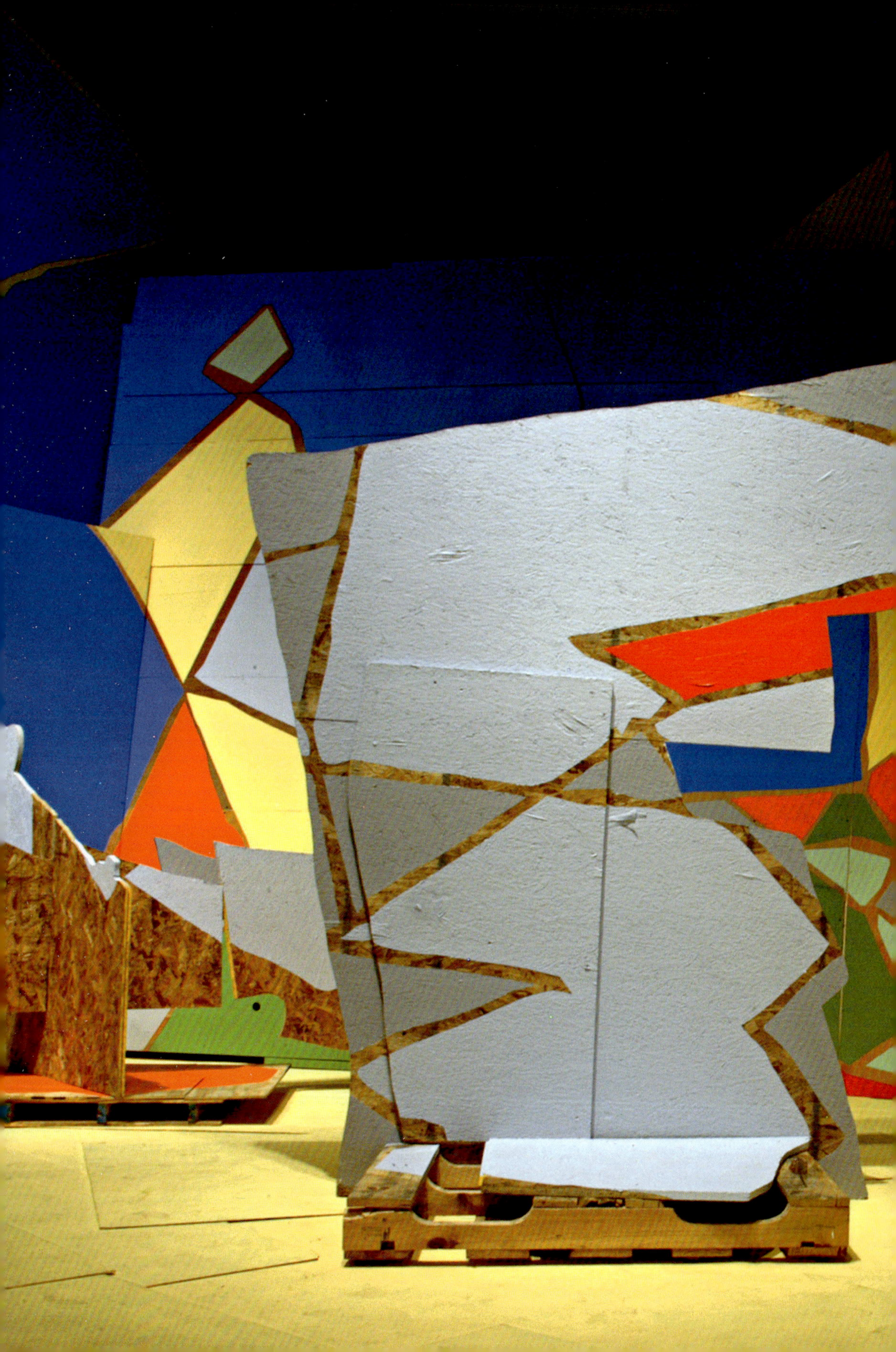

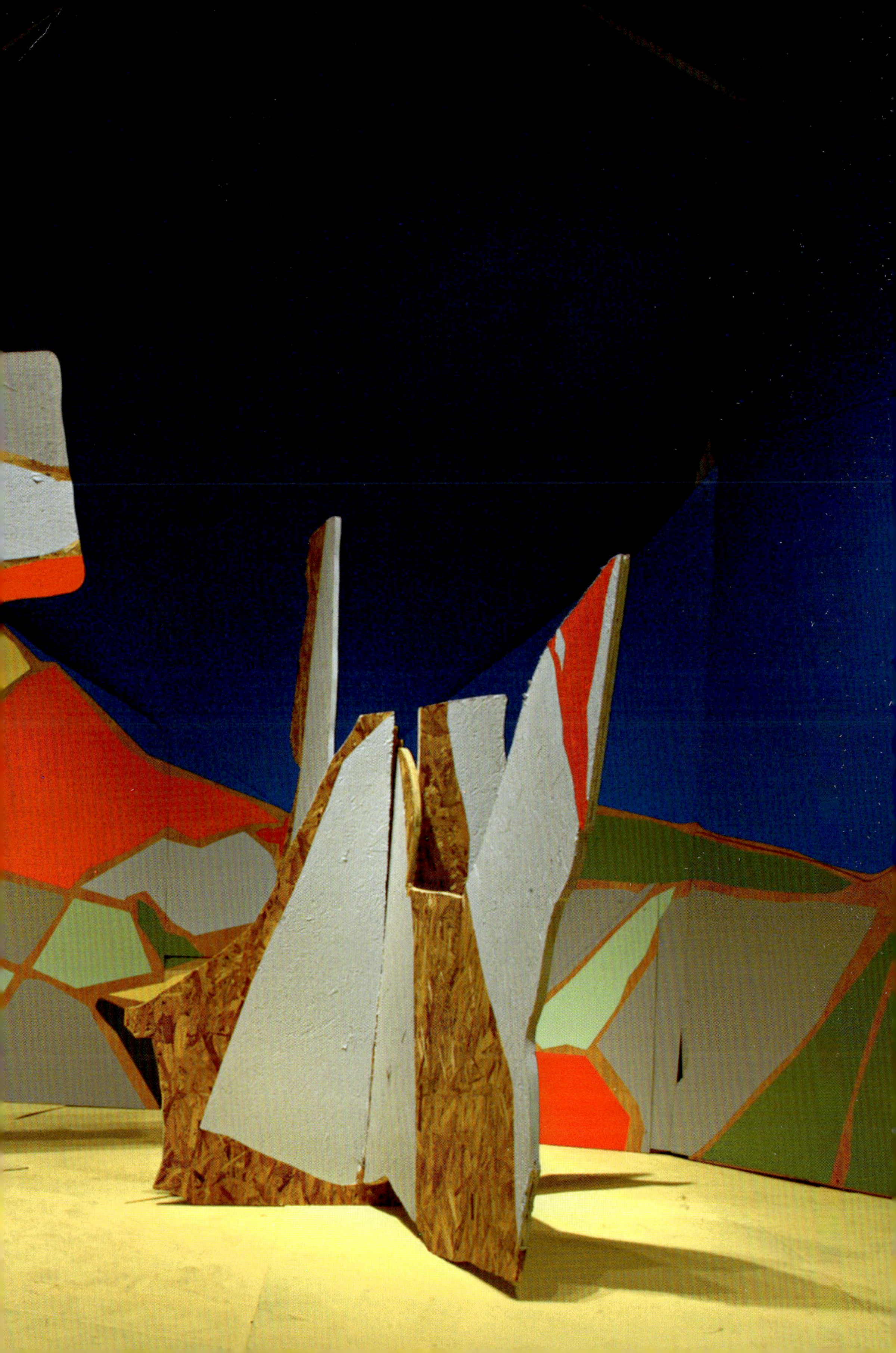

130–131
NA/NDR, 2009. Collaged paper,
graphite, PVA glue.
12"H ✕ 15"W

132–133
Boneyard Dusk, 2009. Collaged paper,
graphite, PVA glue.
15"H ✕ 16"W

134–135
741, 2009. Collaged paper,
graphite, PVA glue.
16"H ✕ 21"W

136–137
Armada, 2009. Luan plywood,
OSB, latex paint. Installation view,
Blanton Museum of Art, Austin, TX.
18'H ✕ 30'W ✕ 18'D

138–139
Armada, 2009. Luan plywood,
OSB, latex paint. Installation view
toward European Painting Wing,
Blanton Museum of Art, Austin, TX.
18'H ✕ 30'W ✕ 18'D

140–141
Armada, 2009 (details).

142–143
Armada, 2009. Luan plywood,
OSB, latex paint. Installation view,
Blanton Museum of Art, Austin, TX.
18'H ✕ 30'W ✕ 18'D

"Lunch is ready!" singsonged the apron-donning curator to the artist and crew working in the backyard.

Over the course of constructing Armada in February 2009, both Lisi Raskin and I assumed performative roles outside the standard working relationship between artist and curator. In my backyard in East Austin, Raskin reunited with the landscape generative of her artistic practice and performed "little boy imagining global disaster in suburbia," while I, as curator-cum-housewife, served up milk and cookies and researched in preparation for this text.

A single drop of dried bird shit is the only evidence of Armada's past life in the backyard and the performance of gender, age, and familial relationship that nurtured the project into being. While not as explicitly defined a persona in this project, Herr Doktor Wolfgang Hauptman II, the "little boy in the landscape," does reveal himself in Raskin's approach to making work and in her aesthetic. A color palette matched to construction paper—the first-grade craft-time staple, a hand that deliberately wavers in a calculated show of manual imprecision, and the appearance of instability where forms teeter in relation to each other as if on the verge of collapse are all evidence of the conceit.

I begin with the performative aspects behind the scenes of Armada's construction, because when Raskin moved the installation out of the landscape and reassembled it as an immersive, hard-edged landscape painting in the museum, in effect she created a theater stage filled with props in which another type of performance—between the viewer and the art work—takes place. Aside from Raskin's offhanded descriptions of her naïve aesthetic as "gay," meaning "dumb" in the "seventh grade sense of the word," and the fact that the work was generated out of a process of role-playing and passing, how can the terms of queerness be read at the formal level?[1]

Somewhat of an anomaly within Raskin's practice to date, Armada differs from earlier projects in that it is first and foremost a painting, and all linguistic signifiers have been removed, pushing the work into a new level of abstraction. Earlier projects have operated through a process of translation where the concept of play runs parallel to the concept of war. Raskin reconstructs loaded sites in benign, everyday materials that render them impotent while simultaneously re-affirming the understanding that war games are indeed games. The disquieting allure of the Cold War and the projected fear of an impending nuclear holocaust, as metaphors for the failure of certain ideas inherent to the Modernist project, cast a looming, mushroom-cloud-shaped shadow over writings on Raskin's practice.

Indeed, Armada too could be discussed in contextual or narrative registers. The project is loosely based on a real landscape: informally called "The Boneyard," The Aerospace Maintenance and Regeneration Group (AMARG) is a 1,000 square mile storage facility for decommissioned air and spacecraft located at Davis-Monthan Air Force Base in Tucson, Arizona. The decision to use suburban housing materials underscores the complex triangulation between various sites: an airplane graveyard/storage facility in the middle of the desert, a suburban backyard (the literal site of construction and the space in which Raskin and I performed constructed identities), and a museum space, which became a temporary storage site for Armada. However, it is my intention here to attend to the syntactical rather than narrative structures that underlie Raskin's most abstract and non-referential project to date.

"Il pranzo è servito!", cantilenava la curatrice in grembiulino all'artista e allo staff che lavoravano in cortile.

Durante la costruzione di Armada, nel febbraio 2009, sia Lisi Raskin sia io abbiamo assunto ruoli performativi al di fuori della relazione di lavoro standard tra artista e curatore. Nel mio cortile a East Austin, Raskin si è ricongiunta con il paesaggio generatore della sua pratica artistica e ha recitato il "ragazzino che immagina il disastro globale in periferia", mentre io, in veste di curatrice-casalinga, servivo latte e biscotti e facevo ricerche in preparazione di questo testo.

Una goccia di escremento secco di uccello è l'unica prova della vita passata di Armada nel cortile e della performance di genere, età e relazione famigliare che ha fatto nascere il progetto. Benché poco definito come personaggio, Herr Docktor Wolfgang Hauptman II, il "ragazzino nel paesaggio", si rivela nell'approccio di Raskin alla realizzazione del lavoro e nella sua estetica. Una palette di colori corrispondente a quella del cartoncino colorato – l'ingrediente base dell'educazione artistica di prima elementare – una mano che esita deliberatamente in una esibizione calcolata di imprecisione manuale e l'apparente instabilità con cui le forme vacillano l'una rispetto all'altra come se fossero sul punto di cadere sono tutte prove di questa brillante trovata.

Parto dagli aspetti performativi nel retroscena della costruzione di Armada, perché quando Raskin ha spostato l'installazione fuori dal paesaggio e l'ha riassemblata al museo come dipinto di paesaggio immersivo e ben delineato, in effetti ha creato un palcoscenico teatrale pieno di arredi scenici nei quali avviene un altro tipo di performance tra il visitatore e il pubblico. Al di là della descrizione improvvisata di Raskin della sua estetica naïf come "gay", nel senso di

"sfigata" nell'"accezione da seconda media del termine" e del fatto che il lavoro è stato generato con un processo di gioco di ruolo e di passaggio, come possono essere letti i termini di "diversità" a livello formale?[1]

Quasi un'anomalia nella pratica di Raskin, Armada si differenzia dai progetti precedenti in quanto è per prima cosa e principalmente un dipinto, da cui tutti i significanti linguistici sono stati rimossi, spingendo il lavoro verso un nuovo livello di astrazione. I progetti precedenti hanno operato attraverso un processo di traduzione in cui il concetto di gioco correva parallelo al concetto di guerra. Raskin ricostruisce luoghi "carichi" usando materiali innocui, quotidiani e li rende impotenti riaffermando simultaneamente la consapevolezza che i giochi di guerra sono proprio dei giochi. L'inquietante fascino della Guerra Fredda e la paura di un imminente Olocausto nucleare che essa proietta, in quanto metafore del fallimento di certe idee insite nel progetto modernista, gettano un'ombra incombente, a forma di fungo atomico, sugli scritti riguardanti la pratica di Raskin.

In effetti anche Armada potrebbe essere discusso usando registri contestuali o narrativi. Il progetto è basato a grandi linee su un paesaggio reale: informalmente chiamato il "Cimitero", l'Aerospace Maintenance and Regeneration Group (AMARG) è una base di immagaginazzo da 2,5 chilometri quadrati per veicoli spaziali e aerei in disarmo situata alla Davis Monthan Air Force Base di Tucson, Arizona. La decisione di utilizzare materiali da costruzione per case di periferia sottolinea la complessa triangolazione tra vari luoghi: un magazzino/cimitero per aeroplani in mezzo al deserto, un cortile suburbano (letteralmente il luogo di costruzione e lo spazio in cui Raskin ed io abbiamo recitato le nostre identità costruite) e uno spazio museale, che è diventato un

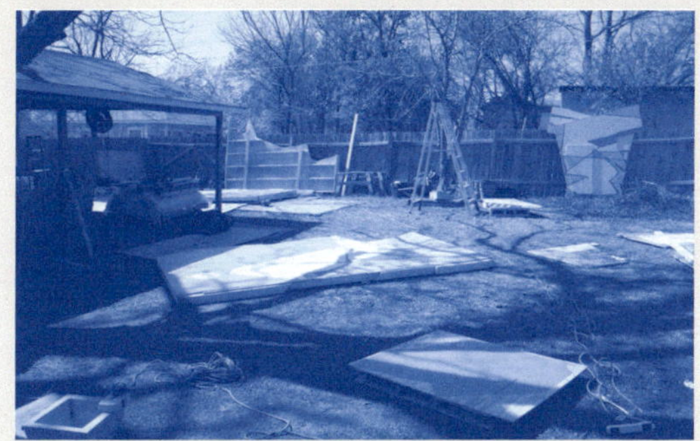

Paintings and objects disassembled before transport to the Blanton Museum of Art from the backyard airplane hanger studio, Austin, TX.

Two painted supports, which are too object-like to be called "paintings" and too painted to be understood simply as "objects," flank the corners of the gallery. Overlapping sheets of Luan, a type of plywood used as paneling in suburban housing constructions, are cobbled together in a pattern of rectilinear shapes that form the surface of these angled supports and overlay another pattern of painted colorforms.[2] Color transgresses the supports onto the wall through the assemblage of unsupported luan and connects various types of support into a singular aesthetic gesture.

Viewed frontally, as one would view a support-bound painting, these angled, painted supports function as perspectival lines that recede into a vanishing point in the center of the room. They also resemble the wings of a theater stage. The ambiguity between depth and flatness that characterizes the two-dimensional surface of a mid-century Abstract Classicist canvas is realized here in three dimensions. Depth is and is not an illusion; it is an effect of the placement of the flat supports in relation to the wall as well as the strategic scaling down of shapes as they approach the vanishing point.

The series of painted objects that sit between the "wings" began as drawings on OSB board—another suburban housing material commonly used as flooring—that were cut out, painted with shapes evoking those in the "paintings," and propped up in relation to each other to be viewed in the round. Yet, the objects still retain significant aspects of drawing and painting; containing no dimensionality beyond the width of the wood itself, they are color-forms freed from the surface of the supports behind them.

The shapes of the objects, the shapes painted on them, the painted, angled supports, and the wall do not have intrinsic meaning but rather visually resemble those forms found in The Boneyard. Vague evocations of the span of an airplane wing or shades of color that invoke sky, ground, and the gunmetal gray of decommissioned aircrafts tether this abstraction to its real-life counterparts. But more importantly, the shapes, forms, and colors that compose Armada resemble the shapes, forms, and colors that recur within the context of Raskin's practice and constitute her aesthetic language.

The idea of queer formalism, or as I prefer, queering formalism—as it implies a process of applying one methodology to another—is surfacing in literary theory.[3] Elaborating on a statement made by Ellis Hanson, that queer theory is "the deconstruction of sexual rhetoric...that figures the very incoherence, artificiality, and slipperiness of language itself,"[4] Eric Savoy writes, "Queer theory is really not fundamentally about sex; it's about style: literary, pedagogical, performative."[5] I add aesthetics to this list.

To discuss style at the onset of the 21st-Century is completely taboo and calls to mind another more troublesome word: mastery. Raskin uses style as a trope, deliberately displacing notions of mastery by re-conjuring the "little boy in the landscape." Interestingly, Hauptman re-emerges as a hard-edged painter in the last iteration of the Mobile Observation series, Launch on Tactical Warning (2009), at Galleria Riccardo Crespi. In this installation, he functions as both a veil and a vehicle for dismantling the masculine posturing associated with style. Certainly hard-edged painting as a style, landscape painting as a genre, and even the roadtrip—the method by which Raskin interacted with various landscapes over the course of the Mobile Observation project— are aesthetic/semantic and cultural devices. Raskin dismantles preconceptions of style

LISI RASKIN: MOBILE OBSERVATION

magazzino temporaneo per <u>Armada</u>. Tuttavia, è mia intenzione qui dedicarmi alle strutture sintattiche, piuttosto che narrative, che sottostanno al progetto fino a oggi più astratto e meno referenziale di Raskin.

Due supporti dipinti, troppo somiglianti a oggetti per essere chiamati "dipinti" e troppo dipinti per essere definiti semplicemente "oggetti", occupano gli angoli della galleria. Fogli sovrapposti di luan, un tipo di compensato impiegato come pannellatura nella costruzione delle case di periferia, sono uniti alla bell'e meglio in un motivo di forme rettilinee che strutturano la superficie di questi supporti angolari e ricoprono un altro motivo di <u>formecolore</u> dipinte.[2] Il colore invade i supporti sulla parete attraverso l'assemblaggio di luan e collega vari tipi di supporto in un gesto estetico singolare.

Visti frontalmente, come si guarderebbe un quadro legato al suo supporto, questi supporti dipinti e angolati funzionano come linee di prospettiva che recedono verso un punto di fuga prospettica al centro della stanza. Assomigliano anche alle quinte di un palcoscenico teatrale. L'ambiguità tra profondità e piattezza che caratterizza la superficie bidimensionale di una tela classicista astratta di metà secolo viene qui realizzata in tre dimensioni. La profondità è un'illusione, ma anche no; è un effetto del posizionamento di un supporto piatto in relazione con la parete nonché del ridimensionamento strategico delle forme nel loro avvicinarsi al punto di fuga.

La serie di oggetti dipinti che si trova tra le "quinte" ha preso avvio da disegni su tavole di OSB – un altro materiale da costruzione suburbana comunemente utilizzato per le pavimentazioni – tagliate e dipinte con forme che evocano quelle nei "dipinti", e posizionate in relazione una all'altra per essere viste a tutto tondo. Ciononostante gli oggetti mantengono aspetti significativi di disegno e pittura; non contenendo una dimensionalità al di là della larghezza del legno stesso, sono formecolore liberate dalla superficie dei supporti retrostanti.

Le forme degli oggetti, le forme dipinte su di essi, i supporti dipinti e angolati e la parete non hanno significato intrinseco ma piuttosto assomigliano visivamente alle forme trovate nel "Cimitero".

Vaghe evocazioni dell'ampiezza dell'ala di un aeroplano o delle sfumature di colore che evocano il cielo, la terra e il grigio canna di fucile degli aerei dismessi legano questa astrazione alle sue controparti reali. Ma più importante, le forme e colori che compongono <u>Armada</u> assomigliano alle forme e ai colori che ricorrono nel contesto della pratica di Raskin e costituiscono il suo linguaggio estetico.

L'idea del formalismo "diverso" o, come preferisco chiamarlo, formalismo <u>diversificante</u> – in quanto implica un processo di applicazione di una metodologia a un'altra – sta emergendo nella teoria letteraria.[3] Elaborando una dichiarazione di Ellis Hanson, la teoria "diversa" è "la decostruzione della retorica sessuale… che raffigura la grande incoerenza, artificialità e scivolosità del linguaggio stesso",[4] Eric Savoy scrive: "La teoria 'diversa' in verità non riguarda di fondo il sesso; riguarda lo <u>stile</u>: letterario, pedagogico, performativo".[5] Aggiungo l'estetica a questa lista.

Discutere di stile all'inizio del ventunesimo secolo è completamente tabù e riporta alla mente un'altra parola ancora più problematica: maestria. Raskin usa lo stile come un tropo, rimuovendo deliberatamente le nozioni di maestria tramite l'evocazione del "ragazzino nel paesaggio". È interessante che Hauptman riemerga come pittore in <u>Launch</u> on <u>Tactical</u> <u>Warning</u>, alla Galleria Riccardo Crespi, l'ultima iterazione della serie

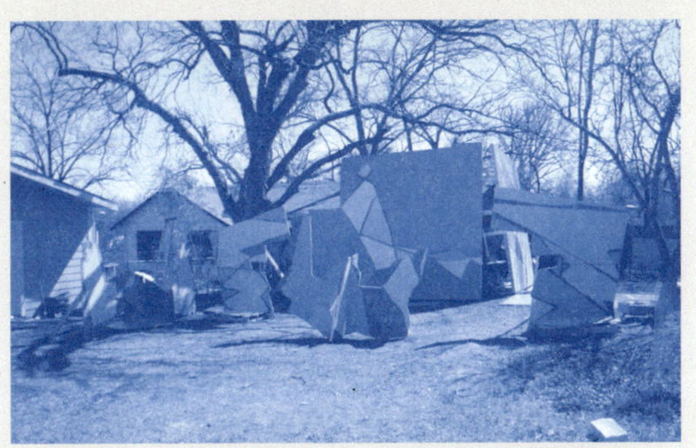

Paintings and objects under construction in the backyard airplane hanger studio, Austin, TX.

by presenting a performance of style that exaggerates the very elements that constitute it. This is formalism in drag.

Repetitive but not duplicative, Armada never succumbs to pattern—neither in color, shape, nor form—or the purely decorative. The painted surfaces of the objects blend almost seamlessly with the painted supports and walls behind them, so that from certain vantage points the boundaries between object and painting or painting and wall are indistinguishable. Only when viewed frontally, removed and at a distance, does the installation reassemble itself as a stage. Unlike a painting, Armada has not one vantage point but many, which constantly shift as the viewer moves through it. By stepping into the minefield of colorforms, the viewer becomes a catalyst and applies a distinct temporality, setting the performance of the colorforms into motion, activating the installation and rooting it more firmly in the realm of theater.[6]

Temporality, the aspect of theater that "perverts" art according to Michael Fried, is key here since the experience of interacting with Armada is one of disorientation.[7] The objects fail to hold a constant—the "gestalt" that would establish their objecthood—and thus the experience of them is purely subjective.[8] Yet, this subjectivity of the viewer is constantly called into question, as the work requires her to continuously reorganize her vision in response to the interplay of color, shape, and form. Thus, the experience of viewing Armada never culminates in a confirmation of subjectivity (as the subjective experiences are plural), but rather moves from the subjunctive into the realm of the transgressive.

To describe the suspended state of pure aesthetic and corporeal experience unfixed from language, that which I am calling the transgressive, the trope of metaphor is needed.

The experience of viewing Armada from its central vantage point is akin to that of observing The Boneyard through the window of a car; and yet trespassing beyond a fenced perimeter has far different implications from overstepping legal boundaries. Once inside, the significance of each plane within a field of thousands is secondary to the smell of rust, the feel of metal, the sound of active planes flying overhead, and the endless expanse of shape set against shape. When Raskin translated The Boneyard into Armada, she abandoned political, historical, and legal constraints, allowing for pure visual and sensory experience. She cultivates the idea of landscape as a space of being in which the relationship between viewer and object exists independently of reaffirmation or self-identification.

Part by part, and as a whole in and of itself, Armada exists in the state of "categorical slipperiness" that Helen Molesworth has used to describe the work of feminist artists painting in the 1960s and 1970s.[9] Armada is particularly difficult to describe in language because it slips so easily between terms. It is painting pushed to its absolute limits, to the point where it bleeds into other classifications of medium while still firmly adhering to the aesthetic and syntactical structures of painting.

The installation eliminates codes of ethics from aesthetic logic in favor of a freer, more fluid exchange between the disciplines of painting, drawing, sculpture, and theater. Each aesthetic moment belongs equally to all and none of these categories at the same time. This in-betweenness, or is-and-is-not-ness, constitutes a failure of the work to coalesce into an aesthetic language and the incapacity of semantic language to describe an experience. Raskin harnesses and drives this momentum toward a failure of mediums, and in doing so she opens up

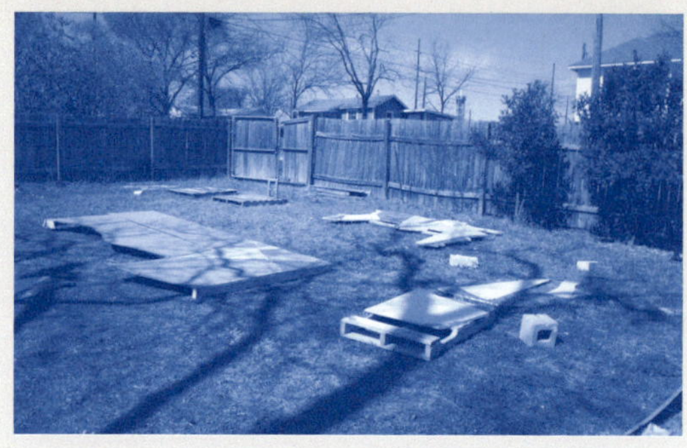

Mobile Observation. In questa installazione, egli agisce sia come schermo sia come veicolo per smantellare l'atteggiamento mascolino associato allo stile. Certamente la pittura hard-edge come stile, la pittura di paesaggio come genere e anche il viaggio, il metodo attraverso cui Raskin ha interagito con paesaggi diversi nel corso del progetto Mobile Observation sono dispositivi culturali ed estetico-semantici. Raskin smantella i preconcetti di stile presentando una performance di stile che esagera gli stessi elementi che la costituiscono. Questo è formalismo travestito.

Ripetitivo ma non replicativo, Armada non soccombe mai allo schema – né di colore, né di struttura, né di forma – o al puramente decorativo. Le superfici dipinte degli oggetti si mescolano quasi senza linee di raccordo con i supporti e i muri dipinti dietro di loro, così che da certi punti di osservazione i confini tra oggetto e dipinto o tra dipinto e parete sono indistinguibili. Solo quando vista frontalmente, remota e da una certa distanza, l'installazione si riassembla come un palcoscenico. A differenza di un dipinto, Armada non ha un punto di vista privilegiato ma molti, che cambiano costantemente al muoversi del visitatore. Entrando nel campo minato delle formecolore, il visitatore diventa un catalizzatore e applica una temporalità distinta, mettendo in moto la performance delle formecolore, attivando l'installazione e radicandola in modo più fermo nel regno del teatro.[6]

La temporalità, l'aspetto del teatro che "perverte" l'arte secondo Michael Fried, è il punto chiave, poiché l'esperienza d'interazione con Armada è un'esperienza di disorientamento.[7] Gli oggetti non riescono a mantenere una natura costante – la "Gestalt" che stabilirebbe la loro oggettualità – e quindi la loro esperienza è puramente soggettiva.[8]

Ciononostante, questa soggettività del visitatore è costantemente messa in dubbio, in quanto il lavoro chiede di riorganizzare continuamente la sua visione in risposta all'interazione di colore, forma e struttura. Così, l'esperienza di vedere Armada non culmina mai in una conferma della soggettività (in quanto le esperienze soggettive sono plurali), ma piuttosto transita dal soggettivo al reame del trasgressivo.

Per descrivere lo stato sospeso della pura esperienza estetica e corporea svincolata dal linguaggio, che io definisco il trasgressivo, è necessaria la metafora. L'esperienza di vedere Armada dal suo punto focale centrale è simile all'osservare il "Cimitero" attraverso il finestrino di un'auto; e comunque oltrepassare un perimetro cintato ha implicazioni molto diverse dall'oltrepassare confini legali. Una volta all'interno, il significato di ciascun aereo dentro un campo che ne conta migliaia è secondario all'odore di ruggine del metallo, al suono degli aerei in attività che volano sopra la testa e all'infinita distesa di forme stagliate contro altre forme. Quando Raskin ha tradotto il "Cimitero" in Armada, ha abbandonato le costrizioni poli-tiche, storiche e legali, permettendo l'esperienza visiva e sensoriale pura. Ha coltivato l'idea del paesaggio come uno spazio dell'essere nel quale la relazione tra il visitatore e l'oggetto esiste indipendentemente dalla riaffermazione o dall'auto-identificazione.

Preso come singole parti e come un totale a sé stante, Armada esiste nello stato di "scivolosità categoriale" che Helen Molesworth ha usato per descrivere il lavoro delle artiste femministe che dipingevano negli anni Sessanta e Settanta.[9] Armada è particolarmente difficile da descrivere per mezzo del linguaggio perché scivola così facilmente tra le parole. È la pittura spinta ai suoi limiti assoluti, al punto in cui sborda su altre classificazioni di medium mentre

new territory between and beyond categorical dictums to a _trans_-state where disparate elements sustain a precarious balance.[10] _Trans_-medium.

The process of queering form differs from appropriation in that it does not attempt subversion or critique. If trope gives form to something otherwise indefinable, something that is always relative to something else and yet wholly self-sufficient, it causes a disruption and re-signification of the assumed terms. There is no objective beyond the pleasure of obfuscating these terms so they register in double, triple, quadruple entendre ad infinitum. The performative relationship between the work and the viewer, such perverse sensibilities as transmedium specificity, transgression, theatricality, and style are terms that approach but do not quite locate the issues at stake here. Yet, to get any closer in language to the experience of _Armada_ would constitute another, more dramatic failure: the formalizing of queerness.

1   Various conversations with the artist between May 2008 and 2009.

2   Among the terms Jules Langsner used to describe the shapes used by Abstract Classicists were, "Finite, flat, rimmed by a hard-clean edge…autonomous shapes, sufficient unto themselves as shapes;" defined "by the ways in which they fit exactly the contours of the adjacent colorforms." These same terms can be used to describe the shapes and processes (intuitive "hunches") Raskin utilizes. Jules Langsner, "Four Abstract Classicists," in Abstract Art in the Late Twentieth Century, ed. Frances Colpitt (Cambridge: Cambridge University Press, 2002), 4–7.

3   See various writings by Eric Savoy, including "Arvin's Melville, Martin's Arvin," The GLQ Archive 14:4 (2008), "Restraining Order," ESC 29: 1–2 (March/June 2003): 77–84, and a forthcoming book, Conjugating the Subject: Henry James and Queer Formalism (Cambridge: Cambridge University Press, 2009).

4   Ellis Hanson as cited in "Restraining Order," ESC 29: 1–2 (March/June 2003): 79–80.

5   Eric Savoy, "Restraining Order," ESC 29. 1–2 (March/June 2003): 80.

6   In their brief statement about the book series Unnatural Acts: Theorizing the Performative, editors Sue-Ellen Case, Philip Brett, and Susan Leigh Foster write: "Performance partitions, strictly enforced within the traditional conceptions of the arts, foreground the gesture of the dancer, but ignore those of the orchestra player, assign significance to the elocution of the actor, but not to the utterances of the audience." I use this statement as a departure point for considering the position of the viewer in relation to Armada.

7   Michael Fried, "Art and Objecthood," in Art and Objecthood: Essays and Reviews (Chicago and London: The University of Chicago Press, 1998), 161.

8   Robert Morris in Ibid, 150.

9   Helen Molesworth, "Painting with Ambivalence," in WACK!: Art and the Feminist Revolution, ed. Cornelia H Butler and Lisa Gabrielle Mark, et al. (Los Angeles: The Museum of Contemporary Art, 2007), 429.

10 While categories of gender and medium are not so easily interchangeable, there is something to be gleaned from Judith Butler and Judith Halberstam. For Butler, strict categorization is suspect, as she argues in Gender Trouble that such categories are constructed and performed. Halbersham embraces "categorization as a way of creating places for acts, identities, and modes of being, which otherwise remain unnamable." See http://www.genders.org/g29/g29 _ halberstam.html.

aderisce ancora fermamente alle strutture estetiche e sintattiche della pittura.

L'installazione elimina i codici dell'etica dalla logica estetica in favore di uno scambio più libero, più fluido tra le discipline della pittura, del disegno, della scultura e del teatro. Ogni momento estetico appartiene in ugual misura e nello stesso tempo a tutte queste categorie e a nessuna. Questa in-between-ness o is-and-is-not-ness, costituisce per il lavoro un fallimento del tentativo di assimilarsi a un linguaggio estetico e per il linguaggio semantico un'incapacità di descrivere un'esperienza. Raskin imbriglia e spinge questo slancio verso un fallimento dei medium e così facendo apre nuovo territorio fra e oltre le affermazioni categoriche verso un trans-stato in cui elementi disparati sostengono un equilibrio precario.[10] Trans-medialità.

Il processo di "diversificare" la forma è differente dall'appropriazione in quanto non cerca la sovversione o la critica. Se il tropo dà forma a qualcosa altrimenti indefinibile, qualcosa che è sempre relativo a qualcos'altro e tuttavia completamente autosufficiente, esso causa una rottura e una ri-significazione dei termini presunti. Non esiste obiettivo oltre al piacere di offuscare questi termini così che si registrino con doppio, triplo, quadruplo senso all'infinito. La relazione performativa tra il lavoro e il visitatore, tali perverse sensibilità come specificità, trasgressione teatralità e stile trans-mediali sono termini che si avvicinano ma non arrivano a localizzare le questioni in gioco. D'altro canto, l'avvicinarsi di più con il linguaggio all'esperienza di Armada costi-tuirebbe un altro, più drammatico fallimento: la formalizzazione della "diversità".

1 Diverse conversazioni con l'artista tra maggio 2008 e maggio 2009.

2 Tra i termini che Jules Langsner impiegava per descrivere le forme usate dai classicisti astratti c'erano "Forme autonome… finite, piatte, bordate da un contorno pulito, bastanti a se stesse come forme"; definite "dai modi in cui combaciano esattamente con i contorni delle formecolore adiacenti". Questi stessi termini possono essere utilizzati per descrivere le forme e i processi ("sensazioni" intuitive) impiegati da Raskin. Jules Langsner, "Four Abstract Classicists" in Abstract Art in the Late Twentieth Century, a cura di Frances Colpitt, Cambridge University Press, Cambridge 2002, pagg. 4–7.

3 Vedi vari scritti di Eric Savoy, inclusi "Arvin's Melville, Martin's Arvin", The GLQ Archive 14:4 (2008), "Restraining Order", ESC 29:1–2 (marzo/giugno 2003), pagg. 77–84, e il libro in uscita Conjugating the Subject: Henry James and Queer Formalism, Cambridge University Press, Cambridge 2009.

4 Ellis Hanson è citato in "Restraining Order", ESC 29:1–2 (marzo/giugno 2003), pagg. 79–80.

5 Eric Savoy, "Restraining Order," ESC 29. 1–2 (marzo-giugno 2003), pag. 80.

6 Nella loro breve dichiarazione sulla serie di libri Unnatural Acts: Theorizing the Performative, i curatori Sue-Ellen Case, Philip Brett e Lusan Leigh Foster scrivono: "Le partiture della performance, fortemente imposte all'interno delle con-cezioni delle arti, puntano l'interesse sul gesto del danzatore, ma ignorano quelli dell'orchestrale, assegnano significato alla recitazione dell'attore, ma non alle voci del pubblico". Uso questa dichiarazione come punto di partenza per considerare la posizione del visitatore in relazione ad Armada.

7 Michael Fried, "Art and Objecthood", in Art and Objecthood: Essays and Reviews, The University of Chicago Press, Chicago and London 1998, pag. 161.

8 Robert Morris, Ibid, pag. 150.

9 Helen Molesworth, "Painting with Ambivalence", in WACK!: Art and the Feminist Revolution, a cura di Cornelia Butler e Lisa Gabrielle Mark, The Museum of Contemporary Art, Los Angeles 2007, pag. 429.

10 Sebbene le categorie di genere e medium non siano così facilmente interscambiabili, qualcosa si può raccogliere da Judith Butler e Judith Halberstam. Per Butler, una cate-gorizzazione ferrea è sospetta, in quanto come, argomenta in Gender Trouble tali categorie sono construite e performate. Halberstam abbraccia la "categorizzazione come un modo di creare posti per atti, identità e modi di essere, che altri-menti rimarrebbero innominabili". Vedi http://www.genders.org/g29 _ halberstam.html.

It seemed a necessary step to try to conjure shape and
color. Before I made the collages, I had already established
a meta-structure in terms of palette, materials, site of
construction, transportation, and scheduling; so the other,
non-lingual (pre-lingual) parts of my brain were free
to wander.

JBW How did you secure the site for making the work
for the show?

LR In January, during my site visit, Curator Risa Puleo and
I decided that I would make the meat of the show in her
backyard. The backyard contained a carport that Risa
transformed into an open air studio for me—a Bachelardian
hut. The day I arrived in Austin I knew that she had made
a space that I could use in order to engage both my memory
of the strange things that happened on the road trip and
my longing to return to my own childhood backyard as a
space for uninterrupted play inflected by fears of and desires
for war. On Risa's part, it was a totally loving gesture that
nurtured the project into being.

From there the project just happened. I started
making decisions about how shapes would lay in next to
one another. It was completely improvisational. I only had
a week for this initial part, so there wasn't really time for any
of the editing, scrutiny, or outright filters that can be part
of my process. Plus, I had a team of assistants every day, so
I had to make decisions at a fairly rapid pace. I was in the
zone, completely engaged in the process, and totally unafraid.
Once it was finished we cut it apart, disassembled it, and
transported it to the Blanton. I think that this step was vital
to the open-ended nature of the project, because I wasn't
interested in controlling the way the work fit into the gallery.
I made two 12' x 12' paintings that I knew wouldn't fit into
the freight elevator and had to be sawed in two. So I knew
that the process of installing the work in the museum would
subject it to physical constraints that were outside of
my control and would therefore yield unexpected results.

Un'altra volta ho parcheggiato l'auto lungo la traiettoria percorsa dagli aerei in decollo, così fondamentalmente mi sono ritrovata con gli F-14 e i vecchi B-52 che volavano proprio sopra il mio furgone, tuonando e facendomi sobbalzare ogni volta, generando paura fisica e paranoia. Parte del mio rituale di memoria consisteva nel realizzare una serie di collage solo per costringere il cervello e le mani a pensare alle forme. Sembrava un passo necessario per cercare di evocare forma e colore. Prima di fare i collage, avevo già stabilito una meta-struttura in termini di tavolozza, materiali, luogo di costruzione, trasporto e programmazione; così le parti altre, non verbali (pre-verbali) del mio cervello erano libere di spaziare.

JBW Come hai trovato il posto per realizzare il lavoro per la mostra?

LR In gennaio, durante il sopralluogo, con la curatrice Risa Puleo abbiamo deciso che avrei realizzato la parte sostanziale della mostra nel suo cortile. Il cortile conteneva una tettoia per auto che Risa ha trasformato in uno studio all'aperto per me, una capanna Bachelardiana. Il giorno che sono arrivata a Austin ho saputo che aveva preparato uno spazio che potevo usare per mettere al lavoro sia la mia memoria delle strane cose che erano successe nel viaggio sia il mio desiderio di ritornare al cortile della mia infanzia come spazio di gioco ininterrotto, soggiogato da paure e desideri di guerra. Da parte di Risa, è stato un gesto totalmente spassionato che ha consentito al progetto di nascere.

Da lì in poi, il progetto è semplicemente accaduto. Ho iniziato a prendere decisioni su come accostare le forme. Si è trattato di una completa improvvisazione, avevo solo una settimana per questa parte iniziale, così non c'era davvero il tempo per fare correzioni, revisioni o per applicare i filtri che a volte utilizzo. In più, avevo una squadra di assistenti ogni giorno, il che mi imponeva di prendere decisioni abbastanza rapide. Ero immersa nel lavoro, completamente impegnata nel processo, e totalmente priva di paura. Una volta terminate

I wanted this; I wanted the extra hand of phenomena, chance, and failure to help form the project.

JBW To get anecdotal for a moment, I was born in 1973 in Amarillo, Texas, which is the home of the Pantex Plant, the final assembly point for every nuclear weapon in the United States. It was a bizarre point of pride in the area that we were supposedly at the top of the Soviet target list. We palpably felt our proximity to all this destructive power. My mother would bring my sisters and me to peace protests outside the Pantex gates when we were children, and these protests were really my inauguration into the arena of social justice— they were defining moments in terms of activism, populist rage, political organizing, and hope.

Still, the sense that war could break out despite all our efforts and the fear that we could all be destroyed at any minute really haunted me. This brings me to your most recent project, Launch on Tactical Warning (2009). It refers to a war game circa 1983—back to that year!—in which various scenarios about "time-to-strike" were played out. On the floor of the gallery, you install a large-scale map that shows missile deployment locations and times and renders the global conflict in graphic terms. It captures both the urgency of nuclear time—soon soon soon—while it also makes an anachronistic return to this historical moment.

LR Actually, when you first enter the gallery, you find yourself in the middle of what seems to be a show of abstract paintings and drawings. Then, once you go downstairs and look over the edge of the mezzanine, you are confronted with the map and sculptures that graphically locate the viewer in relationship to the war game Able Archer—as if that constellation could provide a historical and temporal location for the installation. Following the stairs down, you find yourself in a bunker-cum-studio where the abstract paintings are being generated, as though this is the space that cultivates a desire to engage the outside world/the upstairs world/the world unprotected from nuclear exchange through a language of hard-edged abstraction.

le opere, le abbiamo tagliate, disassemblate e trasportate al
Blanton. Penso che questo passaggio fosse vitale per la natura
inconclusa del progetto, perché non mi interessava controllare
come il lavoro si sarebbe adattato alla galleria. Ho fatto due
dipinti da 285 x 285 cm che sapevo non sarebbero entrati
nel montacarichi e che dovevano essere segati in due pezzi.
Sapevo che il processo di installazione del lavoro nel museo
sarebbe stato soggetto a limiti fisici al di fuori del mio controllo e che perciò avrebbe prodotto risultati inattesi. Volevo
questo: volevo la componente aggiuntiva di fenomeni, caso
e fallimento, che aiutasse a formare il progetto.

JBW Entriamo un attimo nell'aneddotica, io sono nata nel
1973 ad Amarillo, Texas, che è dove ha sede il Pantex Plant,
il punto di assemblaggio finale per ogni arma nucleare degli
Stati Uniti. Era una bizzarra forma d'orgoglio, in quell'area,
il fatto che fossimo in cima alla lista dei bersagli sovietici,
o almeno così si supponeva. La vicinanza con tutta quella
potenza distruttrice era palpabile. Mia madre portava
me e le mie sorelle alle proteste per la pace fuori dai cancelli
della Pantex quando eravamo bambine, e queste proteste
sono state in realtà la mia iniziazione all'arena della giustizia
sociale; furono momenti capitali in termini di attivismo,
rabbia populista, organizzazione politica e speranza.

Ciononostante, il senso che la guerra potesse scoppiare
nonostante i nostri sforzi e la paura che potessimo tutti essere
distrutti in ogni momento, mi perseguitava. Questo mi porta
al tuo progetto più recente, Launch on Tactical Warning.
Fa riferimento a un'esercitazione militare del 1983 circa –
di nuovo quell'anno! – nella quale venivano esaminati vari
scenari relativi al "momento di colpire". Sul pavimento
della galleria installerai una grande mappa che mostra le
zone e i tempi di dispiegamento dei missili e ricostruisce
il conflitto in termini grafici. Cattura l'urgenza del periodo
nucleare – presto presto presto – mentre costruisce un
ritorno anacronistico a questo momento storico.

LR In effetti, entrando nella galleria ci si ritrova nel mezzo
di quella che sembra una mostra di dipinti e disegni astratti.

As I made these collages and paintings and tried to
slot the shapes and colors in together, I found that the
mechanics of my imagination functioned in a manner that
was almost identical to my cognitive process when I try
to imagine the unthinkable—like when I try to imagine
the scope of destruction produced by a fireball three miles
in diameter. Following this thread, I tried to push the
two activities (the act of contemplating infinity and the act
of abstract picture-making) together within the narrative
of the exhibition. So there is an artist's studio in a bunker.

JBW Can you say more about why the bunker is such
a potent motif for you? I find it especially intriguing in light
of your previous comment that such underground shelters
were impossible where you grew up.

LR Metaphorically speaking, the bunker is the garage, it is
the basement, it is the playroom, it is the tree fort, it is the
studio. In pre-adolescent time it is a safe space, a space that
protects you from being found out, a place where you can
commit thought crimes, a place where you can jerk off and
not be discovered. The bunker is the place where you
can hide the things that you have stolen, a place where
you can look through your dad's porn collection and smoke
his cigarettes when you are 12 years old. In the bunker,
the rules of the outside world do not apply. In the bunker,
you make your own rules. The metaphor of the bunker can
be conjured on any geographic strata; it does not have
to be a subterranean space per se. However, if we are talking
about the bunker in terms of ontological theory, when we
are in the cellar we are in a space akin to the thoughts
and desires that we don't readily admit to ourselves; we are
in the space of our unconscious desires.

Launch on Tactical Warning conflates these spaces.
It even includes references to actual bunkers like Greenbriar
Bunker in West Virginia, which was the Continuity of
Government Bunker for the Senate, and the Titan Missile Silo
Command Center, which is a hardened structure underground.
Those spaces are real. They are military, they are bureaucratic,

Una volta scese le scale e guardato oltre la ringhiera del
soppalco, ci si trova di fronte alla mappa e alle sculture
che posizionano graficamente il visitatore in relazione
con l'esercitazione di guerra Able Archer, come se quella
costellazione potesse localizzare l'installazione nello spazio
e nel tempo. Scendendo le scale, ci si trova in un bunker-
studio dove si generano i dipinti astratti, come se questo
spazio coltivasse un desiderio di contattare il mondo
esterno/il mondo al pianterreno/il mondo non protetto
dallo scambio nucleare attraverso il linguaggio di un'astrazione coriacea.

Mentre realizzavo questi collage e dipinti e cercavo di
introdurvi le forme e i colori, ho scoperto che la meccanica
della mia immaginazione funzionava in modo quasi identico
al processo cognitivo di quando cerco di immaginare
l'impensabile, come quando cerco di figurarmi la portata
della distruzione prodotta da una palla di fuoco di tre
miglia di diametro. Seguendo questo filo conduttore, ho
cercato di spingere le due attività (l'atto di contemplare
l'infinito e l'atto del fare pittura astratta) insieme all'interno
della narrazione della mostra. Quindi c'è uno studio
d'artista in un bunker.

JBW Puoi dirci qualcosa in più sul perché il bunker sia
un motivo così potente per te? Lo trovo particolarmente
intrigante alla luce del tuo precedente commento in
cui ti riferisci al fatto che questi rifugi sotterranei fossero
impossibili nell'area in cui sei cresciuta.

LR Parlando per metafore, il bunker è il garage, è la
cantina, è la stanza dei giochi, è la casa sull'albero, è lo studio. Nell'età pre-adolescenziale è un posto sicuro, un luogo
che ti protegge dall'essere trovato, un posto dove puoi
peccare con il pensiero, un posto dove puoi masturbarti
senza essere scoperta. Il bunker è il posto dove puoi nascon-
dere le cose che hai rubato, un posto dove puoi guardare
la collezione dei porno di papà e fumare le sue sigarette
quando hai dodici anni. Nel bunker, le regole del mondo

and they are banal. There is a timeless quality in the now-defunct, museum-ified bunker spaces; they feel like bank vaults or capsules. So I tried to engage this bunker on all of those levels.

JBW Maybe, to conclude, you could comment on the re-emergence of your alter-ego Dr. Hauptman (in this allusive narrative, he is the painter cooped up in the bunker) — particularly how you are using him as a cover or alibi for your foray into abstraction.

LR One of the things that came to the foreground during the road trip was my interest in the simultaneous presence of both bureaucratic and romantic time. This is the place where war maps and abstract painting meet, I think. And if this installation conflates the romantic and the bureaucratic, the legitimate and the irrational, then I need Hauptman because he completes the polemic.

1   The Day After, a made-for-TV movie directed by
    Nicholas Meyer, aired on November 20, 1983 on ABC.

2   Lee Edelman, No Future: Queer Theory and the
    Death Drive (Durham, NC: Duke University Press), 2004.

esterno non sono in vigore. Nel bunker, ti fai le tue regole.
La metafora del bunker può essere evocata su qualsiasi strato
geografico; non deve essere uno spazio sotterraneo in sé.
Tuttavia, se parliamo del bunker in termini di teoria ontolo-
gica, quando siamo in cantina siamo in uno spazio affine
ai pensieri e desideri che non ammettiamo volentieri a noi
stessi: siamo nello spazio dei nostri desideri inconsci.

Launch on Tactical Warning fonde insieme quegli
spazi. Include anche riferimenti ai bunker effettivi come
il Greenbriar Bunker in West Virginia, che è stato il "bunker
della continuità di governo" del Senato, e il Titan Missile
Silo Command Center, che è una struttura sotterranea. Questi
spazi sono reali. Sono militari, sono burocratici, e sono banali.
C'è una qualità atemporale negli spazi dei bunker ormai
defunti e museificati; sembrano caveau di banche o capsule.
Così ho cercato di interpretare questo bunker su tutti i livelli.

JBW Forse, per concludere, potresti commentare il riemergere
del tuo alter ego Dr. Hauptman (in questa narrazione allusiva
è il pittore cooptato nel bunker), particolarmente il modo
in cui lo stai utilizzando come copertura o alibi per la tua
incursione nell'astrattismo.

LR Una delle cose che sono emerse durante il viaggio
è il mio interesse verso la presenza simultanea del tempo
romantico e di quello burocratico. Questo è il luogo in cui
le mappe da guerra e i dipinti astratti si incontrano, penso.
E se l'installazione unisce il romantico e il burocratico,
il legittimo e l'irrazionale, allora ho bisogno di Hauptman
perché egli completa questa controversia.

1   The Day After, film tv diretto da Nicholas Meyer, è andato
    in onda per la prima volta il 20 Novembre 1983 sulla ABC.

2   Lee Edelman, No Future: Queer Theory and the
    Death Drive, Duke University Press, Durham, NC 2004.

GALLERIA RICCARDO CRESPI
MILAN, ITALY
MAY 28-JULY 25, 2009

LAUNCH ON TACTICAL WARNING

GALLERIA RICCARDO CRESPI
MILAN, ITALY
MAY 28-JULY 25, 2009

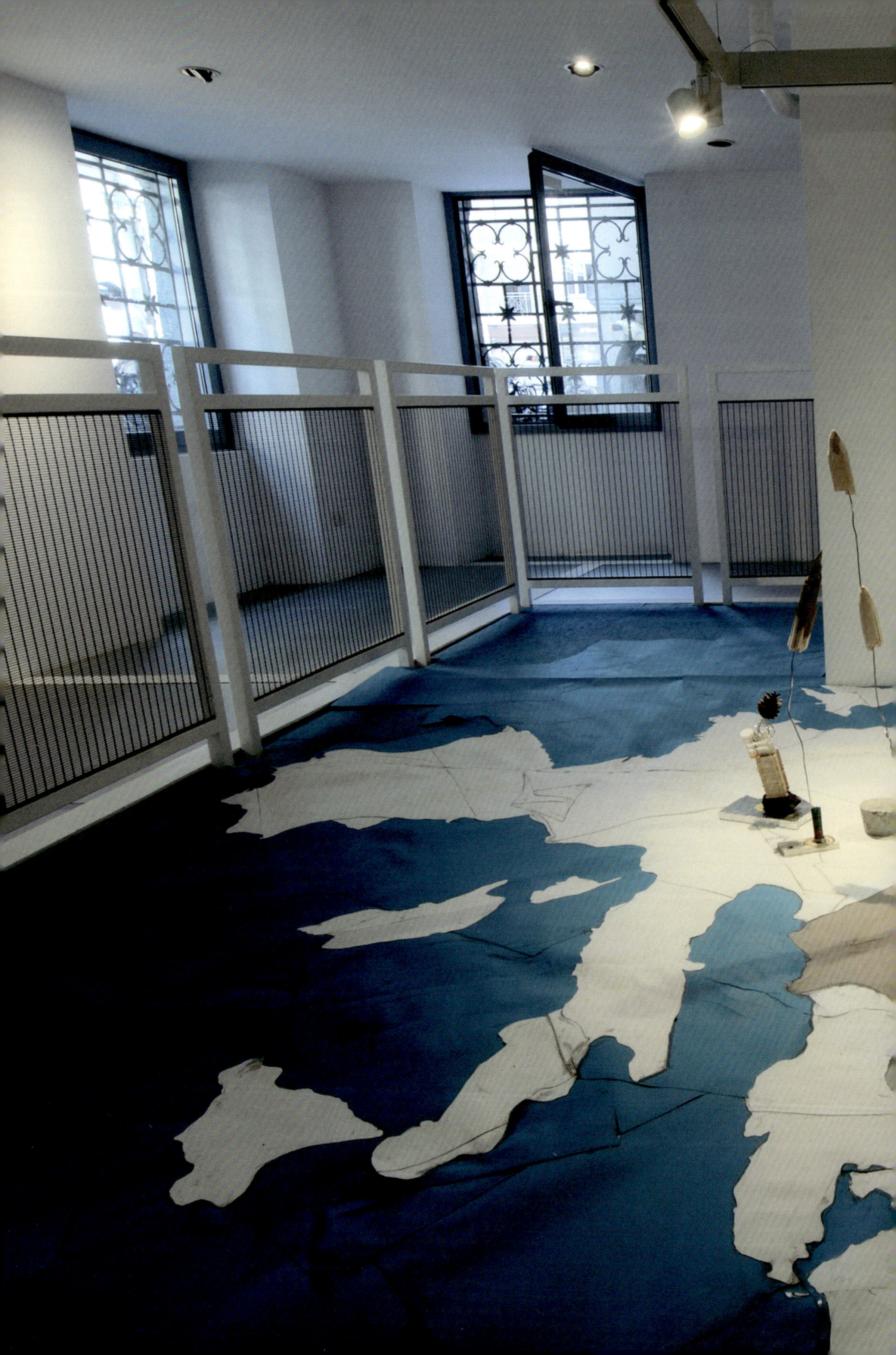

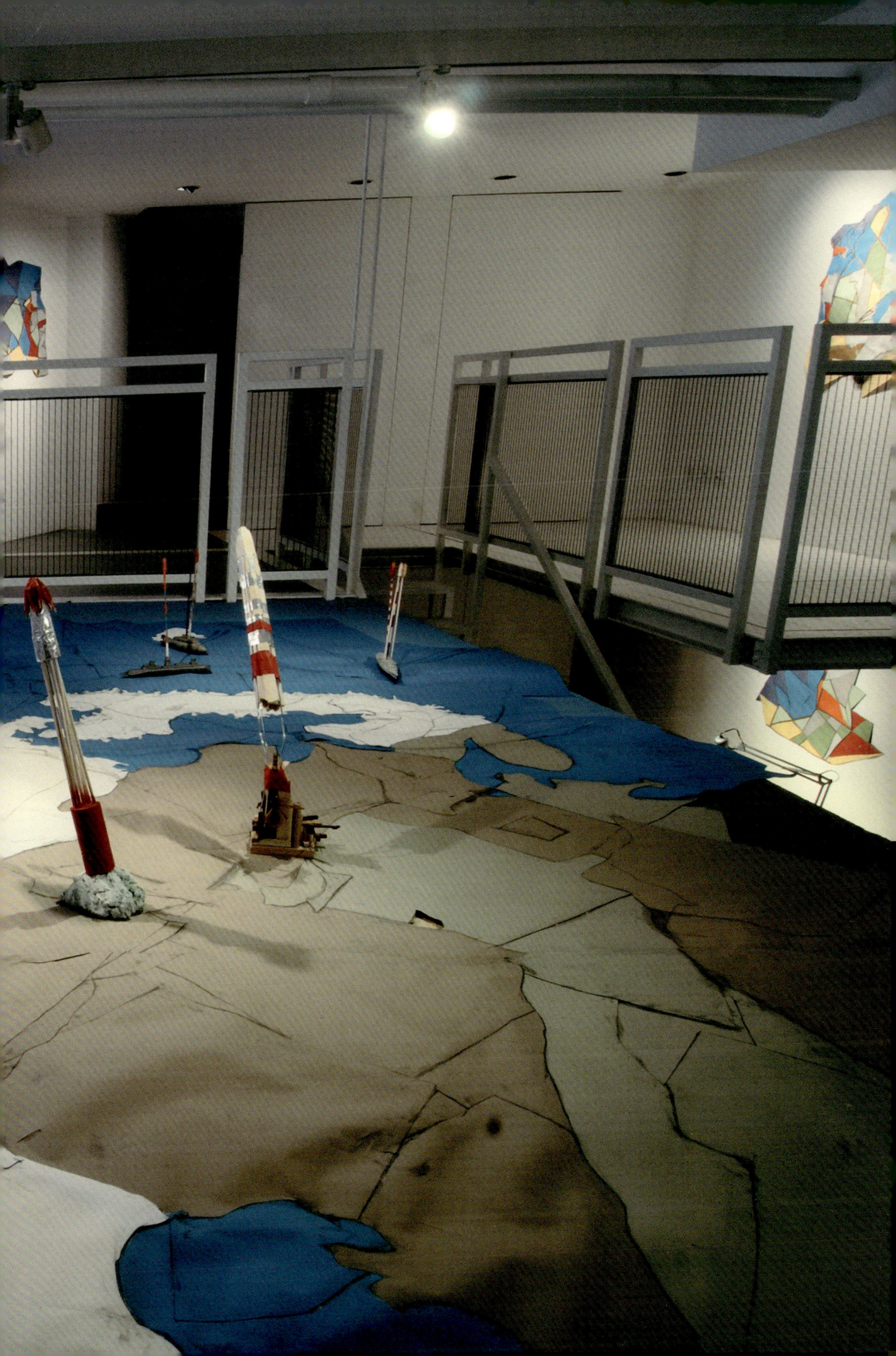

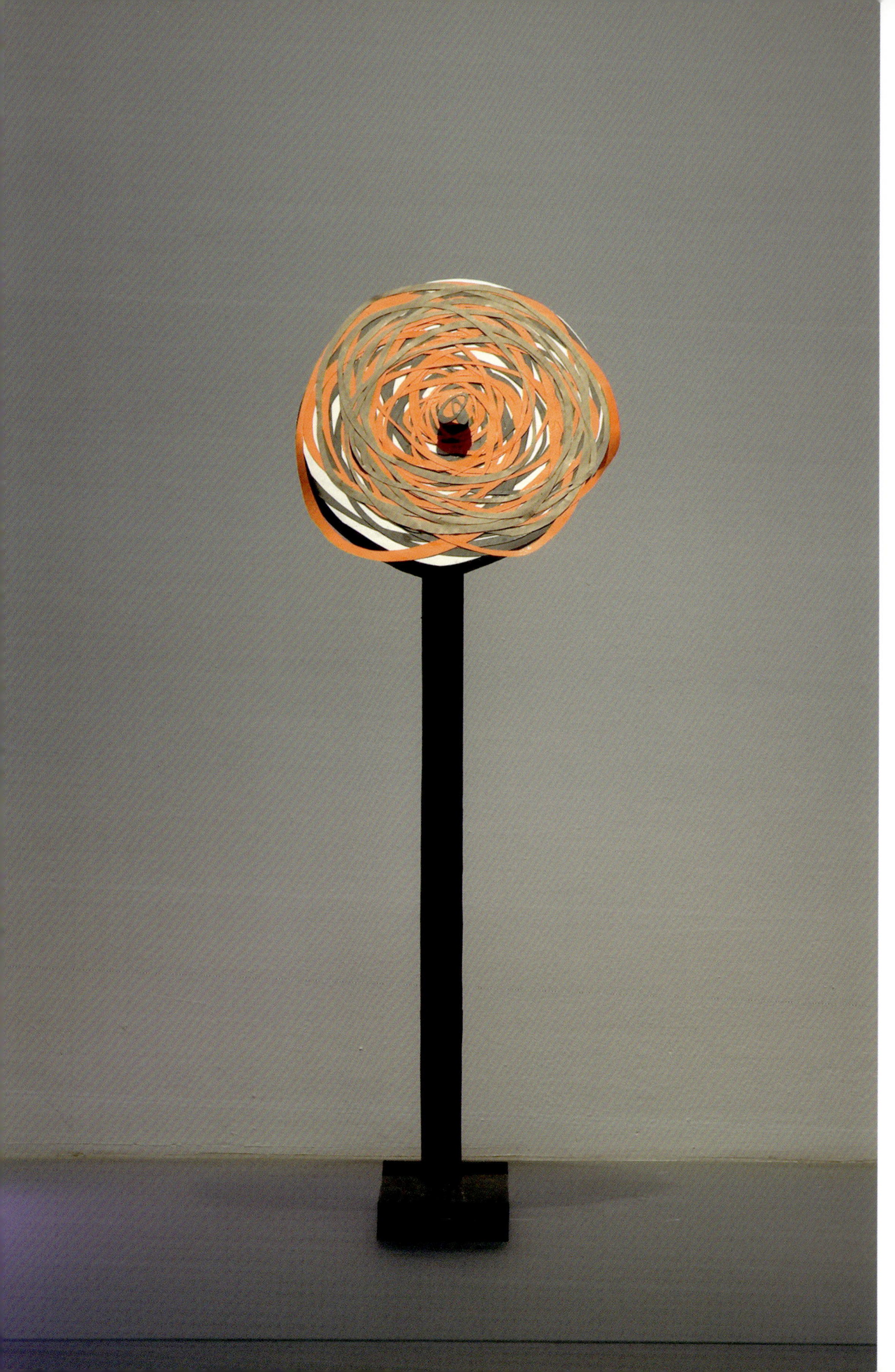

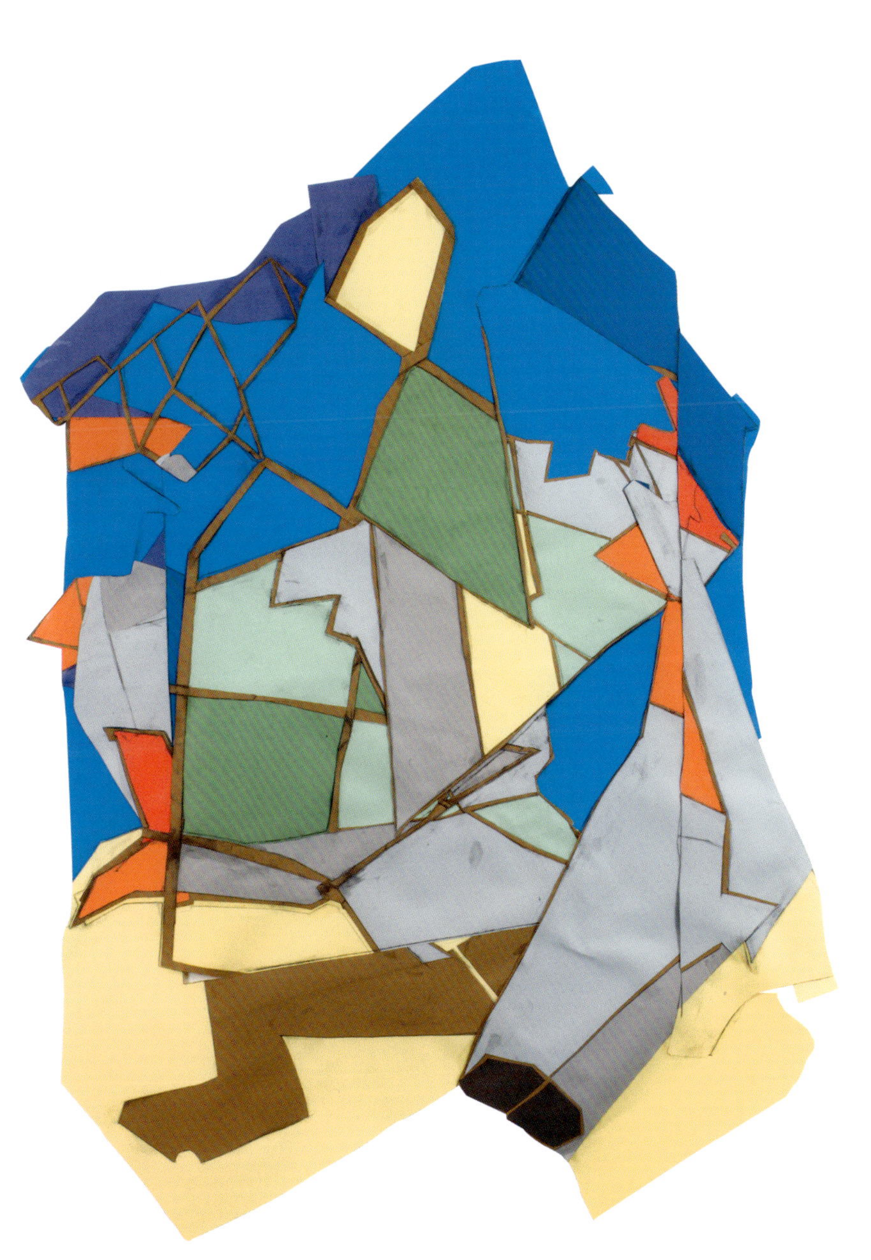

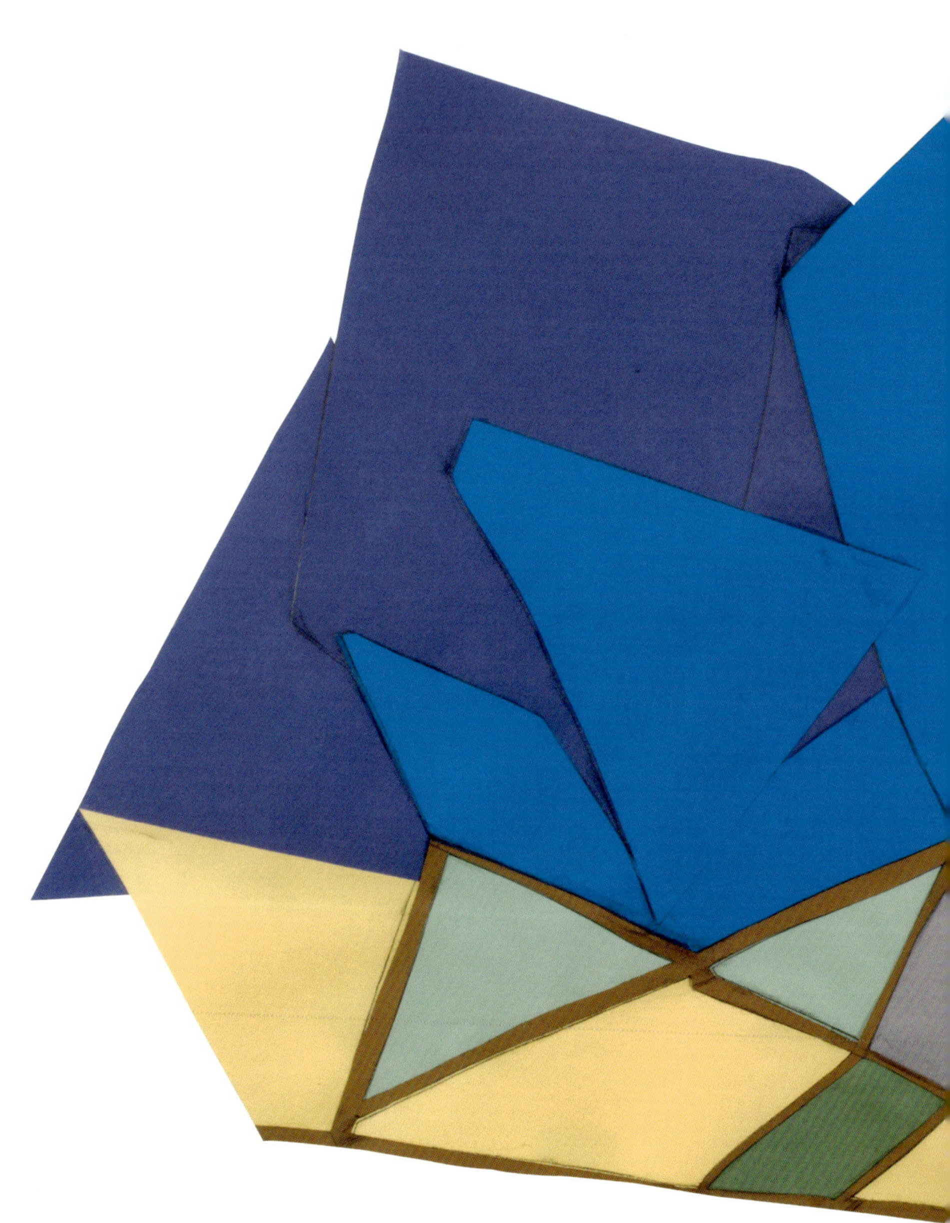

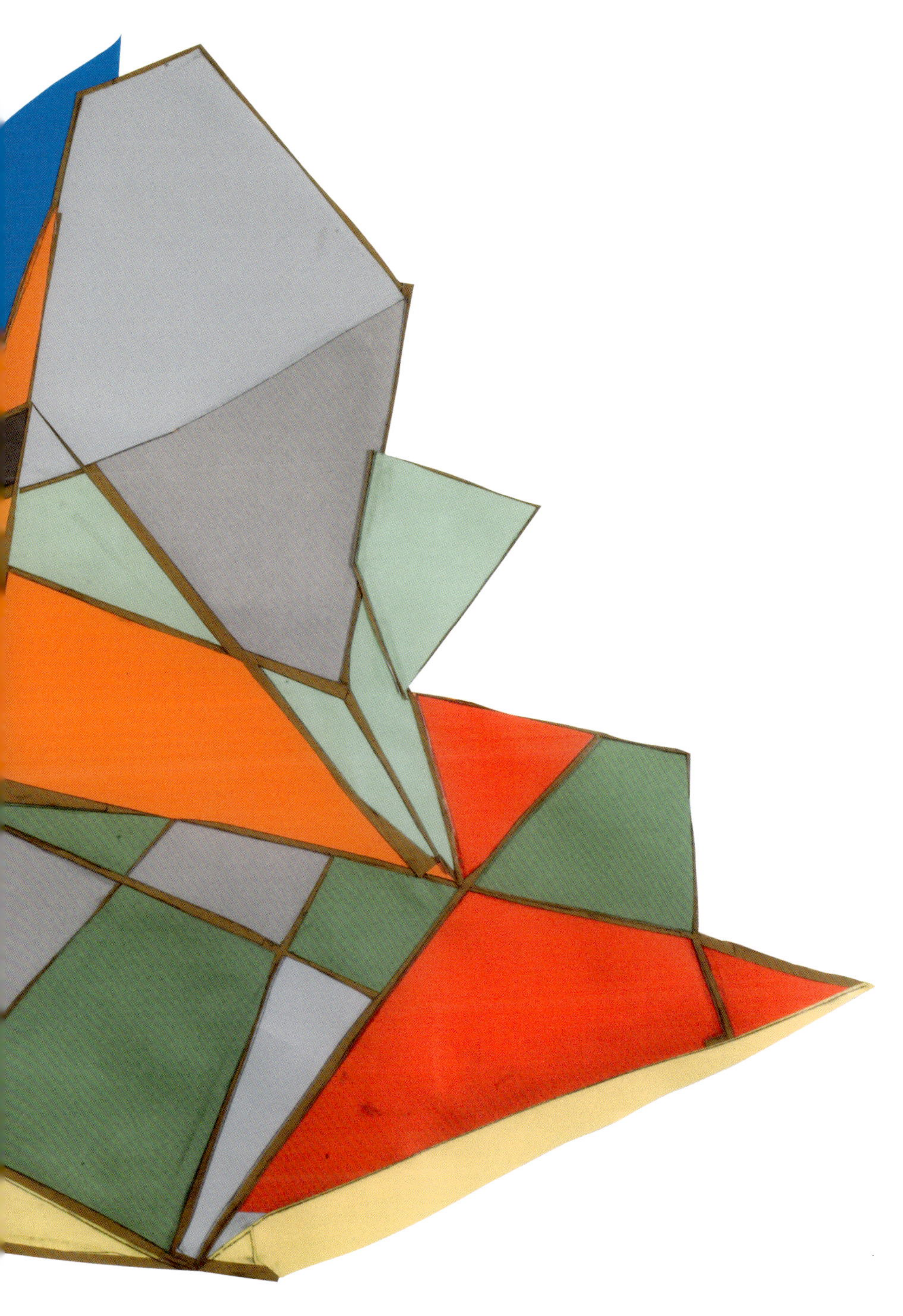

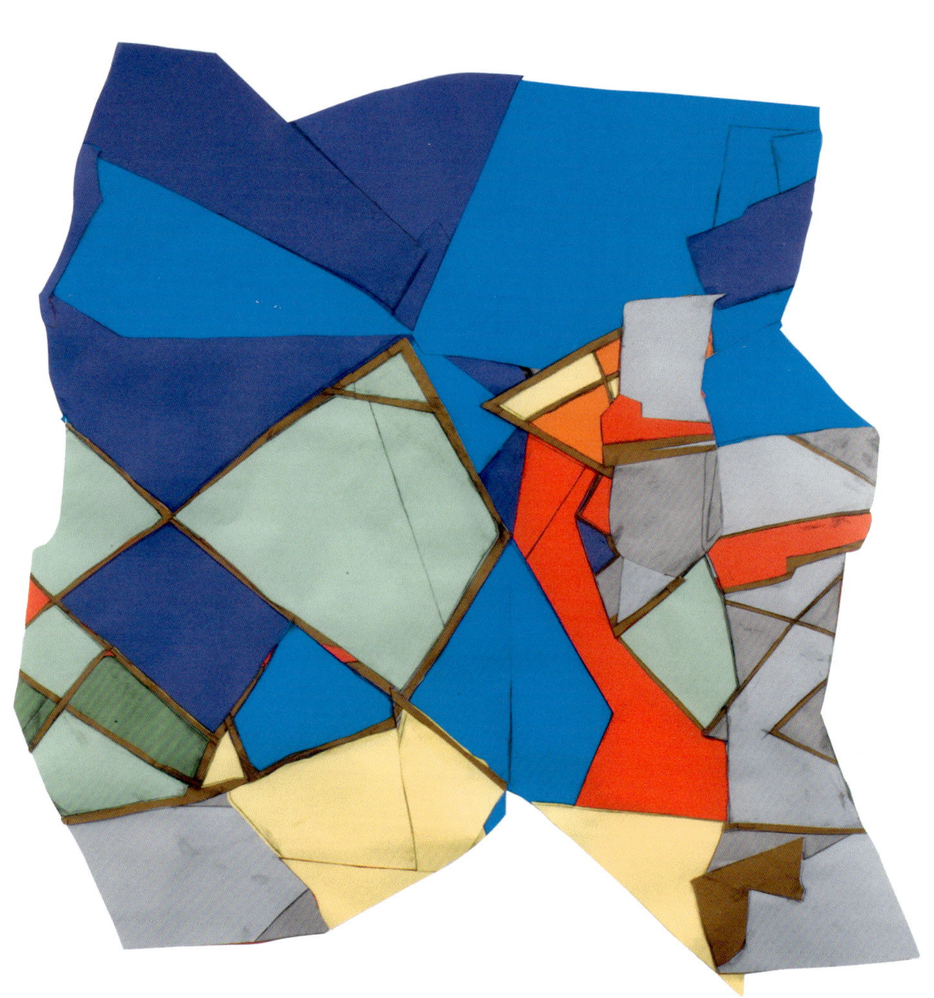

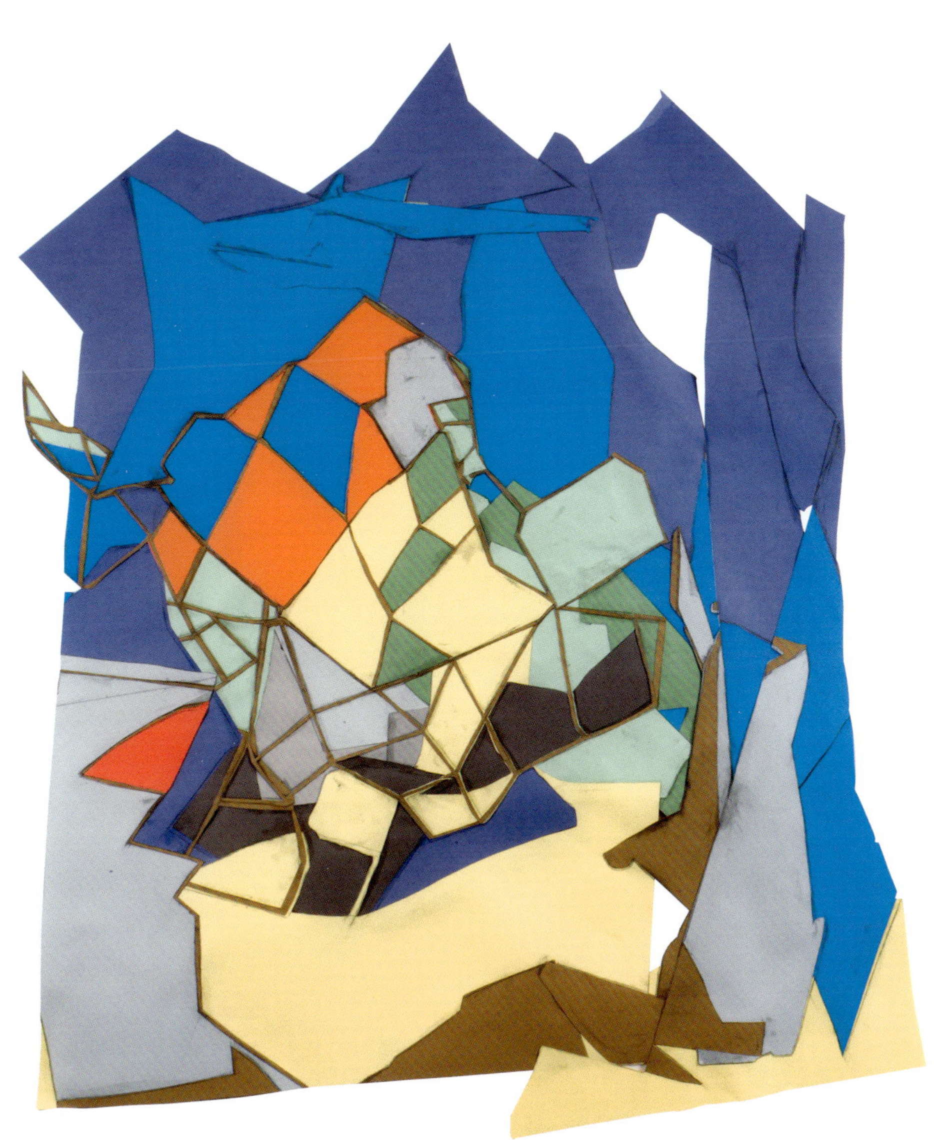

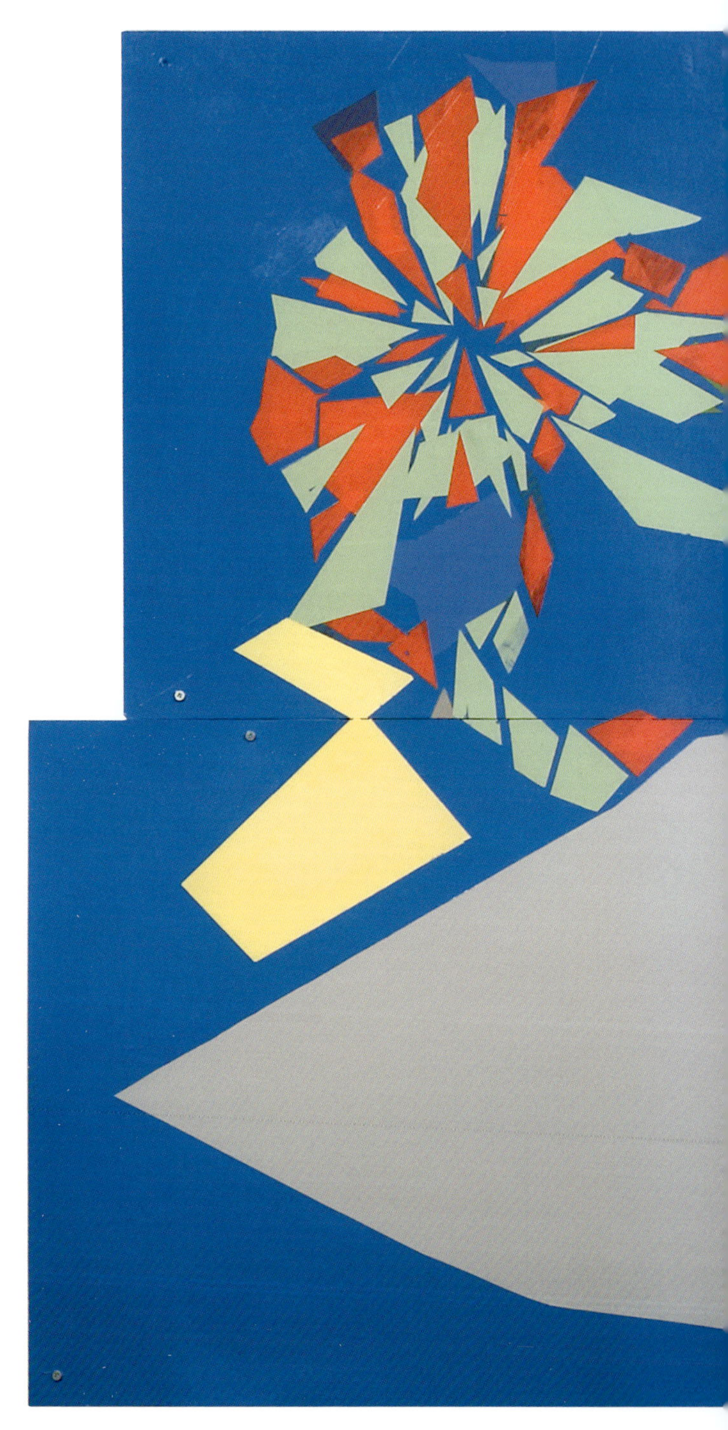

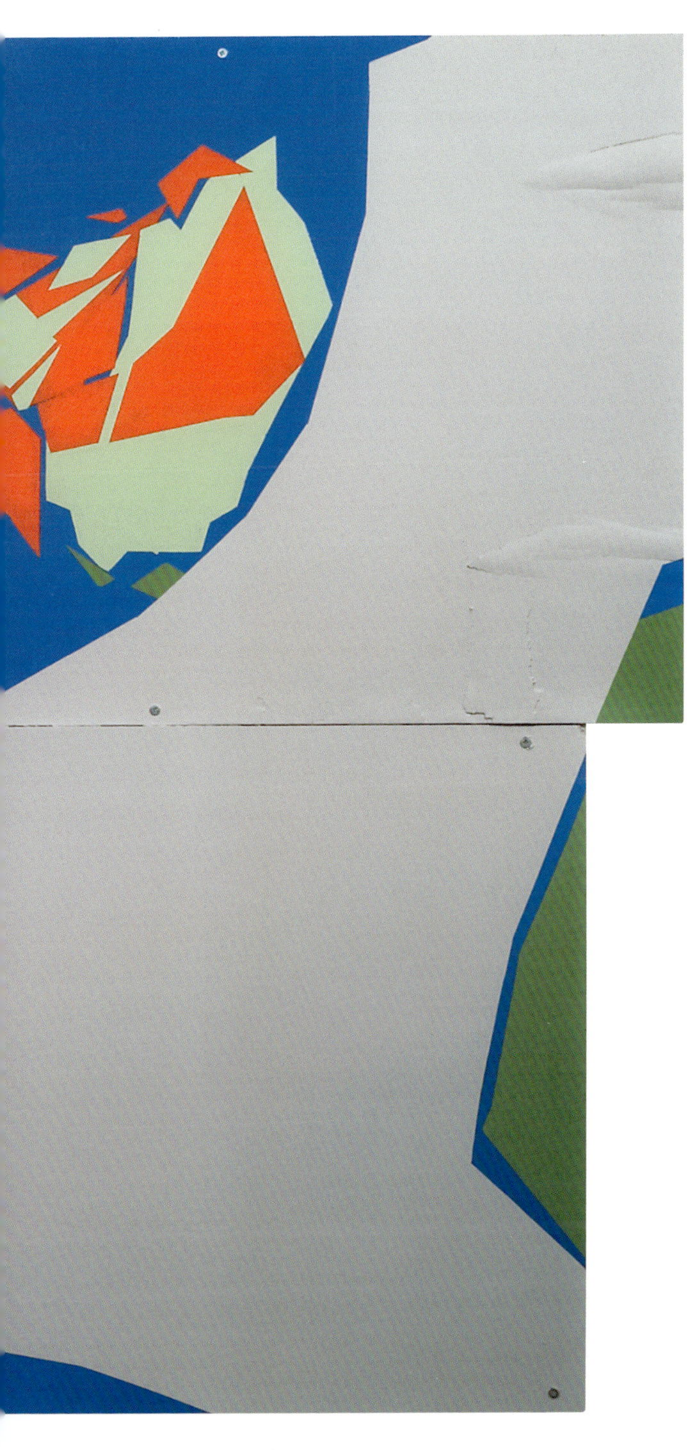

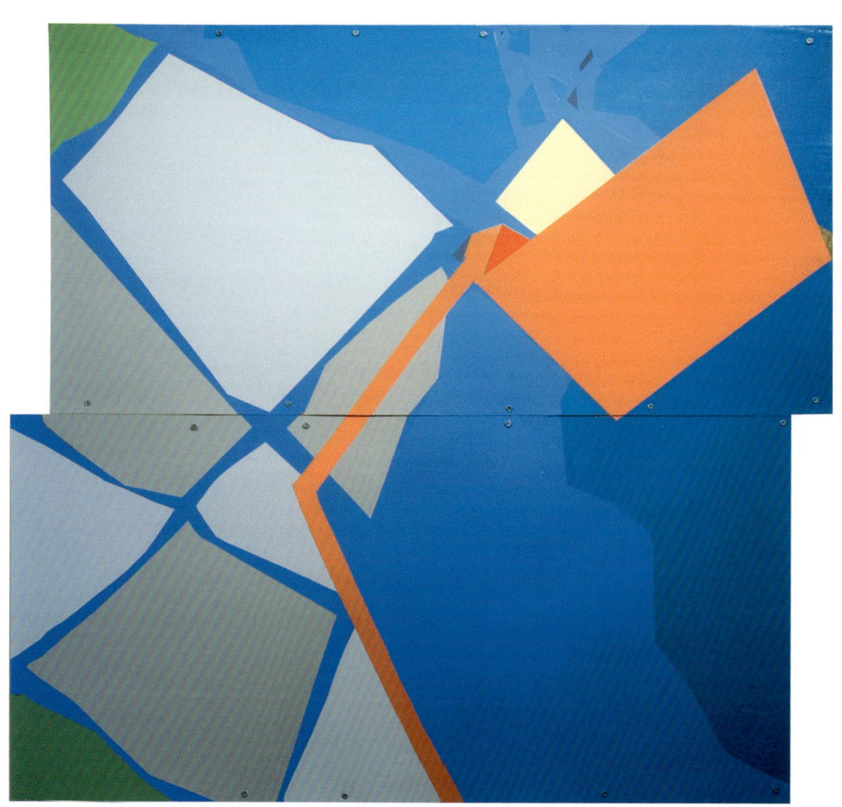

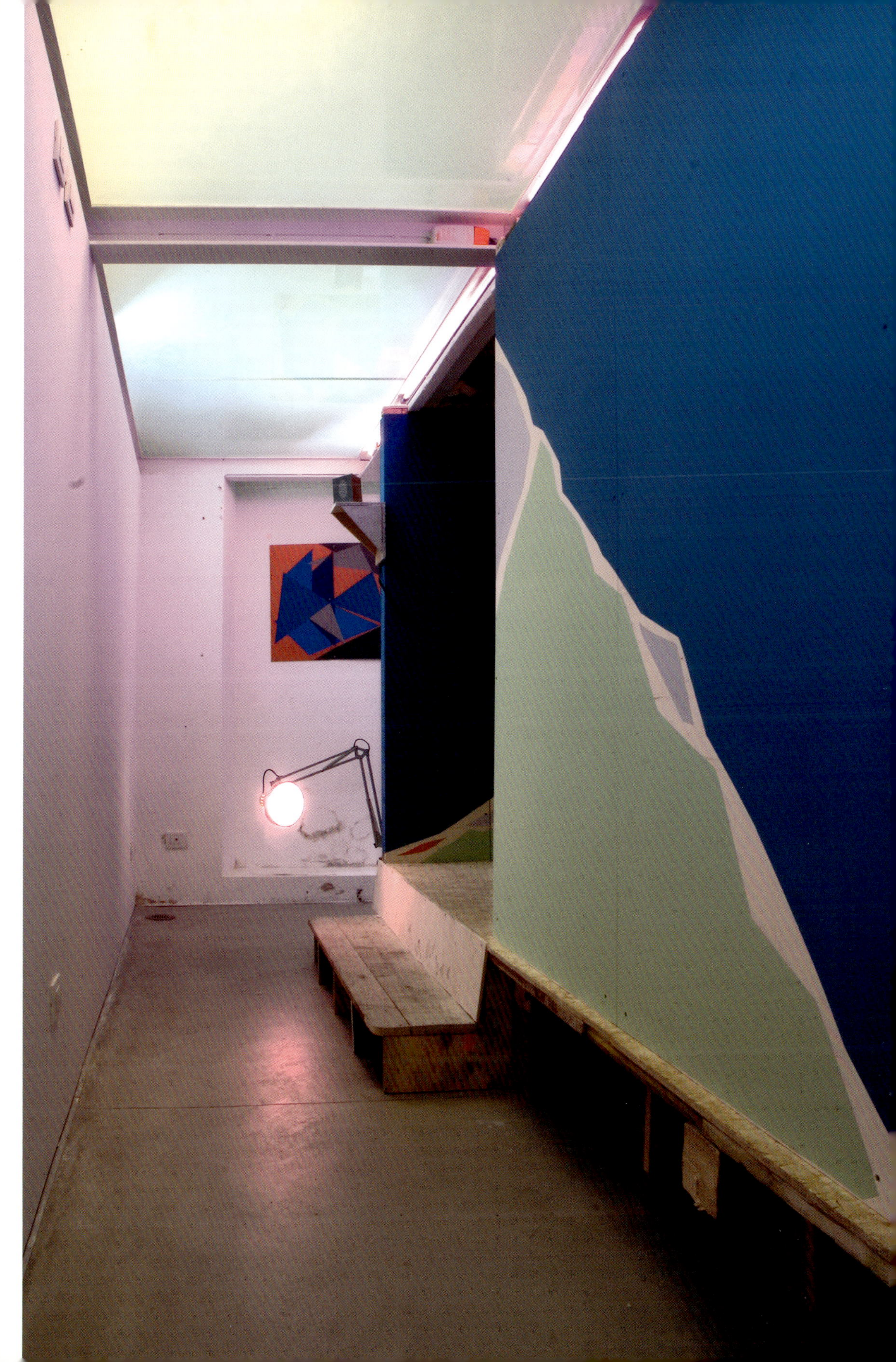

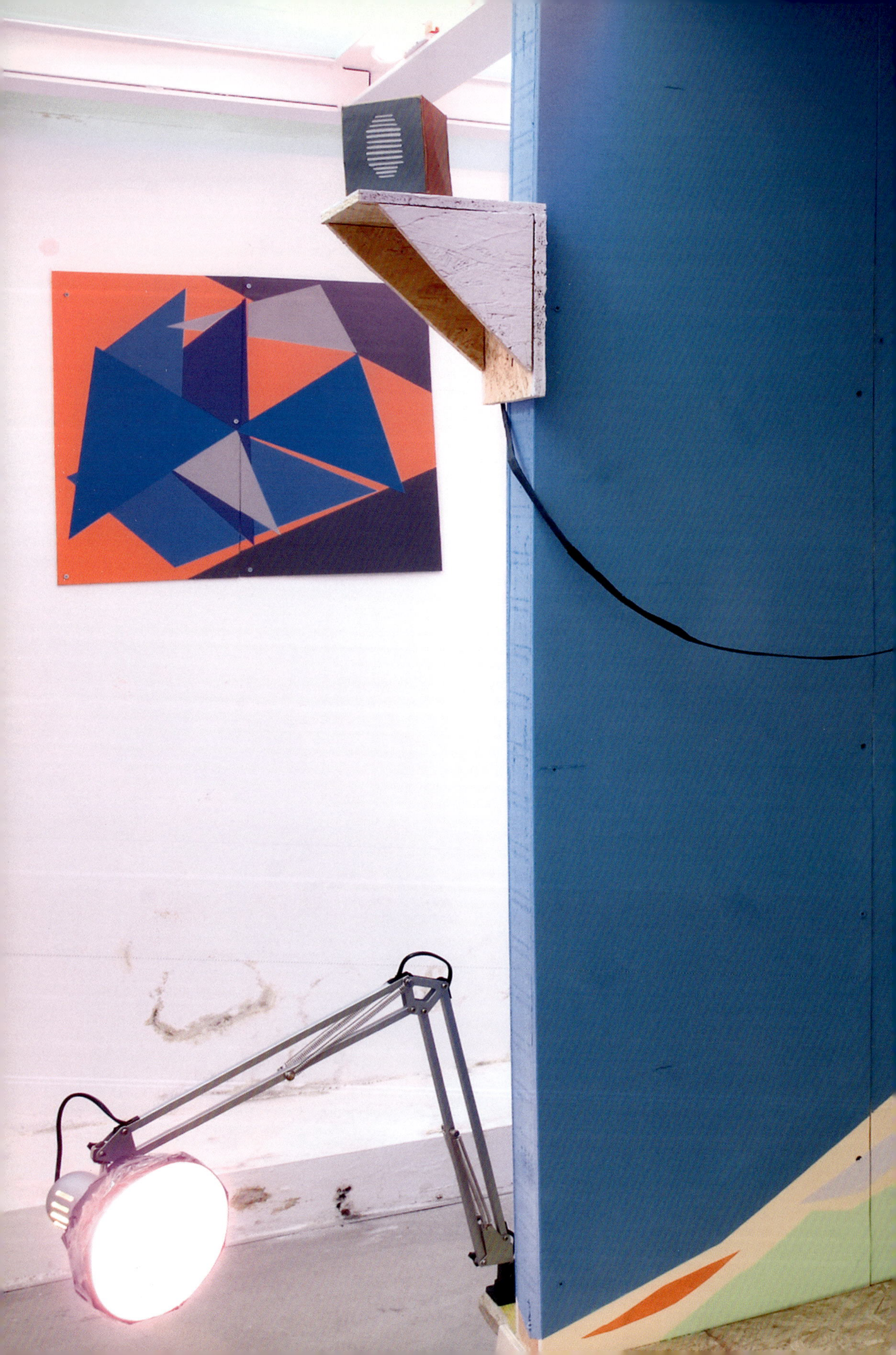

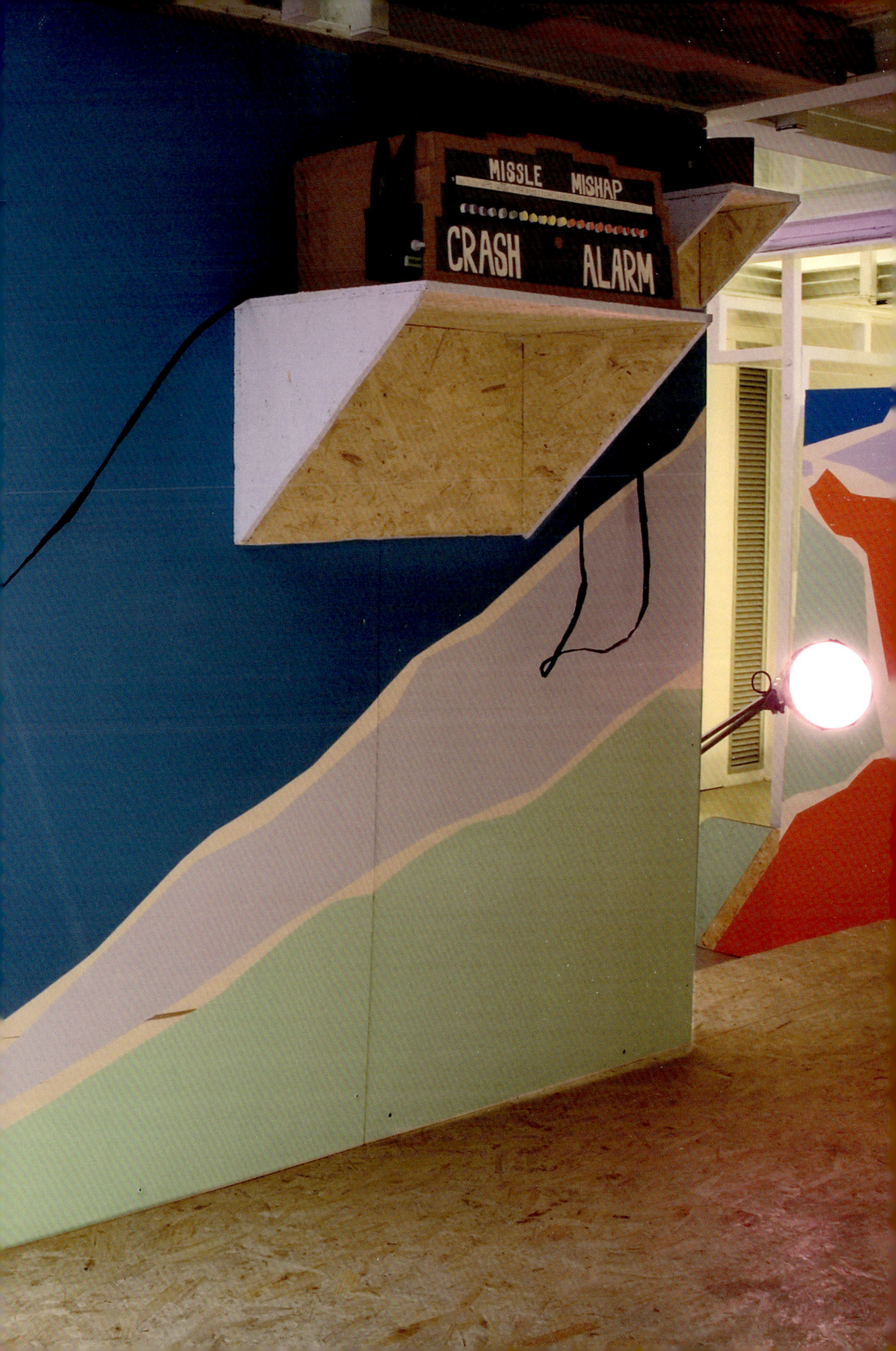

MISSLE   MISHAP
CRASH   ALARM

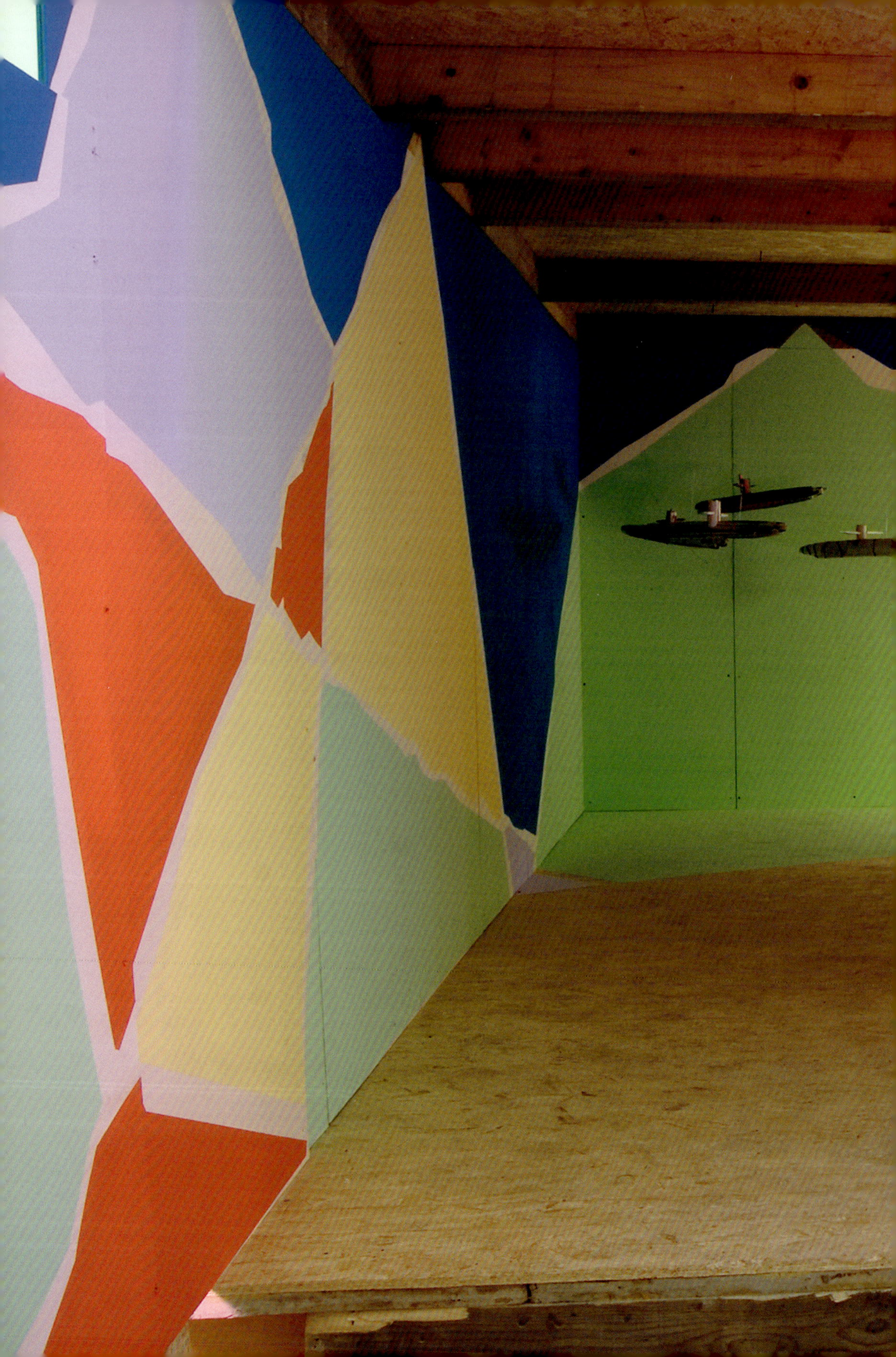

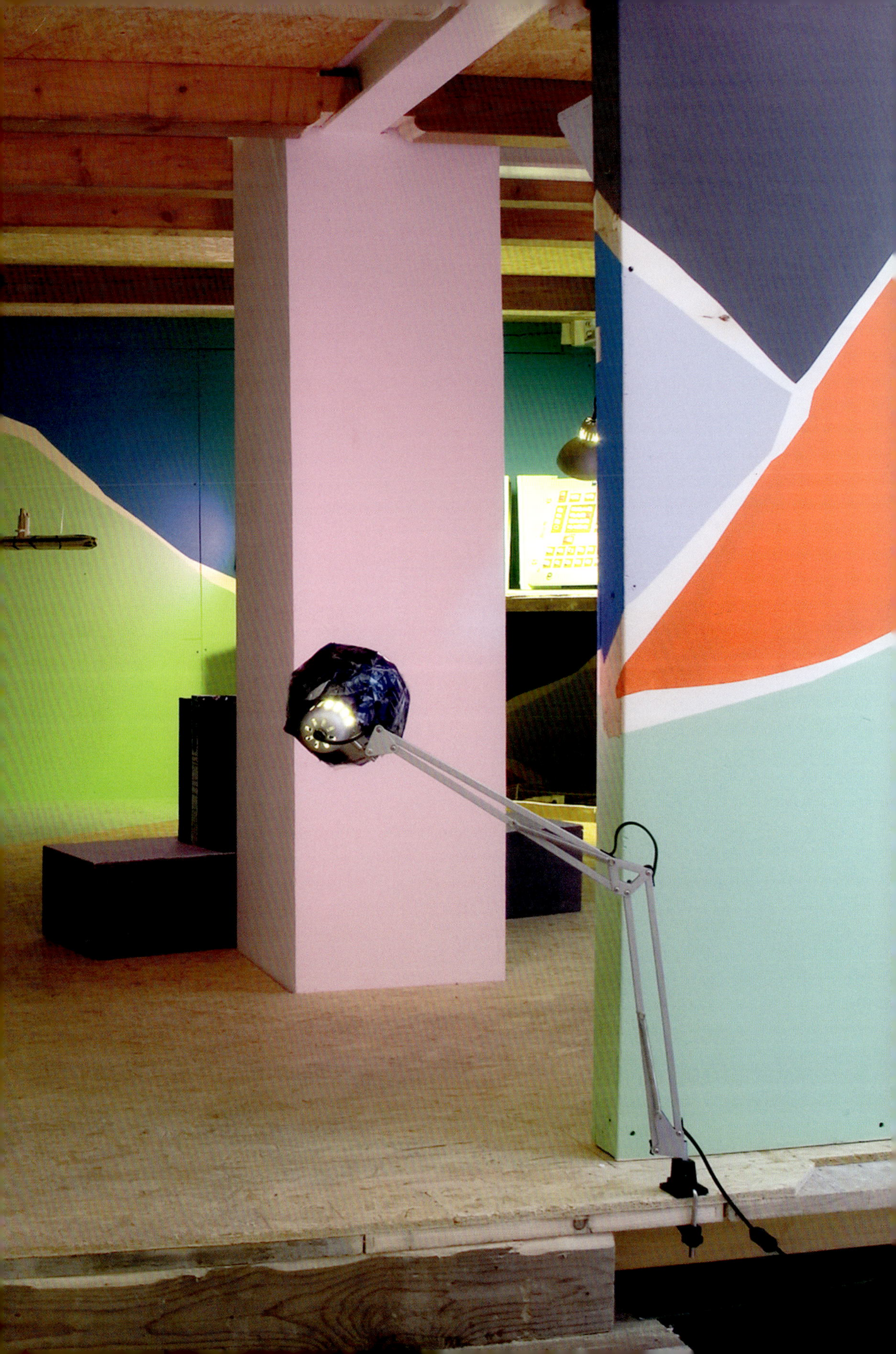

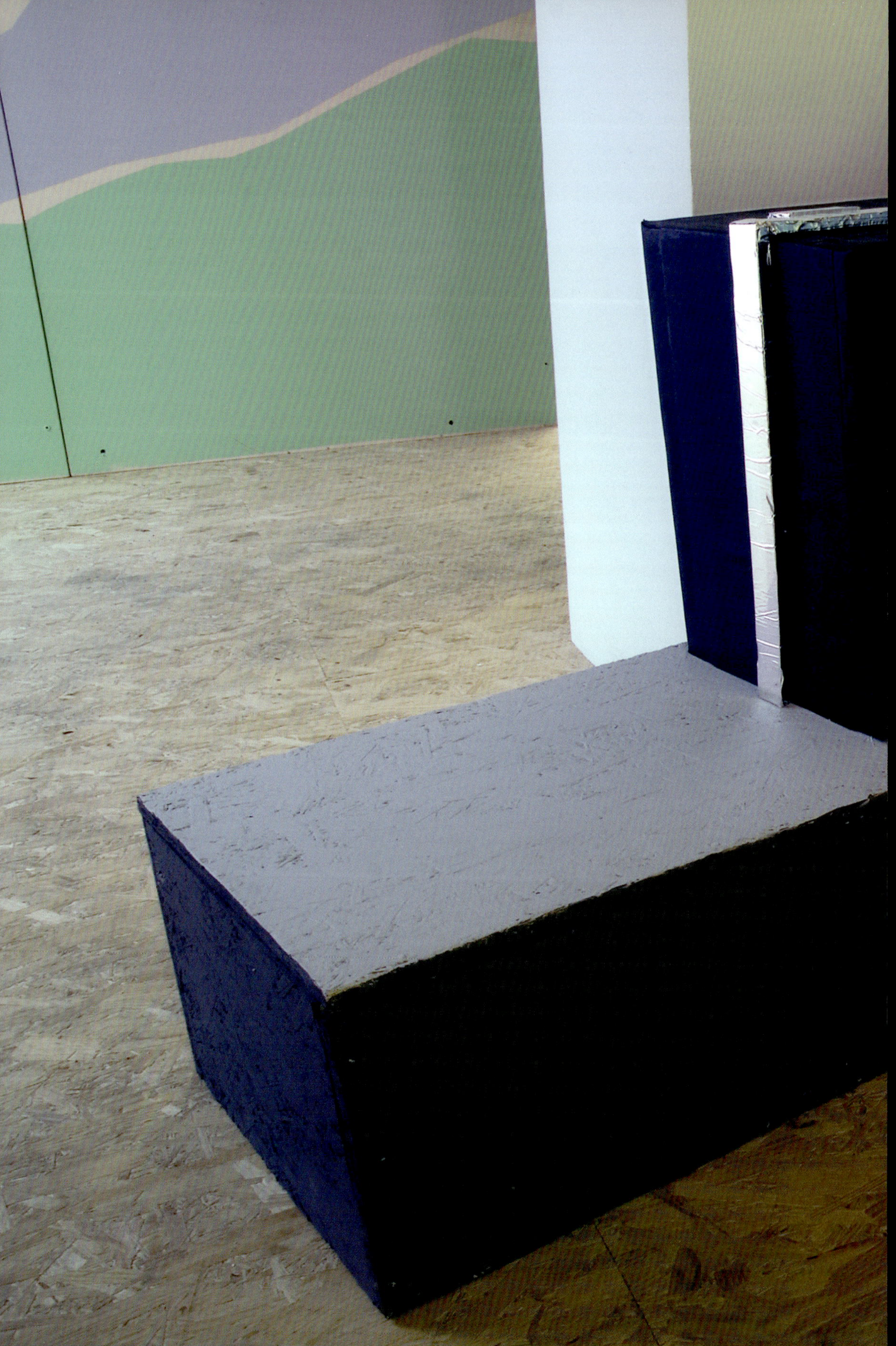

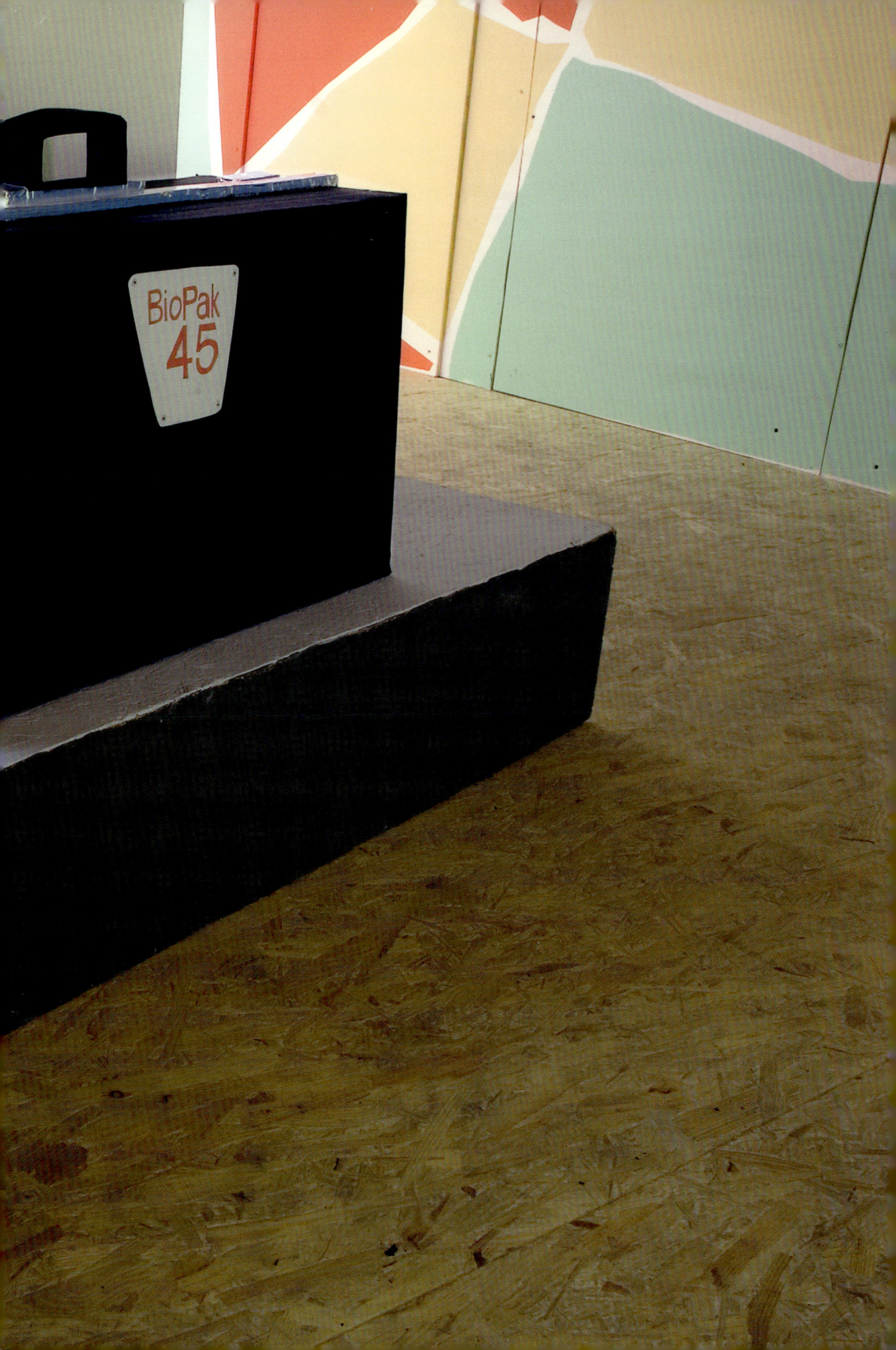

BioPak
45

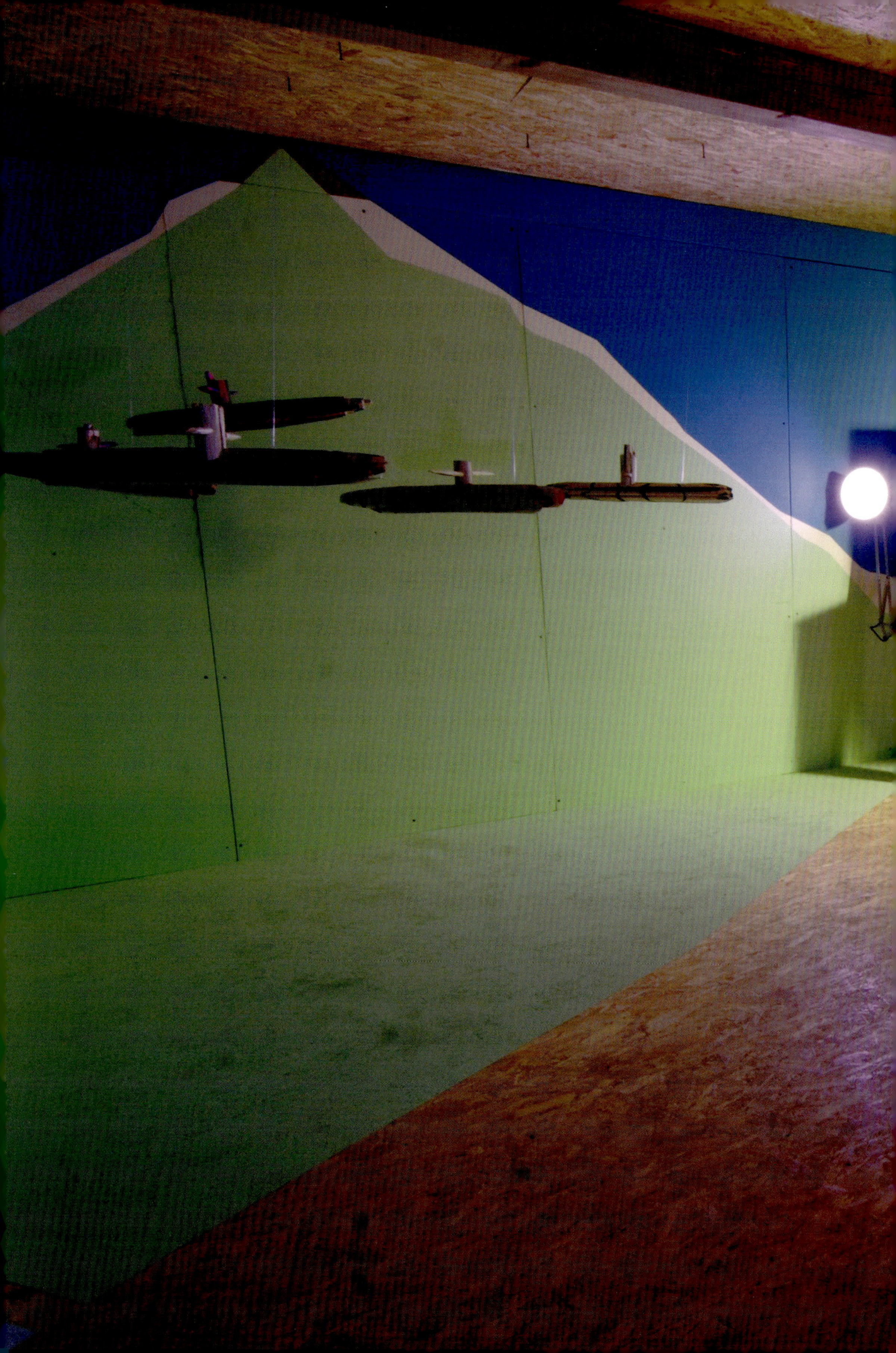

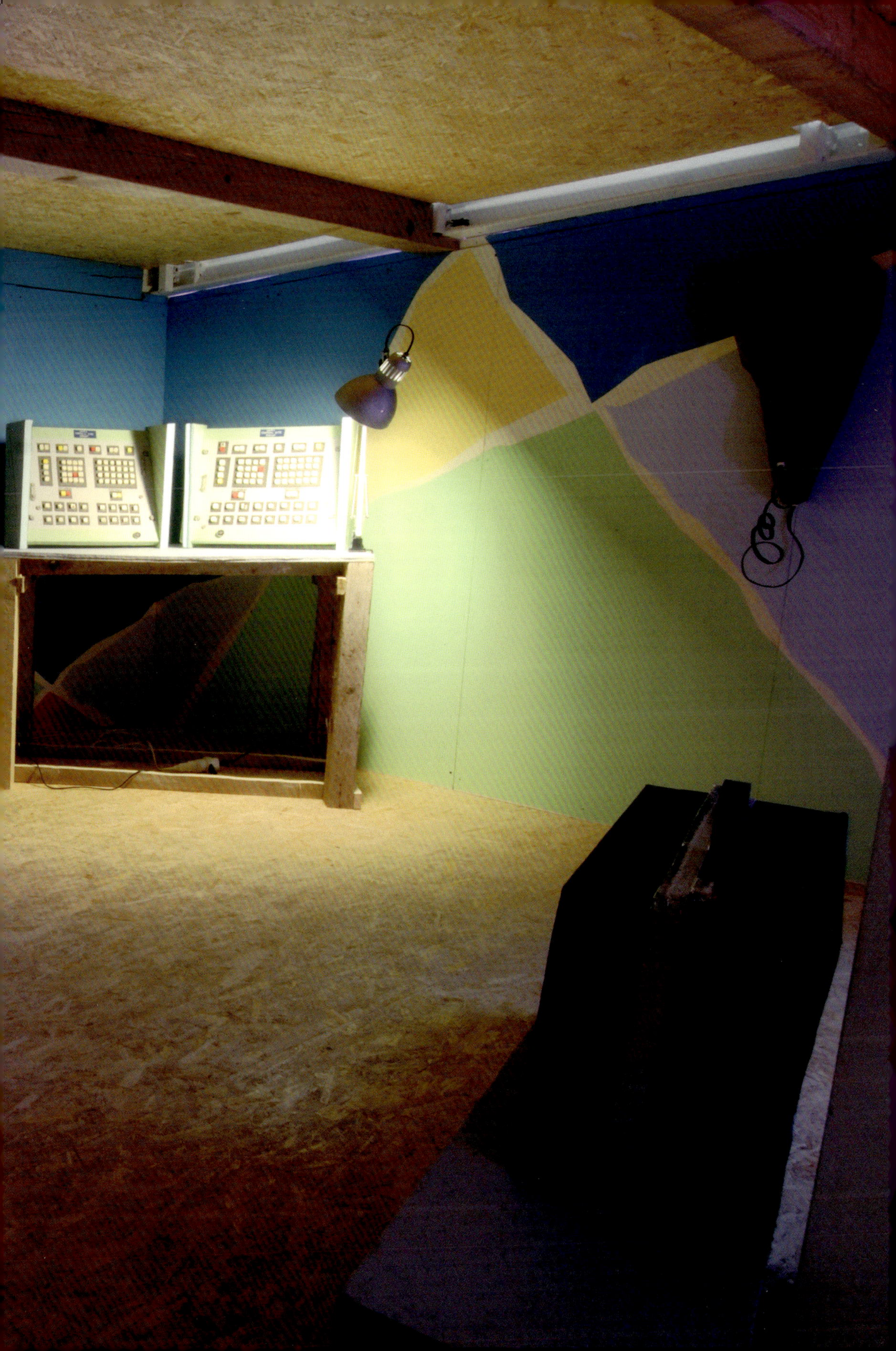

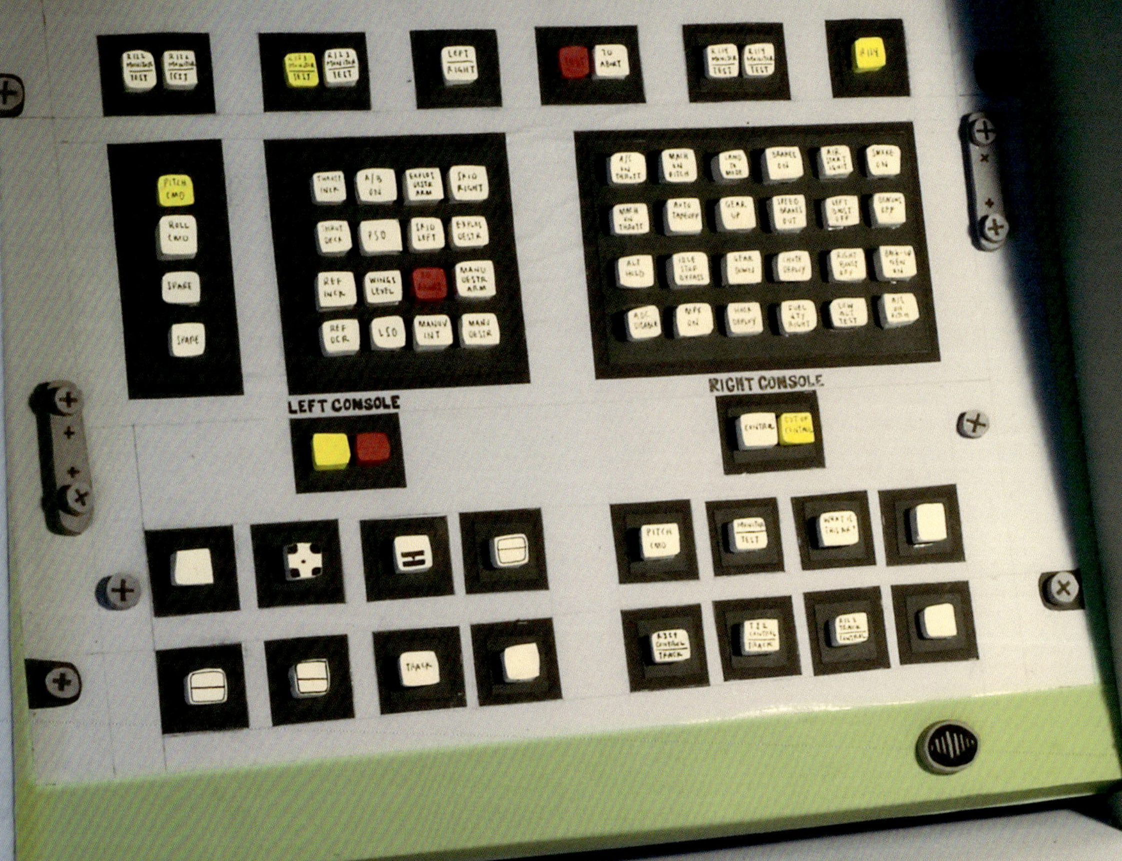

UNIT 2
CONTROL SITE
GROUP
PITCH CMD
ROLL CMD
SPARE
SPARE
LEFT RIGHT
TO ABORT
THRUST INCR
A/B ON
SPID RIGHT
FSO
SPID LEFT
WINGS LEVEL
LSO
REF OCR
MANUV INT
LEFT CONSOLE
RIGHT CONSOLE
CONTROL
PITCH CMD
TRACK

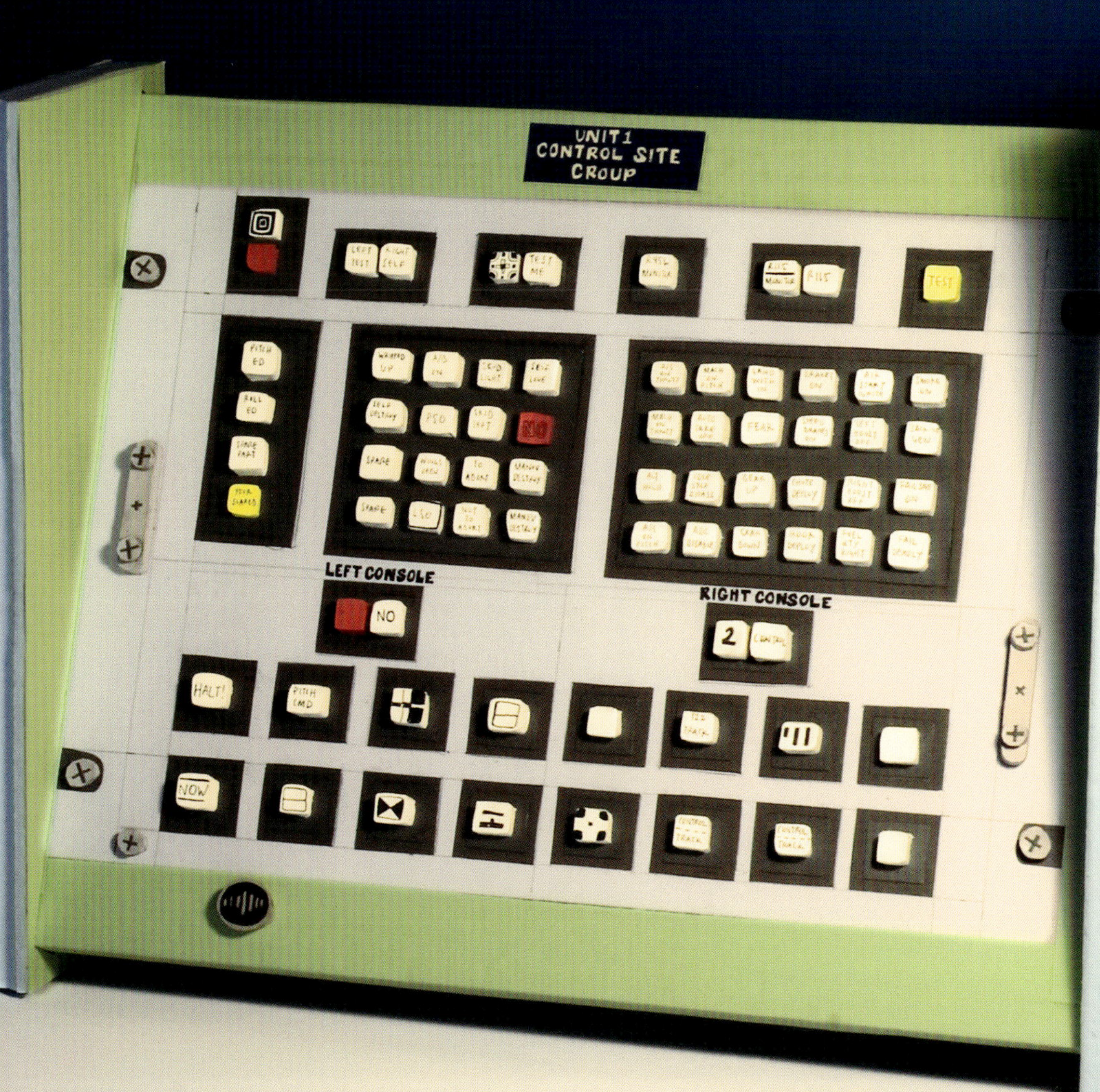

UNIT 1
CONTROL SITE
GROUP
LEFT CONSOLE
NO
RIGHT CONSOLE
2
HALT!
PITCH CMD
NOW
TEST

162–163
<u>Launch</u> <u>on</u> <u>Tactical</u> <u>Warning</u>, 2009.
<u>Able</u> <u>Archer</u>–<u>83</u>. Paper, OSB, plywood,
PVA glue, balsa wood, armature wire,
cement, aluminum foil tape,
Remington shotgun shell, diazepam,
Sharpie marker, plastic models.
6'6"H ✕ 15'W ✕ 12'D

164
<u>Launch</u> <u>on</u> <u>Tactical</u> <u>Warning</u>, 2009.
<u>Satellite</u> <u>Dish</u>. Paper, PVA glue, wood.
36"H ✕ 12"W ✕ 12"D

165
<u>Launch</u> <u>on</u> <u>Tactical</u> <u>Warning</u>, 2009.
<u>Fuselage</u>. Paper, PVA glue, graphite.
42"H ✕ 32"W

166–167
<u>Launch</u> <u>on</u> <u>Tactical</u> <u>Warning</u>, 2009.
<u>Sphinx</u>. Paper, PVA glue, graphite.
30"H ✕ 36"W

168
<u>Launch</u> <u>on</u> <u>Tactical</u> <u>Warning</u>, 2009.
<u>Vortex</u>. Paper, PVA glue, graphite.
32"H ✕ 28"W

169
<u>Launch</u> <u>on</u> <u>Tactical</u> <u>Warning</u>, 2009.
<u>Boneyard</u> <u>Campfire</u>. Paper, PVA glue,
graphite.
36"H ✕ 30"W

170–171
<u>Launch</u> <u>on</u> <u>Tactical</u> <u>Warning</u>, 2009.
<u>Starburst</u>. Latex paint on Luan plywood.
48"H ✕ 52"W

172
<u>Launch</u> <u>on</u> <u>Tactical</u> <u>Warning</u>, 2009.
<u>Orange</u> <u>Diamond</u>. Latex paint on
Luan plywood.
48"H ✕ 52"W

173
<u>Launch</u> <u>on</u> <u>Tactical</u> <u>Warning</u>, 2009.
View of hallway towards Herr
Doktor Wolfgang Hauptman II's
bunker-cum-studio.

174–175
<u>Launch</u> <u>on</u> <u>Tactical</u> <u>Warning</u>, 2009.
<u>Missle</u> <u>Mishap</u> <u>Crash</u> <u>Alarm</u> (detail,
as installed in bunker). Paper,
Styrofoam, PVA glue, Ikea lamp,
wood, acrylic paint, OSB.
16"H ✕ 25"W ✕ 15"D

176–177
<u>Launch</u> <u>on</u> <u>Tactical</u> <u>Warning</u>, 2009.
<u>Hanging</u> <u>U-Boats</u> (as installed in
bunker). Balsa wood, Ikea lamp, wood,
acrylic paint, OSB, Sharpie marker.
Dimensions variable

178–179
<u>Launch</u> <u>on</u> <u>Tactical</u> <u>Warning</u>, 2009.
<u>Biopak</u> <u>45</u>. Styrofoam, paper,
aluminum foil tape, PVA glue.
19"H ✕ 27"W ✕ 12"D

180–181
<u>Launch</u> <u>on</u> <u>Tactical</u> <u>Warning</u>, 2009.
View inside bunker of <u>Control</u> <u>Panels</u>;
<u>Unit 1</u> and <u>Unit 2</u>; <u>Biopak</u> <u>45</u>; <u>Hanging</u>
<u>U-Boats</u>. Plywood, OSB, paper,
Styrofoam, PVA glue, aluminum foil
tape, balsa wood, acrylic paint.

182–183
<u>Launch</u> <u>on</u> <u>Tactical</u> <u>Warning</u>, 2009.
<u>Control</u> <u>Panels</u>; <u>Unit 1</u> and <u>Unit 2</u>.
Paper, PVA glue, ink, Styrofoam.
Each unit 18"H ✕ 22"W ✕ 11"D

We are living under siege.

Information from the media reaches us wherever we go and traps us in an inextricable mesh of facts and allusions, assertions and predictions, dramatic stories, and unverifiable truths.

In a world that seems destined for conflict, one of the many reasons for alarm continues to be weapons of mass destruction. The threat of a nuclear attack was one of the mainstays of the Cold War: with the strategy of Mutual Assured Destruction, both the U.S. and the USSR clearly painted horrific pictures of nuclear devastation, each portraying the other as a sinister power that would drop atomic bombs without hesitation and massacre hundreds of thousands. Just a few decades later, immediately after September 11, we saw President George W. Bush resurrect the specter of a mushroom cloud looming above the city threatening to shatter the notion of a western way of life: once again the media conveyed the idea that we were engaged in total war, which would likely result in the destruction of our very existence. This narrative was the new reality, and there was no choice but to fight.

The fear of a terrorist nuclear attack is now a leitmotif of contemporary global society, particularly in the U.S. The explosion at Chernobyl had an unprecedented, catastrophic effect on our collective consciousness. Lisi Raskin gives tangible form to these kinds of tensions and fears while walking obsession's fine line. Having grown up with the palpable threat of an impending apocalypse perpetuated by well-packaged nightmares transmitted through all available means (from documentaries to TV dramas and commercials), Raskin grapples with the effects of this inextricable layering of fantasy and real or manipulated information of these fears that are so deeply internalized and yet so topical.

Beyond personal experience, Raskin's subject matter conjures apocalyptic visions on which entire generations have been raised. Since early in her career, the driving force behind Raskin's works has vacillated between a need to exorcize fear and subsequently the transformation of fear into a resource for mobilization, or the active energy of the imagination. Characterized by an aesthetic of impermanence, her works are both grounded in philosophical, historical, and literary references and tinged with humor. Raskin's microcosms would feel claustrophobic if they did not retain a touch of domesticity and comfort; her objects would be daunting if they were more clearly defined.

<u>Bomb</u> (2003) is an assemblage made up of wires, tin cans, soda bottles filled with blue liquid, and simple work tools, but the Plasticine modeling clay used as a fastener evokes the appearance of deadly C-4 explosive. As Raskin explained in an interview with Brian Droitcour in December 2008, "At the time, I was exploring the connection between the aesthetics of bricolage and the aesthetics of terrorism."[1] Her profound aversion to high definition, which is strongly substantiated by a clear, theoretical framework, has continued to characterize her artistic practice. While rigorously analytical and meticulously realized, the spaces Raskin creates have precarious exteriors and a destabilizing irregularity; the objects and surfaces are never glossy but rather summarily sketched, imprecise, and constructed from modest and easily obtainable, recognizable materials with a mocking reference to the American passion for do-it-yourself (DIY) production. Pervasive throughout Raskin's range of concerns is an interest in unresolved forms that elude self-affirmation, open themselves to relative interpretation and sheer vulnerability, and question every possible

Viviamo sotto assedio.

Le informazioni mediatiche ci raggiungono
ovunque e ci intrappolano in una rete inestricabile di dati e di allusioni, di asserzioni
e pronostici, di narrazioni drammatiche e di
verità incontrollabili.

Tra i motivi d'allarme, in un mondo che
sembra indirizzato verso lo scontro, l'esistenza
di armi di distruzione di massa.

La minaccia di un attacco nucleare è stata
uno dei pilastri portanti della Guerra Fredda:
con la strategia della tensione, sia Stati Uniti che
URSS avevano prefigurato a tinte forti scenari da
incubo attorno all'idea di una vittoria nucleare
da parte del nemico, rappresentandosi a vicenda
come potenze sinistre che non avrebbero esitato
a sganciare bombe atomiche, a compiere
un'ecatombe uccidendo centinaia di migliaia di
civili. Trascorsi pochi decenni soltanto, subito
dopo l'11 settembre, vediamo il presidente Bush
riesumare lo spettro di un fungo atomico pronto
a levarsi sulle città e a disintegrare lo stile di vita
occidentale: a venirci trasmessa, anche questa
volta è l'idea che siamo oggetto di una guerra
totale al nostro sistema esistenziale, che questa è
la realtà in cui siamo immersi e che non abbiamo
altra scelta che combatterla.

La paura di un attentato nucleare
terroristico è stata dunque un leitmotiv per
innumerevoli uomini e donne di oggi, soprattutto
negli Stati Uniti. L'esplosione di Chernobyl ha
poi costituito un fuori programma dalla tragica
ricaduta e dall'effetto deflagrante per la
coscienza collettiva.

È a queste tensioni e paure che, muoven-
dosi sul filo dell'ossessione, Lisi Raskin dà
forma sensibile.

Cresciuta con la percezione costante di
un'apocalisse dietro l'angolo, accompagnata
da incubi ben confezionati, veicolati attraverso
tutti i mezzi a disposizione, dai documentari alla
fiction, fino agli spot televisivi, Raskin esprime
gli effetti di questa inestricabile stratificazione
di fantasie, di informazioni reali o manipolate, di
queste paure così fortemente interiorizzate e così
attuali al contempo.

Le sue visioni sono quelle di cui intere
generazioni sono state nutrite: accerchiamento,
armamenti, elicotteri che ossessivi sorvolano
ronzando le nostre teste, rifugi antiatomici
da costruire per prevenire gli effetti letali
dell'esplosione atomica che potrebbe arrivare
senza preavviso: un immaginario potente
e terrificante che ha saputo trasformare nella
percezione comune l'evento eccezionale (il
possibile attacco URSS, l'11 settembre) in allerta
quotidiana, e la vita quotidiana in un continuo
arroccamento sul sistema di vita occidentale.

Sin dagli esordi, le sue opere nascono
da una serie di corto circuiti: tra la necessità di
esprimere e analizzare la paura e la capacità
di esorcizzarla e di trasformarla in risorsa di
mobilitazione, in attiva energia immaginativa;
tra un'estetica dell'approssimazione, dell'imper-
fetto e dell'impermanente, sempre venata
di umorismo, e un pensiero elaborato e ricco
di riferimenti filosofici, storici, letterari. I suoi
appartati microcosmi sarebbero claustrofobici
se non conservassero un tocco di domesticità,
i suoi oggetti sarebbero spaventosi se fossero
maggiormente definiti.

Bomb, per esempio, del 2003, è un
assemblaggio fatto di cavi, barattoli di
latta, bottiglie di soda piene di liquido tinto
di blu, semplici attrezzi da lavoro e pastilina,
materiale che evoca il micidiale esplosivo C-4.
Come spiega Raskin stessa in un'intervista
rilasciata nel dicembre 2008 a Brian
Droitcour: "All'epoca esploravo il collega-
mento tra l'estetica del bricolage e l'estetica
del terrorismo".[1]

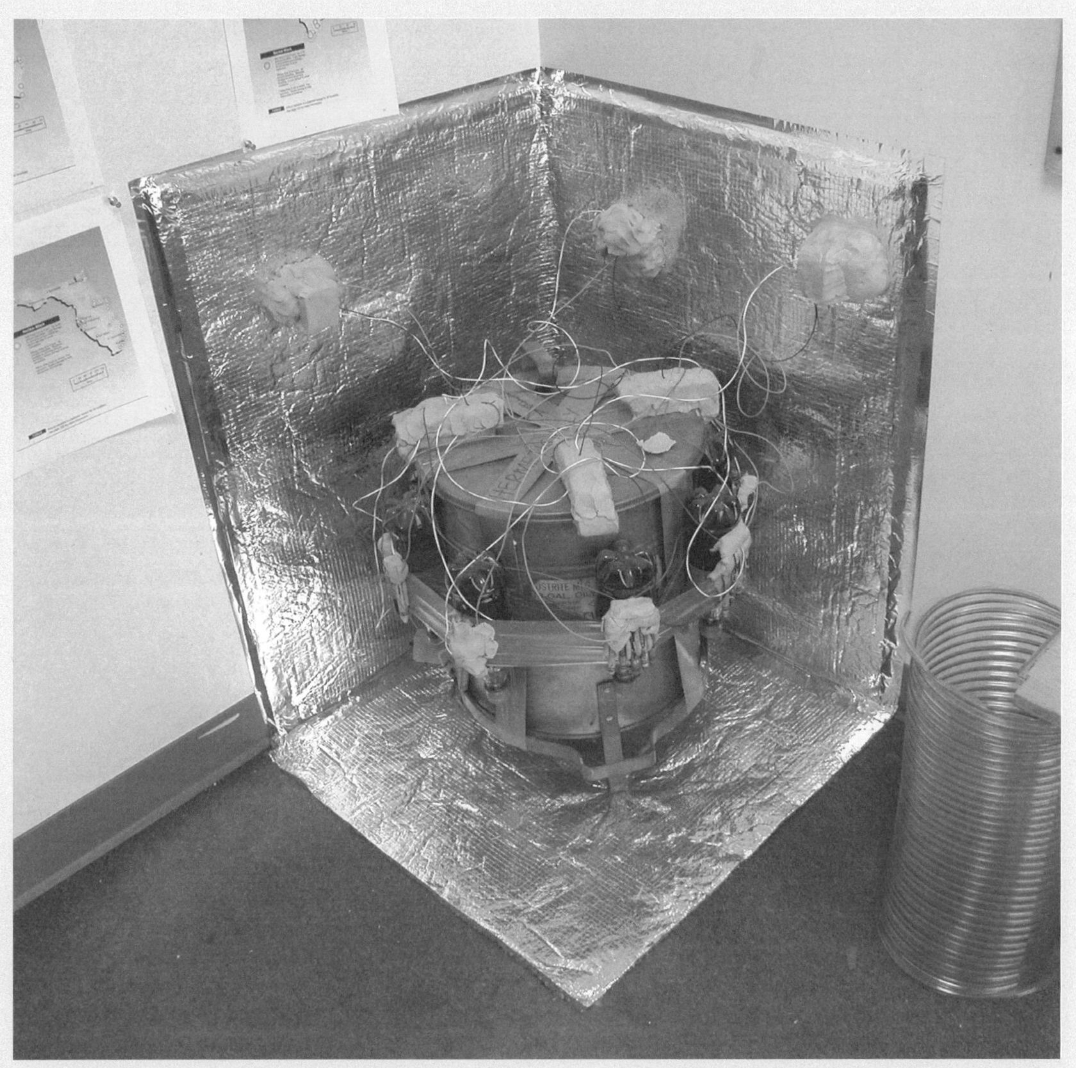

Bomb, 2003. Hazardous solvent can, wire, plasticine, crayons, soda bottles, food coloring, duct tape. 34"H × 16"W × 16"D

L'avversione profonda per l'alta definizione, per ogni effetto speciale, l'intuitiva attrazione per ciò che è <u>rough</u> e <u>low tech</u>, fortemente sostanziata da una chiara articolazione teorica, continueranno a caratterizzare la sua pratica artistica. Sebbene progettati con spirito rigorosamente analitico e realizzati meticolosamente, gli spazi a cui perverrà risulteranno sempre precari in apparenza e destabilizzanti nella loro irregolarità, gli oggetti e le superfici non saranno mai lustri ma sinteticamente abbozzati, imprecisi nei dettagli, fatti di materiali modesti e a portata di mano, riconoscibili, spesso di riciclo o di risulta: compensato, cartone, carta stagnola, scotch, plastilina, intonaco. Esiste, in tutto ciò, un riferimento canzonatorio alla passione statunitense per il <u>do it yourself</u>. Ma c'è soprattutto l'interesse per forme che, mantenendo un aspetto irrisolto e inafferrabile, si sanno sottrarre all'affermazione imperativa del proprio io; e che proprio in virtù della loro non finitezza, della loro scarsa assertività, risultano aperte a possibilità diverse, a una dinamicità che ancora le possa trasformare. C'è, insomma, in questa scelta formale, un desiderio di dire la relatività di ogni risultato e una condizione di vulnerabilità e di perenne transizione; si tratta di una modalità che mette in scacco ogni possibile affermazione forte demistificando l'idea stessa di monumentalità; e che risulta perfettamente consustanziale alle storie che l'artista racconterà. Del resto, dice Raskin stessa nell'intervista già citata: "Penso che i vantaggi delle rivoluzioni individuali che abbiamo vinto non siano permanenti".

Antiretorico e anticelebrativo quanto più non potrebbe, antispettacolare, antieroico, intrinsecamente ironico e quindi implicitamente sovversivo, questo tipo di estetica abbraccia il fallimento e l'errore come occasione per nuovi tentativi e per nuove sperimentazioni, e assume il senso di una contromisura nei confronti dell'orgogliosa compiutezza delle forme estetiche – ma, con ovvio slittamento di senso, anche sociali e politiche – pianificate, stabili, ideali, definite in sé; e sottintende un dubbio nei confronti dell'integrità e della solidità delle istituzioni che, con il pretesto di difenderci, si arrogano il diritto di controllarci.

Gli interventi di Raskin consistono per lo più in installazioni di dimensione ambientale nelle quali, a essere evocati, sono rischi incombenti o deflagrazioni appena avvenute. Si tratta in molti casi di rifugi disegnati dall'uomo, da un uomo in crisi e in difficoltà, che si trova a decidere in base a necessità immediate.

Non ne conosciamo mai il contesto esatto; cosa stia accadendo intorno ai microcosmi che l'artista costruisce non sappiamo: Raskin non lo chiarisce.

Certo sono situazioni di salvataggio in extremis, e la sensazione è sempre che a confinarci in questi spazi sia un evento negativo di ampie proporzioni; tutto fa intuire, là fuori, l'ingovernabile disordine di uno scenario da "day after".

Queste installazioni prendono la forma di spazi top secret: bunker sigillati o cabine di controllo di sommergibili, di navicelle lanciate nel cosmo. Sono abitacoli chiusi e angusti ma autonomi, immersi nella penombra, monitorati internamente da dispositivi di controllo e di riconoscimento e attrezzati per cogliere ogni eco proveniente dall'esterno; si tratta di ambienti a metà tra laboratori alchemici e realtà ipertecnologica; habitat residuali evidentemente creati nell'ambito di operazioni di emergenza, in cui l'illuminazione è smorzata e produce mobili ombre, e il suono di radio che non riescono a sintonizzarsi fa pensare a una situazione di

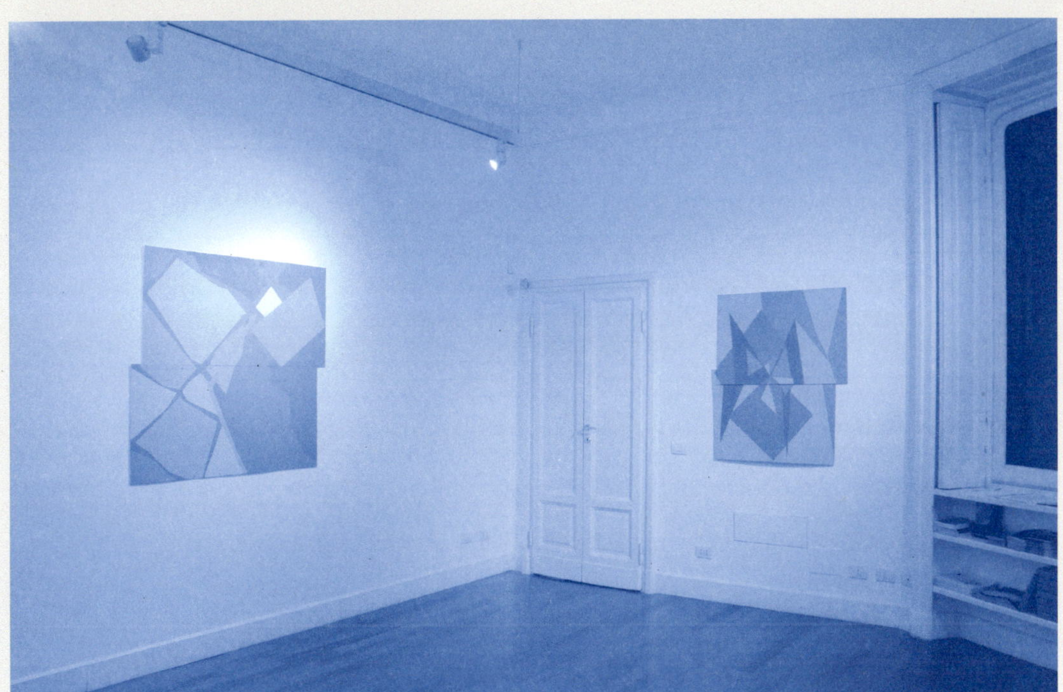

absolute—demystifying ideas of monumentality and corroborating the stories Raskin tells. Raskin has said that the gains of individual revolutions we have won are not permanent.

As non-rhetorical, un-celebratory, non-spectacular, anti-heroic, and intrinsically ironic as possible (and thus inherently subversive), Raskin's aesthetic embraces failure and error as new experiments in opposition to aesthetically (but also socially and politically) agreeable, planned, stable, and defined forms. Her installations in particular cast a certain doubt over the integrity and solidity of institutions that, on the pretext of protection, assume a position of control. Like autonomous cockpits immersed in shadow, Raskin's environments—enclosed and cramped—evoke a rupture that has either just taken place or is about to occur, independent of the chaos that could be ensuing outside. At the same time, however, these residual habitats offer safety in extremis; paradoxically, to revel in the security they provide is to become complicit in a larger context of disaster.

In Raskin's worlds, nothing is superfluous. Even the materials discarded during construction or left over from earlier projects are recovered and used to make assemblages and collages or the walls and floors of new works.

Just as re-using fragments imbues them with new value, in fact at its core the act of art-making is also centered on prolonging the life of an idea and engendering objects with innumerable connections and interpretations. The concepts of renewal and restitution, which diametrically oppose the idea of omnipotent authorship, also incorporate an uncanny nostalgia. Grounded with uneven wooden flooring and divided up by irregular, hand-built walls interrupted by narrow slits allowing cables to run through, Raskin's structures are arsenals of futuristic or Jurassic objects that refer to the most advanced tools of research and experimentation but are clearly assembled from ragtag materials that look as if they have been uncovered from ruins. Raskin's work also resonates with the uniquely childlike capacity to create entire worlds out of dejected objects with no apparent meaning, in which through play even the most humble discovery can reveal completely new properties or unsuspected possibilities. But the boundary between play and fear is unstable, and these installations are highly immersive situations with an atmosphere of psychic depth; like padded cells characterized by semi-darkness and muffled sounds, they create a sense of isolation and an independent notion of time.

segretezza o di risorse energetiche limitate.
Hanno pavimenti sconnessi, variamente
rivestiti di fogli di alluminio, legno, carta,
e sono articolati da pareti irregolari, costruite
artigianalmente, talvolta interrotte da fessure
sottili; sono percorsi da cavi, di volta in volta
ingombri di mappe e fascicoli di documenti,
di equipaggiamenti d'emergenza e di macchinari
diversi come telefoni, radio e altri strumenti
ricetrasmittenti, sistemi di rilevazione e contatori
geiger; un intero armamentario futuribil-giuras-
sico composto di oggetti che fanno riferimento
alle ricerche e agli esperimenti più avanzati,
ma che risultano invece palesemente assemblati
con materiali raccoglicci, con vecchi arnesi
e con pezzi riciclati, d'uso quotidiano e di scarso
valore, come trovati per caso o sopravvissuti a
un disastro. Non solo, ma se nulla deve risultare
superfluo, gli stessi scarti prodotti durante la
lavorazione delle opere sono destinati ad essere
recuperati e utilizzati per realizzare altre opere:
muri e pavimenti dei suoi abitacoli possono
essere costruiti con avanzi delle lavorazioni
precedenti, e ritagli più piccoli serviranno per
gli assemblage e i collage di varia dimensione
che accompagnano e integrano le opere più
complesse: figure di sommergibili, di elicotteri
dalle pale vorticanti, di aerei in volo pronti
a sganciare bombe spaventose, e poi mappe,
e paesaggi devastati da guerre o attraversati
da cingolati, sul cui orizzonte si elevano, in
molti casi, funghi atomici di terribili proporzioni.

Del resto l'idea di riciclo, con il suo
riferimento all'organica ciclicità della vita e
di ogni cosa, con la sua facoltà di sottrarre gli
oggetti apparentemente esausti allo scarto
definitivo attribuendo loro valore e prolungan-
done l'esistenza in quell'atto poetico che
è l'opera, fa parte di una mappa di idee e di
concetti che, nelle opere di Raskin, consentono
numerosissime connessioni. Non ultima il fatto
che flusso e ciclicità possono essere intesi
di contro all'idea di onnipotenza, di trionfo,
di qualsiasi stabile potere.

Non è difficile riconoscere nella pratica
artistica di Raskin un richiamo allo spirito
infantile: a quel misto di fantasie regressive
e di voyeuristica attrazione nei confronti
dell'idea di pericolo, ma anche ai giochi, a
un ludico spirito di avventura, alla capacità
di creare mondi interi con quasi nulla,
all'appagante piacere del fare che oggi come
ieri serve a esorcizzare insicurezze e paure.
Quello spirito infantile che spinge i bambini a
giocare al gioco della sopravvivenza, a cercare
luoghi segreti in cui elaborare le angoscianti
narrazioni del mondo adulto filtrandole
attraverso la feconda e tranquillizzante vitalità
dell'immaginazione; ad appropriarsene
attraverso un operoso e inventivo rapporto con
le cose: con il vederle, toccarle, riattivarle sotto
nuova forma. È proprio nelle mani dei bambini
che ogni più modesta cosa può rivelare proprietà
inedite, possibilità di utilizzo e potenzialità
costruttive insospettate. E d'altra parte, se la
catastrofe è imminente, se esiste un nemico che
da un momento all'altro potrebbe polverizzare
il nostro universo, se l'esplosione atomica
può arrivare senza preavviso, allora sarà bene
predisporre un rifugio, nel caso poi occorra
cavarsela da soli... Così, nei bunker-laboratori
di Raskin gli oggetti si attivano creando
intorno a sé reti di connessioni, sprigionando
inedite narrative.

In alcuni casi, come nell'installazione
Launch on Tactical Warning realizzata nel
2009 presso la Galleria Riccardo Crespi, quei
laboratori sono abitati dal dott. Hauptman, lo
scienziato tedesco alter ego di Raskin. Hauptman
è il personaggio attraverso il quale l'artista
si può calare in un ruolo "altro" in ogni senso –
"Lo scienziato tedesco è l'opposto della mia

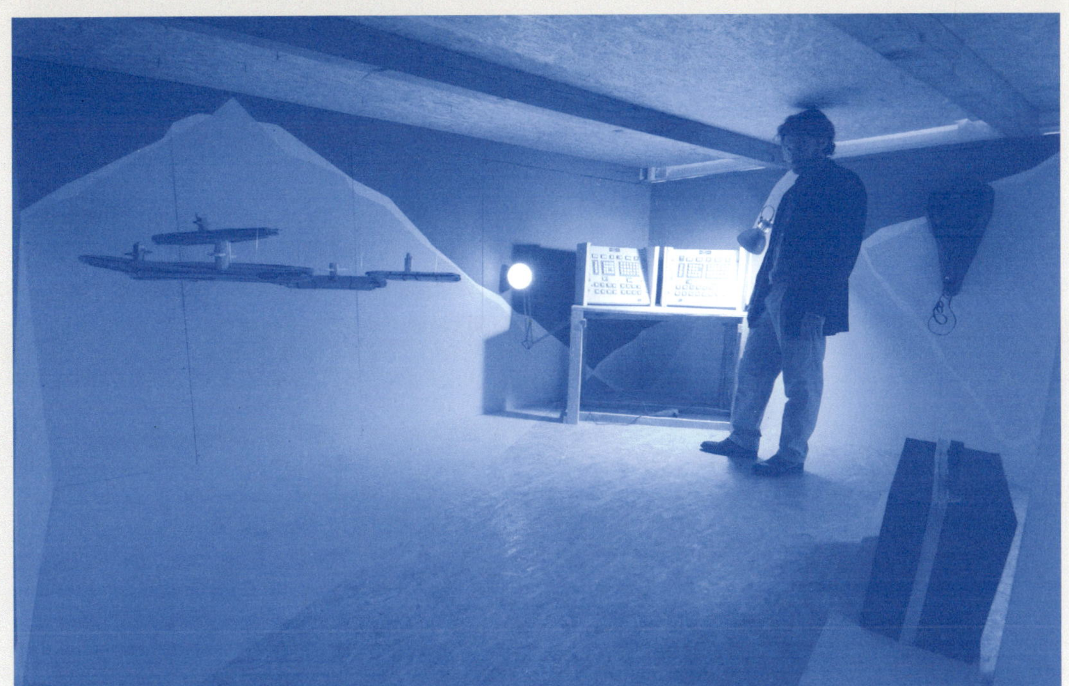

The installation <u>Launch</u> <u>on</u> <u>Tactical</u> <u>Warning</u> (2009), created at Galleria Riccardo Crespi in Milan, was inhabited by Herr Doktor Wolfgang Hauptman II, Raskin's German scientist alter ego. <u>Launch</u> <u>on</u> <u>Tactical</u> <u>Warning</u> is a double installation: above the laboratory is a launch pad, the base of which represents both a landscape and a geopolitical map of the world. The subterranean laboratory, illuminated by an irritating purplish light, is strewn with control panels and roughly-hewn model submarines hanging from monofilament. This work demonstrates how Raskin's caverns, full of narrative hooks that stimulate the viewer to try out different routes and points of view, give the impression that what remains of the future—after the worst has passed—is the vitality of doing. Here Raskin identifies a hopeful impulse or desire to start again and begin planning for the aftermath.

<u>Launch</u> <u>on</u> <u>Tactical</u> <u>Warning</u> is one example of how Raskin turns the exhibition venue into a theatrical set. Wandering around the rooms and corridors of Raskin's microcosms is both a physical and psychological journey through viewers'—and the artist's—minds. They represent inner worlds transformed into physical spaces: tangible, dense, mobile, complex, twisting, and turning. Visitors become actors populating these spaces, as a sense of frailty and bewilderment transcends the limitations of any historical circumstance. Their experiences recall the post-traumatic dimension to which the artist refers, comprised of the forces to which we fatefully fall prey: loneliness, loss, aging, and death. The varied and ever-expanding preoccupations of contemporary humanity are grafted onto this backdrop of fear and inalienable insecurity. Perhaps today's society, having attained an exceptional capacity to do harm to itself and its environment, feels an exponential need for protection and security. This interpretation is re-affirmed by those installations in which the amalgamation of objects thins out; in these cases the work, becoming less anecdotal and more rarefied, assumes a connotation of greater abstraction and, while remaining three-dimensional, takes on a primarily "pictorial" character to the point of turning, at times, into an empty stage set. For example, the large installation <u>High</u> <u>Positive</u> <u>Void</u> <u>Coefficient</u> (2006), created in the basement of the Milan gallery, became first and foremost a theater and workshop of profound emotions. Here visitors, deprived of spatio-temporal points of reference and the narrative connections Raskin normally provides, become psychologically disoriented. Indistinct sounds

identità di omosessuale, ebrea e artista donna", sottolinea Lisi – e attraverso il quale introduce nell'opera istanze legate alla scienza, alla tecnologia, all'idea di progetto in accezione modernista.

Launch on Tactical Warning è un'installazione duplice: al laboratorio è sovrapposta una sorta di piattaforma di lancio il cui pavimento rappresenta tanto un paesaggio quanto una mappa geopolitica del mondo. Il laboratorio propriamente detto è stato costruito proprio sotto questo paesaggio, ed è disseminato di strumenti di controllo e di modellini appena sbozzati, di missili e di aerei da guerra. L'atmosfera sotterranea è rischiarata da un'irritante luce violacea.

Gli antri di Raskin sono ricchi di stimoli e di appigli narrativi. L'artista indica la possibilità di attraversare varchi stretti, di spiare attraverso fessure e spiragli, di pigiare pulsanti colorati, di sperimentare percorsi e punti di vista diversi, di rintracciare istruzioni belliche nei dossier riservati e di accedere a messaggi in codice; ci comunica che nel luogo in cui ci troviamo si svolgono azioni, si cercano soluzioni: incredibilmente attraversando i suoi bunker si ha l'impressione che quel che resta del futuro, quando il peggio sembra essere già successo, è ancora la vitalità del fare, il desiderio di ricominciare; di prefigurare nuove prospettive, soluzioni per il dopo, lo scenario oltre l'incubo. I rifugi di Raskin sono luoghi al contempo della fuga e del progetto, della reclusione e della possibilità; luoghi schiusi al mutamento, dunque al futuro; angoli di inventiva e anarchica libertà in cui nel fare concreto l'affanno si placa; a partire da ciò che resta, è possibile continuare a costruire, a giocare alla vita.

Ma tra il gioco e la paura il confine è labile. Queste installazioni si prestano a un ulteriore livello di lettura. Sono infatti situazioni fortemente immersive, ovattate, accomunate dalla penombra, dalla presenza di suoni soffocati, da un senso di isolamento e di temporalità autonoma; tutte caratteristiche che conferiscono loro un'atmosfera di profondità psichica.

Raskin sa infatti dispiegare un forte senso teatrale, trasformando il luogo espositivo in scenario abitabile e abitato delle sue, delle nostre inquietudini: abbiamo la sensazione di essere all'interno di microcosmi che sono mentali ancora prima che fisici, di aggirarci fra le stanze e i corridoi della nostra mente. È il mondo interiore che si fa spazio: uno spazio sensibile, denso, mobile, articolato, ricco di meandri e vibrante di ombre. Uno spazio attivo, che genera insieme senso di intimità e di estraneità; che riesce a coinvolgere il visitatore trasformandolo in personaggio. A popolare questi spazi, tra echi lontani che risuonano e forme ammorbidite dalla luce smorzata, sono tensioni e paure, un senso di fragilità e di smarrimento che travalica ogni termine specifico e ogni contingenza storica; la dimensione post-traumatica cui l'artista fa riferimento assume così un significato esistenziale legato alle forze di cui ci sentiamo preda, al destino che gli abitanti della terra devono affrontare: la solitudine, la perdita, l'invecchiamento, la morte... È su questa sorta di fondo oscuro fatto di timori e di inalienabile insicurezza che s'innestano le diverse, crescenti, preoccupazioni dell'uomo di oggi: un uomo che, avendo raggiunto un'eccezionale capacità di nuocere a se stesso e al proprio ambiente, accerchiato dal male ch'egli stesso produce, sente sempre più bisogno di protezione e di sicurezza. Questa interpretazione vale a maggior ragione per le installazioni in cui gli oggetti che Raskin è solita disseminare negli spazi si diradano; in questi casi l'opera, facendosi meno aneddotica, più rarefatta ed evocativa, assume

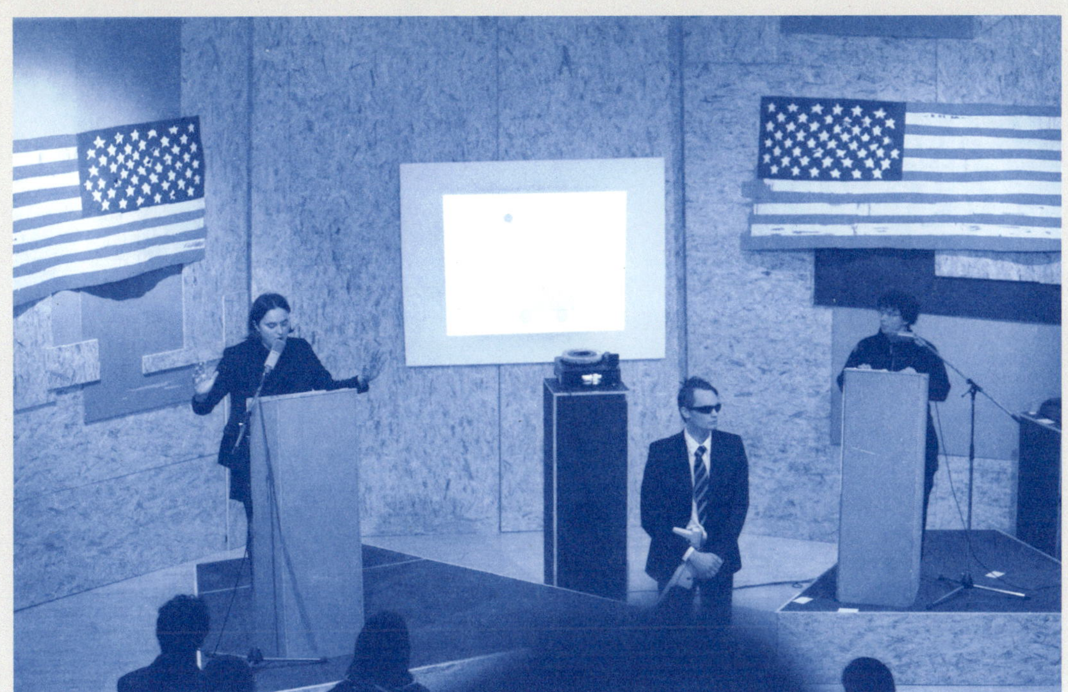

and moving lights contribute to the feeling
of instability, thereby creating a situation of
perceptual and emotional expansion. The work
physically immerses its viewers in the sense
of alarm that saturates our existence, inviting
them to exorcize it.

Taking the physical manifestation of
her work one step further, Raskin lived it
firsthand on her 2008 road trip along the paths
of nuclear tourism, including such sites as
the Titan Missile Museum in Tucson, Arizona
and the White Sands Missile Range, East of
Las Cruces, New Mexico. This was a journey
through the landscape but also through time,
a route that took her back through significant
moments in the history of the American nuclear
program. The itinerary was an integral part of
the project Mobile Observation (Transmitting
and Receiving) Station (2008), presented at Bard
College's Center for Curatorial Studies in the
form of an exhibition based not just on objects
but also on information, photographs, and
documentary materials collected at different
stages of the journey and sent to the museum,
where they were processed and put on display
by a group of students. In this work communication itself—the mode by which data itself is
transmitted—emerged as a fundamental aspect
of Raskin's artistic practice. With the complex

evolution of the Mobile Observation series,
Raskin underlined the significance of research
in her work more clearly than ever.

The desire to give tangible form to the
process of research and discovery yielded
an unprecedented result in Tipping Point (2008),
where much of the research generated around
Mobile Observation developed into a performance staged at the opening of the exhibition
Soft Manipulation at Casino Luxembourg.
Her first physically performative presentation,
this work allowed Raskin to bring her own
theatrical constructions to life beyond encounters
with the public and the use of the slideshow,
with which she had already experimented in
various ways. The performance consisted of a
verbal recitation of a wide range of information
on the relationships between political and
military power, surveillance techniques, and
the exploitation of the mass media's potential
for manipulation. The setting was stage-like,
draped in American flags with a rough and
ready quality. Projected images of test sites,
weapons, and explosions served as a backdrop.
Actress Nina Hoffmann collaborated with
Raskin for Tipping Point and "recounted" to the
audience elements of game theory used in military and political strategy and rattled off vast
amounts of information on the nation's military

una connotazione di maggiore astrazione e, pur restando tridimensionale, risulta connotata in senso anzitutto "pittorico"; fino a farsi, talvolta vuoto spazio scenico. È il caso, per esempio, dell'ampia installazione High Positive Void Coefficient, del 2006, in cui lo spazio, ricavato in un ambiente seminterrato della Galleria Riccardo Crespi, diventa anzitutto teatro e laboratorio di emozioni profonde. Qui il visitatore, deprivato di punti di riferimento spazio-temporali e dei riferimenti narrativi che normalmente Raskin gli fornisce, si scopre psicologicamente disorientato. Suoni indistinti e luci mobili contribuiscono al senso di instabilità e a una situazione di dilatazione percettiva ed emotiva. L'opera costituisce metafora e materializzazione al contempo del senso di allarme che accompagna la nostra esistenza. Immergersi in questo sentimento e dargli forma consente di esorcizzarlo. Di questo Raskin è profondamente consapevole.

Una concentrazione assoluta caratterizza il lavoro di Raskin. È una concentrazione che ha a che fare con il rigore e con la necessità, con l'intensità, con il rito; una concentrazione che percepiamo anzitutto nella perseveranza e nell'orientamento precisamente definito della sua ricerca; che confina con l'ossessione e che, come tutte le ossessioni, costituisce per l'artista sistema, filtro, lente attraverso la quale guardare il mondo, e regola per la creazione dei suoi micromondi a sé stanti. Ma che non esclude da parte sua né un atteggiamento analitico e profondamente speculativo né una capacità ironica e distaccata.

Così, è un'imperativa necessità di approfondire la propria ricerca e di viverla in presa diretta, come esperienza personale, che la porta sui sentieri del turismo nucleare: Raskin intraprende nel 2008 un percorso attraverso le basi militari degli USA: dal Titan Missile Museum a Tucson, Arizona, alla Wendover Air Force Base in Wendover, Utah, ai Nevada Test Sites di Las Vegas; al White Sands Missile Range, a est di Las Cruces, New Mexico. Si tratta di un viaggio nel paesaggio ma anche nel tempo, di un percorso che riattraversa i momenti significativi della storia del nucleare statunitense. L'itinerario costituisce parte integrante del progetto Mobile Observation (Transmitting and Receiving) Station, presentato presso il Marieluise Hessel Museum del Bard College sotto forma di una mostra basata su informazioni, immagini e materiali documentari raccolti nelle diverse tappe e spediti presso la sede espositiva, quindi elaborati e allestiti da un gruppo di studenti. Tema fondamentale del lavoro è dunque la comunicazione stessa, le modalità della trasmissione dei dati.

Il desiderio di dare forma sensibile al processo di ricerca e di scoperta che costituisce parte integrante del processo artistico ha un esito inedito in Tipping Point, fase performativa di Mobile Observation realizzata durante l'inaugurazione della mostra Soft Manipulation al Casino Luxembourg; si tratta della prima vera performance di Raskin: un modo, per l'artista, di attivare i propri set scenici oltre il coinvolgimento del pubblico e oltre l'utilizzo, già variamente sperimentato, dello dia-proiezione. La performance consiste in una declamazione verbale dai toni didattici ma eccitati di un collage di informazioni riguardanti l'arsenale nucleare, le relazioni tra potere politico e militare, le tecniche di sorveglianza, l'utilizzo del potenziale manipolatorio dei mass media. Lo scenario consiste in una sorta di palcoscenico con tanto di bandiere USA, seppur approssimativamente realizzate, a significare il fantasma del nazionalismo. Sullo sfondo del discorso una proiezione di immagini di luoghi topici, di armi, di esplosioni. L'attrice, Nina Hoffmann, inscena

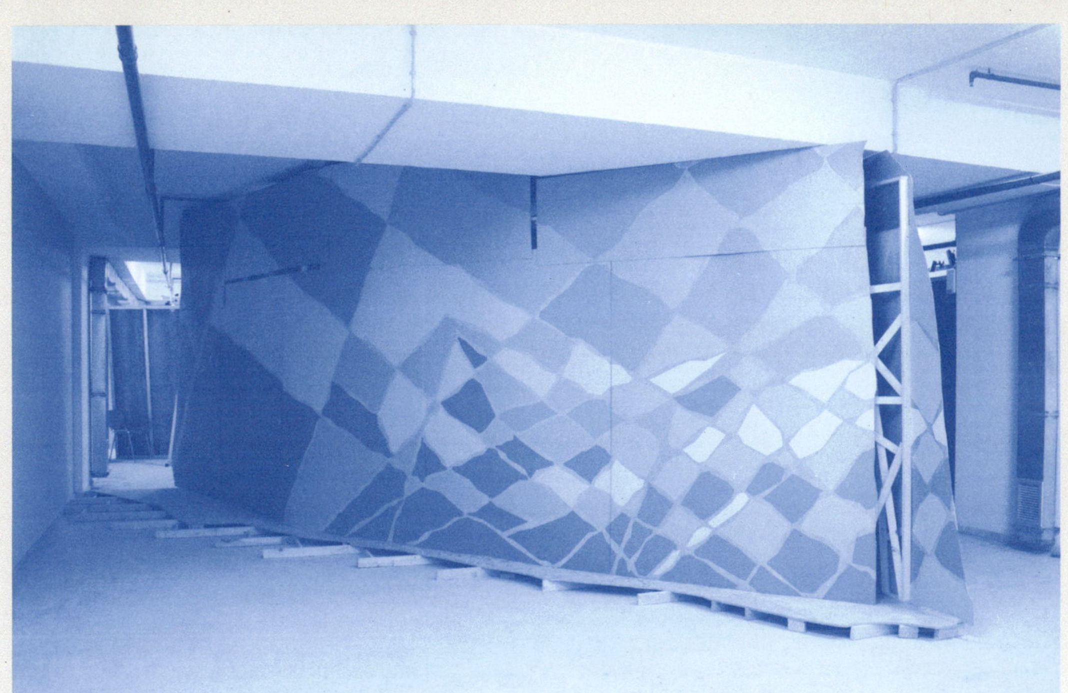

arsenal. According to Raskin, Hoffmann's character was almost sexually aroused by the information being transmitted and by all of the phallic symbolism.[2] In the performance, Raskin herself became a character, playing the trickster who kept pointing back to a loose critique of the nation state as a construct, a unit of power, or something with a sacred quality. Sheets of paper bearing information about defense and attack systems were silently scattered among the audience. The imposing apparatus of military power, its links with political power, its extreme ramifications, and its inescapable pervasiveness emerge from the information supplied to us. What takes shape is a reference back to the web of connections simultaneously generated by the media apparatus, which is exceptional in its density and its impact. Through the tropes in this performance, Raskin makes us aware that we are unconsciously trapped in an implacable system that acts on multiple planes at once. The more insidious plane is one of arguments and predictions (like the phrases scribbled on note cards scattered into the audience during the performance, these messages penetrate the subconscious as a means of social control), and the more direct plane is the one on which actual weapons stand at attention, primed and aimed at their targets.

Among the things that surprised her on the Mobile Observation tour was the discovery that a large number of women worked as missileers in the silos and command centers of the Titan missile program (active from 1963 to 1989), and that the Titan program was integrated to include female service personnel in 1979.[3] In light of this realization and the sense of self-implication that it prompted, Raskin builds narrative arcs in her work that directly address and reflect on the discourse around homosexuality as the manifestation of an irregular but more autonomous—more democratic—use of the body. Raskin intentionally plays with the way that the dominant political, cultural, military, and religious structures aggressively place homosexuality under interdict, since it can be interpreted as an expression of individual freedom and is therefore capable of under-mining the control such structures exercise over society. For this reason the discovery made a profound impression on the artist and her view of self-determined worlds in which life goes on unconstrained by the customs, rules, and conventions of external contexts. This calls to mind Wildlife Refuge, presented at the Athens Biennale in 2009, which is a half-concealed compartment. The outer walls are covered with abstract painting evocative of a landscape.

la figura che "racconta" al pubblico elementi della teoria dei giochi utilizzati nell'ambito delle strategie militari e politiche e snocciola enormi quantità di informazioni sull'arsenale militare della nazione ma, secondo Raskin, "è quasi eccitata sessualmente dalle informazioni trasmesse e da tutto il simbolismo fallico".[2] Nella performance, l'artista stessa diventa personaggio, ovvero "il malandrino che evidenzia una critica generale dello stato nazione come costrutto, unità di potere, qualcosa con una qualità sacra". Tutto intorno, fra gli spettatori, sono silenziosamente sparsi foglietti riportanti informazioni, domande, brevi frasi e allusioni riferite ai sistemi di difesa, di attacco, agli armamenti e ai dispositivi di sicurezza di cui siamo circondati. L'imponente apparato del potere militare, i suoi legami con il potere politico, la sua estrema ramificazione e la sua ineludibile pervasività emergono dall'insieme delle informazioni trasmesseci; a prendere forma è una rete di connessioni eccezionale per densità e per potenza d'impatto: una rete le cui maglie strette non lasciano spazi di fuga. Viviamo inconsapevolmente intrappolati in un sistema implacabile, che agisce su piani diversi: quello più suadente e insidioso dei discorsi e dei pronostici, e quello più diretto delle armi sempre innescate e già minacciosamente puntate contro i propri obiettivi. Moniti e messaggi hanno un carattere fortemente manipolatorio. Sono penetranti, efficaci; sembrano riguardarci personalmente e, come i piccoli messaggi disseminati durante la performance, s'insinuano, pervadono la nostra vita quotidiana, si insediano nel nostro subconscio e agiscono sull'immaginario provocando una condizione costante di ansia e di disagio. Sanno far leva sull'attitudine a temere, stimolano una paura che fa parte di noi, che è comune sentimento legato all'essere e la drenano inducendo una condizione che fa sentire deboli, e quindi rende passivi, ne fanno uno strumento di controllo sociale e una leva di consenso politico.

Con la complessa operazione di Mobile Observation Lisi Raskin sottolinea l'accezione collettiva del proprio lavoro e lascia emergere più che mai il processo di ricerca che diventa qui parte non solo costitutiva, ma percepibile del lavoro.

Tra le cose che l'hanno sorpresa in occasione del viaggio di Mobile Observation, c'è il constatare come al programma missilistico Titan II (attivo dal 1963 al 1989) lavori un grande numero di donne, integrate nel 1979.[3] Esse sono consenzienti rispetto a una situazione gerarchica e fortemente normata, totalmente imbrigliate da una disciplina soverchiante, ed estremamente concentrate su un'attività di tipo gestionale legata all'idea di un'amministrazione efficiente; attività che prende la forma di una prassi burocratica ripetitiva, alle cui regole non è possibile sottrarsi, e che induce invece un riflesso di standardizzazione e di ubbidienza. Alla luce di questa scoperta, che contraddice la sua idea di un universo femminile meno rigido e gerarchicamente strutturato di quello maschile, Raskin riflette sull'inclinazione umana a lasciarsi inquadrare; e rilegge il tema per lei rilevante dell'omosessualità come manifestazione di un uso non conforme ma più autonomo – più democratico – del corpo; omosessualità sulla quale non a caso la struttura politica, culturale, religiosa dominante tende a lanciare il proprio interdetto; in quanto interpretabile come espressione di libertà individuale, quindi capace di insidiare una situazione di controllo sulla società.

Per questo la scoperta la colpisce profondamente; il fastidio con cui reagisce illumina di ulteriore significato i suoi mondi, così altri e così appartati, così legati a un immaginario interiore e personale. Mondi tanto fortemente

The interior remains inaccessible, visible only through cracks and slits. What can be glimpsed suggests the untidy, perhaps by now abandoned laboratory of a mad scientist that, according to the artist's narrative, is in fact the headquarters of a band of lesbian anarchists planning to invade the Greek isle of Lesbos to conquer it once and for all. Illuminated with purple light, the setting is used for a slide projection that depicts a succession of landscapes and explosions.

When all is said and done, Raskin seems to think voluntary exile is preferable to mainstream participation because at least it allows for the possibility of forming new worlds. It is right here, between the rickety walls of the ruins of a future of devastation that is perhaps all too imminent, dispensed by terrestrial and spatial bureaucracies, that it is possible to live a life of anarchic liberty. It is here, in a "day after" scenario, where hierarchies, conventions, and official order will no longer carry meaning. A vague sense of threat does in fact permeate Raskin's constructed enclaves amidst the ashes of a wrecked world, but also in the air is the idea of an adventurous, piratical existence on the frontier of a de-territorialization that heralds new possibility.

Editor's note: Considering the relative difference between the written forms of English and Italian, I have decided to engage a peculiar way of presenting the two versions of Gabi Scardi's text. The nature of Italian style is undulatory and undeniably melodic, while the English version has been adapted to fit the sharpness and pragmatism characteristic of the language; a way to make things happen.
— Herr Doktor Wolfgang Hauptman II

1   Brian Droitcour, "Interview with Lisi Raskin." Rhizome (December 17, 2008, 1:15 pm). http://www.rhizome.org/editorial/2187.

2   Personal conversation with Lisi Raskin, Luxembourg, December 19, 2009.

3   During the Mobile Observation tour, Raskin interviewed various women who had worked in the Titan II missile program.

autodeterminati, in cui la vita scorre svincolata dalle norme, dalle regole e dalle convenzioni del contesto esterno. Basti pensare all'installazione Wildlife Refuge, presentata alla Biennale di Atene 2009. Si tratta di un abitacolo già di per sé seminascosto all'interno dello spazio espositivo. Le pareti esterne sono rivestite di una pittura astratta che può evocare paesaggi. L'interno resta inaccessibile, visibile solo attraverso fessure e feritoie. Ciò che s'intravede fa pensare al laboratorio trasandato, forse ormai abbandonato, di uno scienziato matto, che secondo la narrazione dell'artista è il covo di una banda di anarchiche lesbiche che intendono invadere e conquistare l'isola greca di Lesbos. Illuminato di luce violacea, l'ambiente è sede di una diaproiezione in cui, come in quella di Tipping Point, si succedono paesaggi ed esplosioni.

In fondo, sembra pensare Raskin, meglio l'autoesilio. In fondo è proprio qui, tra mura precarie delle rovine di un futuro di devastazione forse fin troppo prossimo, dispensati da burocrazie terrestri e spaziali, che è possibile vivere un'esistenza di anarchica libertà. È qui, in uno scenario da "day after" in cui gerarchie, convenzioni e ufficialità non avranno più senso, che finalmente possiamo orientare la nostra realtà oltre le norme del presente.

In queste sue enclaves, tra le ceneri di un mondo rottamato, transita sì un senso di minaccia oscura e indefinita, ma si respira anche l'idea di una avventurosa, piratesca esistenza di frontiera, di una deterritorializzazione foriera di nuove possibilità.

1   Brian Droitcour, "Interview with Lisi Raskin", Rhizome (17 dicembre 2008, 13.15), http://www.rhizome.org/editorial/2187.

2   Conversazione personale con Lisi Raskin, Lussemburgo, 19 dicembre 2009.

3   Durante il viaggio per Mobile Observation, Lisi Raskin ha intervistato diverse donne che avevano lavorato al programma missilistico Titan II.

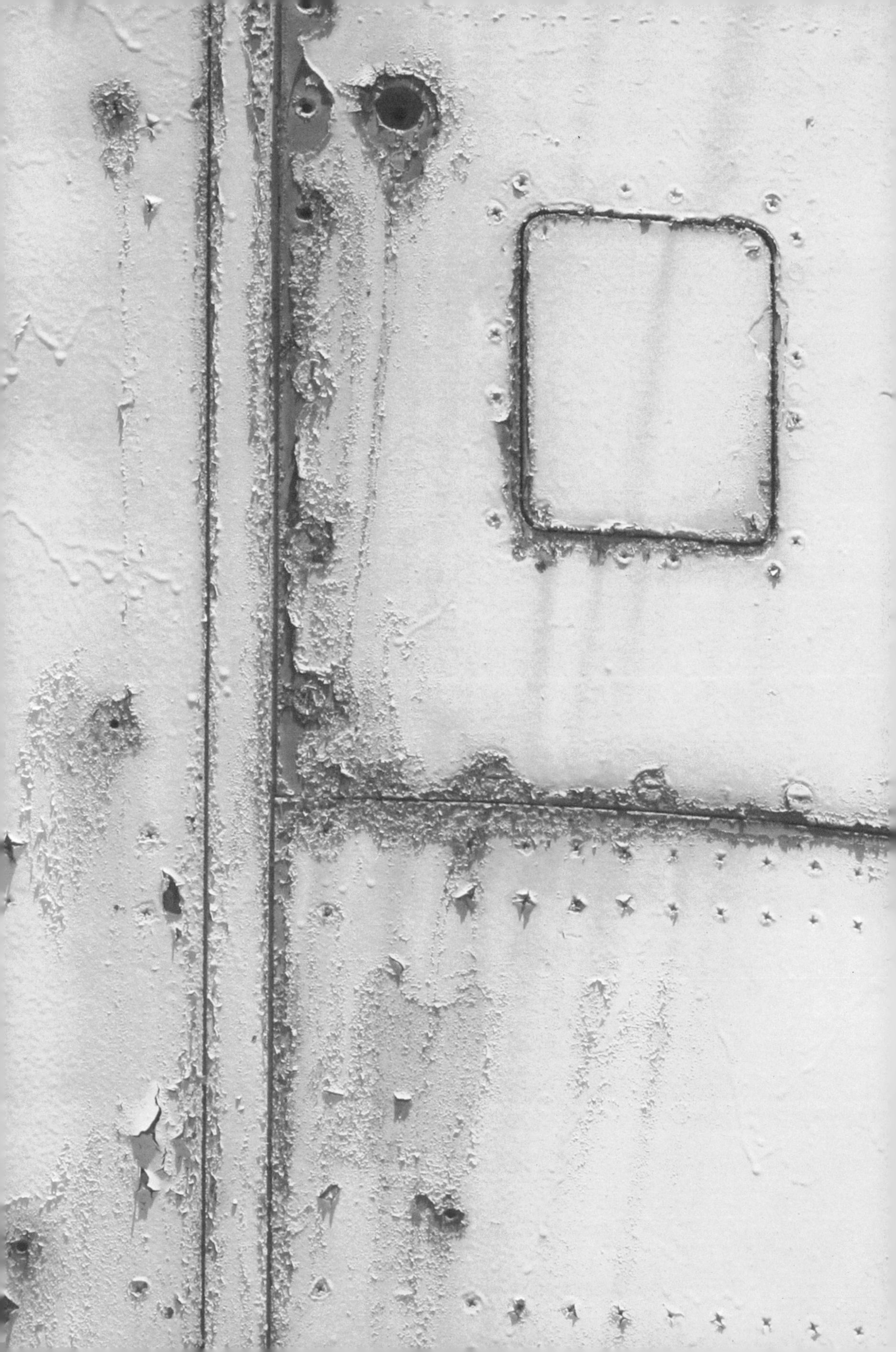

Traduzione del documento spedito
via sistema postale pneumatico
interstellare dall'ufficio di Herr Doktor
Wolfgang Hauptman II allo studio di
Lisi Raskin a Brooklyn in occasione
della pubblicazione di Mobile
Observation, 10-9-2009, 0330hrs.

[Si era finalmente adattata ai ritmi di questa città fastidiosamente sovra-illuminata. Chi immaginava che si potesse avere un rapporto così labile con l'ambiente circostante? Le stelle erano completamente scomparse dalla sera, invece il cielo sfumava in perturbazioni causate dal riflesso della luce su minuscole particelle di polvere radioattiva. Il suono viaggiava estremamente lento come se strisciasse attraverso un'umidità letargica; un minestrone sonoro. Dovette sviluppare sistemi di blocco extrasensoriale per rimanere concentrata sul suo compito, per non andare alla deriva nel mormorio di caos indistinto.

Chi immaginava che tanta parte dell'umana tecnologia risuonasse di un simile rumore? Chi poteva immaginare che l'avvicinarsi ronzante di una testata atomica assomigliasse allo sferragliare di un treno della metropolitana? La metropolitana è un trapezista ubriaco che barcolla a casa verso la sua morte. Era ovvio che dovesse andarsene via. In verità, lei riusciva a stare lì solo perché in costante procinto di partire, ancora e ancora e ancora. Voleva guardare il panorama di fronte a lei attraverso lo schermo cinematografico del parabrezza. Voleva creare una realtà consensuale con i punti iridescenti delle code di auto, che scivolavano in un orizzonte senza limiti. Voleva mantenere la promessa del suo destino americano mentre attraversava il sistema autostradale Eisenhower.

Mentre guidava via da lì con il sottofondo di Willie Nelson e Waylon Jennings, immaginava che anche lei fosse un cowboy, un astronauta, un motociclista, una rock star. Sulla I-81 seguì il nastro di dollari dei contribuenti attraverso il complesso industriale della prigione: le squadre di forzati incatenati scomparivano in misura esponenziale nel retrovisore, offuscate dalle lacrime che sgorgavano copiose dai suoi occhi. Per un intero mese aveva sperimentato il tempo in termini di miglia orarie, ogni striscia sull'asfalto la portava più vicina al cuore della nostra campagna militarizzata.

Non voleva più essere un'artista, così si sfilò questa identità da sopra la testa come una maglietta sudata e la lasciò in un angolo del bagno. A meno che non servisse al suo scopo, non sapeva nulla... Voleva guardare la televisione nella stanza del suo motel e fare colazione alla Casa della Ciambella senza sensi di colpa. Voleva vedere la sua America, l'America che spaventa i newyorkesi così come gli europei. Voleva ricollegarsi alle sue radici suburbane e mettere alla prova la sua competenza nei centri commerciali; nelle comunità pianificate; nei cul de sac.

Voleva viaggiare indietro nel tempo fino al 1983, durante l'esercitazione militare Able Archer, in modo da poter inserire una voce letteraria nel paesaggio, una voce connotata storicamente e in qualche maniera tempestiva ma comunque scrupolosamente banale; il suo vaso di Pandora privato.

In questi spazi selezionati – atteggiandosi a spia che finge di essere una turista che schizza freneticamente disegni a matita in un deposito missilistico sotterraneo e si fa passare per una lesbica che si spaccia per un ragazzino la cui madre è appena tornata a casa da un colorificio della catena Michaels con modellini di missili, fingendosi un'appassionata di filosofia new age ebrea ed educata in un'università della Ivy League – Lisi Raskin ha concepito e realizzato i cinque progetti che, per i fini di questo libro, compongono Mobile Observation.

Herr Doktor Wolfgang Hauptman II
New Düsseldorf, Horizon Mars,
Ophir Chasma, Marte, 2009]

SHE HAD FINALLY SETTLED DOWN INTO THE PACE OF THIS OVERLY LIGHTED NUISANCE
OF A CITY. WHO KNEW THAT ONE COULD HAVE SUCH A TENUOUS RELATIONSHIP WITH HER
SURROUNDING ENVIRONMENT? THE STARS HAD COMPLETELY VANISHED FROM THE EVENING,
AND INSTEAD THE SKY BLED INTO STATIC CAUSED BY THE BOUNCING OF LIGHT OFF TINY
FLECKS OF RADIOACTIVE DUST. SOUND TRAVELED AT EXTREMELY DULL RATES AS THOUGH
IT WERE CRAWLING THROUGH A LETHARGIC HUMIDITY; AN AURAL SOUP. SHE HAD TO
DEVELOP EXTRASENSORY BLOCKING DEVICES IN ORDER TO STAY FOCUSED ON THE TASK
AT HAND — IN ORDER NOT TO DRIFT INTO THE MURMUR OF NONHIERARCHICAL CHAOS.

WHO KNEW THAT SO MUCH OF HUMAN TECHNOLOGY CHIMED A SIMILAR NOISE? WHO COULD
IMAGINE THAT THE BUZZING APPROACH OF A TACTICAL WARHEAD RESEMBLED THE TEETERING
FORWARD OF AN OVERHEAD SUBWAY CAR? THE SUBWAY IS A DRUNKEN TRAPEZE ARTIST
STUMBLING HOME TO HIS DEATH. IT WAS OBVIOUS THAT SHE HAD TO GET OUT OF HERE.
AS A MATTER OF FACT, SHE COULD ONLY BE HERE IF SHE WAS IN A CONSTANT STATE
OF PREPARING FOR A TRIP AND THEN LEAVING AGAIN AND AGAIN AND AGAIN. SHE WANTED
TO LOOK AT THE LANDSCAPE IN FRONT OF HER THROUGH THE MOVIE SCREEN OF THE
WINDSHIELD. SHE WANTED TO CREATE A CONSENSUAL REALITY WITH THE IRIDESCENT DOTS
OF TRAFFIC LINES, EVER RECEDING INTO THE LIMITLESS HORIZON. SHE WANTED TO
FULFILL THE PROMISE OF HER AMERICAN DESTINY WHILE TRAVERSING THE EISENHOWER
INTERSTATE HIGHWAY SYSTEM.

AS SHE DROVE AWAY FROM HERE TO THE SOUNDS OF WILLIE NELSON AND WAYLON JENNINGS,
SHE IMAGINED THAT SHE TOO WAS A COWBOY, AN ASTRONAUT, A BIKER, A ROCK STAR.
ON I-81, SHE FOLLOWED THE LOOPING OF TAXPAYER DOLLARS THROUGH THE PRISON
INDUSTRIAL COMPLEX, THE CHAIN GANGS DISAPPEARING EXPONENTIALLY IN HER REARVIEW
MIRROR, BLURRY NOW THROUGH THE TEARS WELLING UP IN HER EYES. FOR A WHOLE MONTH,
SHE EXPERIENCED TIME IN TERMS OF MILES PER HOUR, EACH MARKER CLICKING CLOSER
AND CLOSER TO THE HEART OF OUR MILITARIZED COUNTRYSIDE.

SHE DIDN'T WANT TO BE AN ARTIST ANYMORE, SO SHE SLIPPED THIS IDENTITY OVER HER
HEAD LIKE A SWEATY WORK-SHIRT AND LEFT IT IN THE CORNER OF THE BATHROOM FLOOR.
UNLESS IT SERVED HER PURPOSE, SHE KNEW NOTHING. SHE WANTED TO WATCH TELEVISION
IN HER MOTEL ROOM AND EAT BREAKFAST AT THE IHOP AND FEEL NO GUILT ABOUT IT.
SHE WANTED TO SEE HER AMERICA, THE AMERICA THAT FRIGHTENS NEW YORKERS AND
EUROPEANS ALIKE. SHE WANTED TO RECONNECT WITH HER SUBURBAN ROOTS AND EXERCISE
HER PROFICIENCY WITH THE SHOPPING MALL; THE PLANNED COMMUNITY; THE CUL DE
SAC. SHE WANTED TO TIME-TRAVEL BACK TO 1983, DURING THE ABLE ARCHER WAR
GAME, SO THAT SHE COULD PERFORM A LITERARY ENTRY INTO THE LANDSCAPE—AN ENTRY
HISTORICALLY CHARGED AND SOMEHOW TIMELY YET STILL PAINSTAKINGLY BANAL; HER OWN
PRIVATE PANDORA'S BOX.

IN THESE HAND-SELECTED SPACES — POSING AS A SPY PRETENDING TO BE A TOURIST
FEVERISHLY MAKING GRAPHITE DRAWINGS IN AN UNDERGROUND MISSILE SILO, POSING
AS A LESBIAN PRETENDING TO BE A LITTLE BOY WHOSE MOM JUST RETURNED HOME
FROM MICHAEL'S CRAFT STORE WITH MODEL ROCKET SUPPLIES, POSING AS A JEWISH,
IVY LEAGUE-EDUCATED LOVER OF NEW AGE PHILOSOPHY — LISI RASKIN CONCEIVED
AND EXECUTED THE FIVE PROJECTS THAT, FOR THE PURPOSE OF THIS BOOK, COMPRISE
MOBILE OBSERVATION.

HERR DOKTOR WOLFGANG HAUPTMAN II
NEW DÜSSELDORF, HORIZON MARS, OPHIR CHASMA, MARS, 2009

Document sent via interstellar
pneumatic delivery system
to Lisi Raskin's Brooklyn studio
from the office of Herr Doktor
Wolfgang Hauptman II on the occasion
of publishing Mobile Observation,
9-10-2009, 0330hrs.

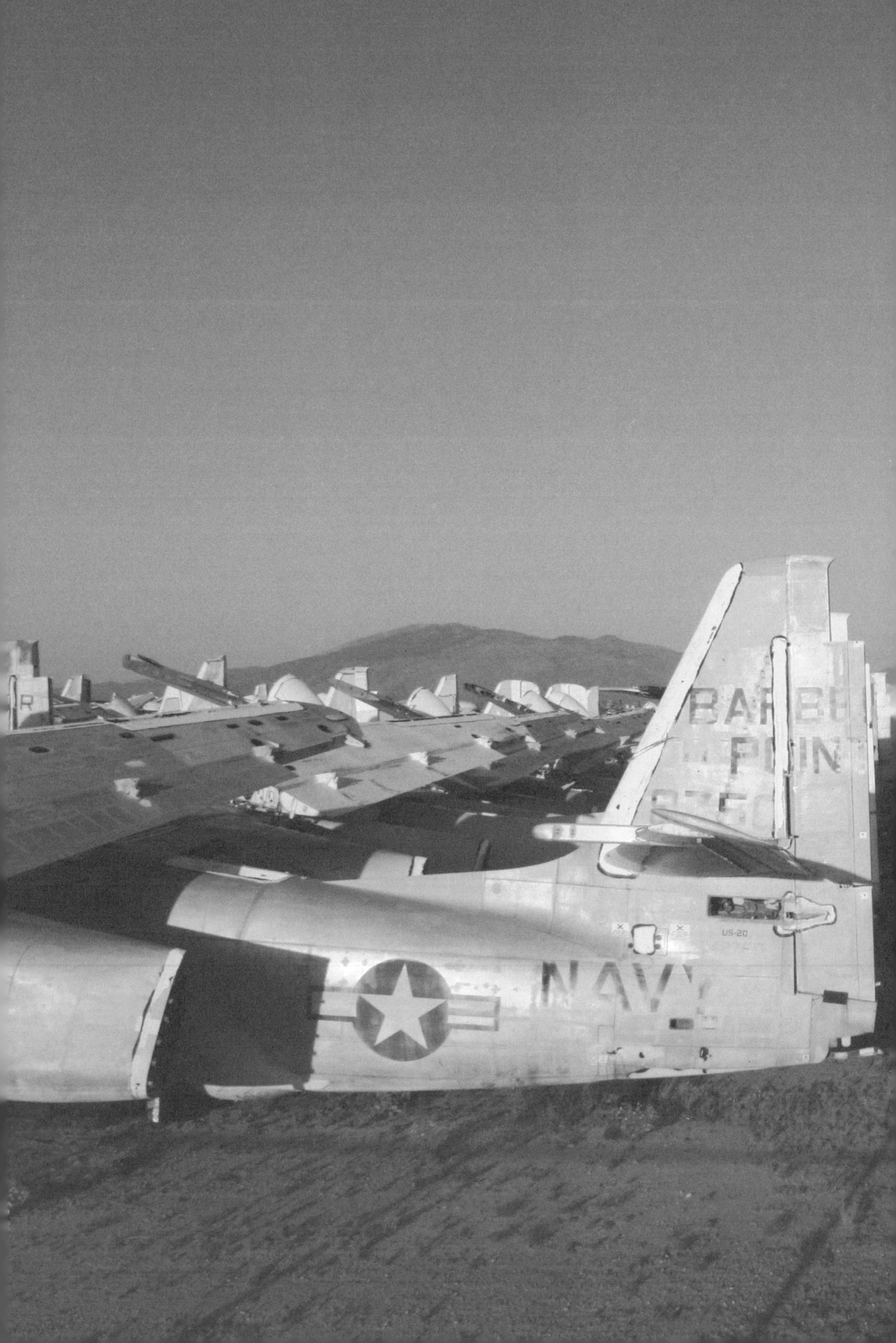

BARBE
POINT
US-20
NAVY
R

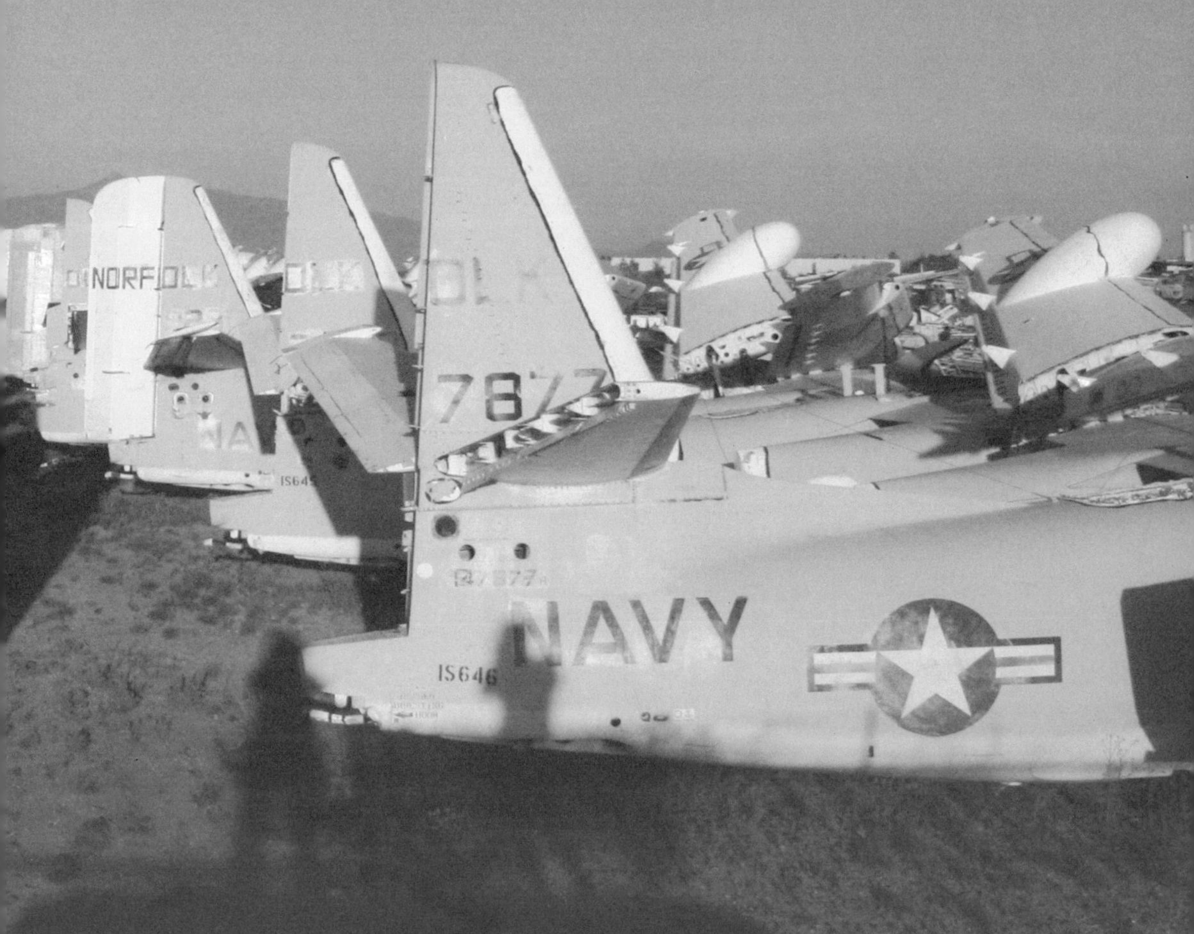

NORFOLK
7873
NAVY
IS646

JULIA BRYAN-WILSON è Professoressa
Associate dei Storia dell'Arte è Direttrice
del programma di dottorato in Studi Visivi
dell'Università della California, Irvine.
Ha pubblicato numerosi studi sulla cultura
visiva del nucleare, inclusi articoli sul fotografo
Paul Shambroom, sulle immagini atomiche
residue nell'arte di Yoko Ono, e su un segnale
di pericolo al Radioactive Waste Isolation
Pilot Plant in New Mexico.

MARIA LIND è curatice e Direttrice del
graduate program presso il Center for Curatorial
Studies, Bard College, Annandale-on-Hudson,
New York.

RISA PULEO è Assistente Curatrice di Arte
Americana e Contemporanea presso il Blanton
Museum of Art, The University of Texas, Austin.

GABI SCARDI è storica dell'arte, critica
e curatrice. La sua ricerca si focalizza sulle
ultime tendenze artistiche e sulle relazioni
tra arte e discipline limitrofe, design,
architettura e urbanistica in particolare.
È consulente curatoriale del MAXXI, Roma e
cura annualmente il CECAC (Corso Europeo
per Curatori d'Arte Contemporanea) della
Fondazione Ratti di Como e Provincia di Milano.

HERR DOKTOR WOLFGANG HAUPTMAN II
è il Direttore della Divisione di Ricerca presso la
NukePack Corporation.

**JULIA BRYAN-WILSON is Associate Professor
of Art History and Director of the Ph.D.
Program in Visual Studies at the University
of California, Irvine. She has published extensively on nuclear visual culture, including
articles on photographer Paul Shambroom,
atomic afterimages in the art of Yoko
Ono, and the design for a warning marker
at the radioactive Waste Isolation Pilot Plant
in New Mexico.**

**MARIA LIND is a curator, currently working
as the Director of the graduate program
at Center for Curatorial Studies, Bard College,
Annandale-on-Hudson, New York.**

**RISA PULEO is Assistant Curator of American
and Contemporary Art at the Blanton Museum of
Art at The University of Texas at Austin.**

**GABI SCARDI is an art historian, critic,
and curator based in Milan, Italy. Her research
is focused on the latest tendencies in artistic
practice, especially on the relationship between
visual art and similar disciplines such as design,
architecture, and urbanism. She is Curatorial
Advisor to MAXXI in Rome and she currently
organizes the CECAC (European Course
for Contemporary Art Curators) at Fondazione
Ratti, Como/Provincia di Milano.**

**HERR DOKTOR WOLFGANG HAUPTMAN II
is Founding Director of the NukePack
Corporation's Research Division.**

I wish to express gratitude for the love, energy, resources, encouragement, time, imagination, and advice given by the individuals named below. Many of you have played crucial roles in the making of the projects contained within this book and/or the making of the book itself. All of you have impacted my life and art practice in profound and wonderful ways.

Laurie August, Miriam August, Robin August, Amanda Gibbs, Ann Raskin, Ann-Marie Raskin, Debra Raskin, Kenny Raskin, Rebecca Raskin, Steve Raskin, Bill Rundell, Dara Young, Isaac Young, Michael Young

Julia Bryan-Wilson, Tyler Burba, Kim Burden, Lynne Cooke, Ian Cooper, Nikki Chung, Anna Craycroft, Heidi Frieze, Fiona Gardner, Marc Handelman, Nina Hoffmann, Prem Krishnamurthy, Scott Latimore, Primo Lind, Yvonne Morris, Erica Papernik, Phil Piserchia, Zach Rockhill, Halsey Rodman, Jenny Schlenzka, Peter Simensky, Molly Sherman, Nicola Trezzi, Carla Waldron, Daniel White

Galleria Riccardo Crespi, Riccardo Crespi, Federica Teso, Gabi Scardi, Serena Zonca, Francesca Saibene, Alba Martano, Marco Tagliafierro, Barbara Casavecchia, Mariano Pichler

Center for Curatorial Studies, Bard College, Maria Lind, Tom Eccles, Jaime Baird, Marcia Acita, Noelle Deola, Tracy Pollock, Leticia Smith, Niko Vicario, Peter Amentas, Chris Albert, Mark Delura

The All Star Team
Christina Linden, Wendy Vogel, Gene McHugh, Jess Wilcox, Anaïs Lellouche

The Park Avenue Armory, Rebecca Robertson, Jack Dobson, Lissa Frenkel, Sue Nguyen, Kyla Porter

Guild & Greyshkul, Sara VanDerBeek, Johannes VanDerBeek, Anya Kielar, Esme Watanabe, Chelsea Spengemann, Aaron King, Jonathan Roth

Milliken Gallery, Aldy Milliken, Otis Milliken, Oona Milliken, Gretchen Milliken, Lina Åkerlund, Jens Lind, Linda Bäckström, Laurie Haycock Makela

Blanton Museum of Art, The University of Texas at Austin, Risa Puleo, Annette Carlozzi, Mike Chesser, Ben Aqua, Leigh Brodie, Jesse Butcher, Milady Casco, Lauren Glover, Allison Kuo, Laurence Miller, Erik Mogck, Abby Ronaldes, Carlos Rosales-Silva, Mark Rosen, Sam Sanford, Xochi Solis, Abby Webber, and the Blanton's installation team, James Swan, Clark Austin, Michael Castillo, Matt Winters and John Sager

2 **Lisi Raskin**; 6–7 **Kenny Raskin**; 18–27 **Chris Kendall**; 28–31 **Lisi Raskin**; 42–43 **Lisi Raskin**; 44–45 **Top left: Kenny Raskin, Top right: Lisi Raskin, Bottom left: Lisi Raskin, Bottom right: Lisi Raskin**; 46–47 **Lisi Raskin**; 48–49 **Scans**; 50–57 **Chris Kendall**; 58–69 **Adam Reich**; 70–71 **Chris Kendall**; 75 **Lisi Raskin**; 76–77 **Scanned ephemera**; 79–80 **Lisi Raskin**; 98–99 **Adam Reich**; 100–111 **Jean-Baptiste Barenger**; 112–117 **Adam Reich**; 118–119 **Jean-Baptiste Barenger**; 130–135 **Adam Reich**; 136–143 **Courtesy of Rick Hall and Blanton Museum of Art**; 147 **Lisi Raskin**; 149–150 **Lisi Raskin**; 152 **Lisi Raskin**; 162–164 **Elvio Manuzzi**; 165–169 **Adam Reich**; 170–183 **Elvio Manuzzi**; 187 **Lisi Raskin**; 189 **Elvio Manuzzi**; 191 **Elvio Manuzzi**; 193 **Bohus Kosthohyrz**; 195 **Lisi Raskin**; 199 **Kenny Raskin**; 202–203 **Lisi Raskin**

Additional image captions

2
Electrical control panel in suspended gangway between Titan II missile silo and Command Center, Titan Missile Museum, Green Valley, AZ.

6–7
Lisi Raskin with Satelite Dish, 2008, Stanton, TX.

199
Detail of full-scale model rocket, White Sands Missile Range, NM.

202–203
Lisi and Kenny Raskin on top of the van at the Aerospace Maintenance and Regeneration Group (AMARG), aka "The Boneyard," Davis-Monthan Air Force Base, Tucson, AZ.

COLOPHON

Lisi Raskin: Mobile Observation
Park Avenue Armory, Center
for Curatorial Studies, Bard College,
Milliken Gallery, The Blanton Museum
of Art, The University of Texas, and
Galleria Riccardo Crespi

The book includes projects curated
by Maria Lind and Risa Puleo.

This book is published on the
occasion of the completion of the
Mobile Observation series of works.
The series commenced with Lisi
Raskin's residency at the Center for
Curatorial Studies, Bard College and
the two commissions that ensued.

Editor: Herr Doktor
Wolfgang Hauptman II
Assistant Editors:
Erica Papernik and Lucie Fontaine
Copy Editor: Erica Papernik
Italian Copy Editors:
Lucie Fontaine and Serena Zonca
Design: Project Projects

Printed and bound by DZA Druckerei
zu Altenburg GmbH, Germany

Note on typography:
The typefaces used in this book
are Beton, a slab serif designed
by Heinrich Jost in 1936; Spartan,
a sans serif released in 1939 by
Linotype (in association with American
Type Founders) as a copy of the
German Modernist classic Futura;
and Computer Modern Typewriter,
a monospaced typeface by mathema-
tician Donald Knuth from 1978.
The version used here is based on
a commonly available PostScript
translation of the original Computer
Modern METAFONT data and
expanded by Project Projects to
include additional diacritical marks
and special characters.

RICCARDO⬤CRESPI

Galleria Riccardo Crespi
Via G. Mellerio 1
20123 Milan, Italy
www.riccardocrespi.com

Riccardo Crespi is a contemporary
art gallery in Milan, Italy. Founded
in 2006, the gallery has developed
a program focusing on emerging and
international artists.

© Galleria Riccardo Crespi, the artist,
and authors.

ISBN: 978-0-615-30525-7